第二次青藏高原综合考察研究任务六专题八“人类活动影响与生存环境安全评估”（专题编号 2019QZKK0608）
国家自然科学基金委重大研究计划“黑河流域生态－水文－经济空间集成战略研究”（项目批准号 91725000）

基于 CLUMondo 的土地变化模拟：理论与实践

高培超　程昌秀　宋长青　谢一茹　著

中国财经出版传媒集团
中国财政经济出版社

图书在版编目（CIP）数据

基于 CLUMondo 的土地变化模拟：理论与实践／高培超等著. -- 北京：中国财政经济出版社，2023.4
ISBN 978 -7 -5223 -2062 -5

Ⅰ.①基… Ⅱ.①高… Ⅲ.①土地利用－研究 Ⅳ.①F301.2

中国国家版本馆 CIP 数据核字（2023）第 040852 号

责任编辑：樊　闽　　　　责任印制：张　健
封面设计：卜建辰　　　　责任校对：胡永立

基于 CLUMondo 的土地变化模拟：理论与实践
JIYU CLUMondo DE TUDI BIANHUA MONI：LILUN YU SHIJIAN

中国财政经济出版社 出版
URL：http：//www.cfeph.cn
E－mail：cfeph@cfeph.cn

社址：北京市海淀区阜成路甲 28 号　邮政编码：100142
营销中心电话：010－88191522
天猫网店：中国财政经济出版社旗舰店
网址：https：//zgczjjcbs.tmall.com
北京富生印刷厂印刷　各地新华书店经销
成品尺寸：170mm×240mm　16 开　17.75 印张　264 000 字
2023 年 4 月第 1 版　2023 年 4 月北京第 1 次印刷
定价：80.00 元
ISBN 978－7－5223－2062－5
（图书出现印装问题，本社负责调换，电话：010－88190548）
本社质量投诉电话：010－88190744
打击盗版举报热线：010－88191661　QQ：2242791300

目　录

1 引　　言

1.1　土地变化模拟的重要性

自工业革命以来，人类对土地资源的开发利用程度急剧增强。时至今日，人类对土地的开发和利用已经成为地球表层尤其是陆地表层变化的主要原因。人类社会的快速发展也得益于对土地的大规模开发，如开垦荒地种植作物、开采石油煤矿、建立城市等。然而，人类对土地的改造所带来的环境风险和资源短缺问题已经威胁到人类自身的生存和发展，如何合理利用土地资源已成为当今时代的重要议题。在理解人类对土地的改造、合理规划土地资源的过程中，土地变化模拟尤为重要。

土地变化模拟能够根据当前或特定时间的发展规律推断未来土地空间格局。例如，根据统计分析、基于历史土地利用的情况，可获得土地利用类型和多种环境因子（如高程、坡度）的相关性。根据这种相关性，可进而推断在某种土地利用类型的面积需增多时更可能出现在研究区的具体位置。通过对未来不同发展情景假设（例如共享社会经济路径）的分析，在将情景假设转换为土地利用类型的面积需求后，可利用土地变化模拟判断不同发展情景假设、规划、政策等对土地空间格局的影响。

土地变化模拟是土地变化科学中重要的组成部分。土地变化科学是一门研究人类与环境的动态变化机制对土地变化影响（包括面积和格局的影响）的学科，其具体研究内容包括三大部分：监测土地变化、理解人地耦合系统、土地变化模拟（Turner et al.，2007）。其中，土地变化模拟是监测土地变化的目的之一，也是理解人地耦合系统的重要手段。此外，土地变化模拟也是其他研究领域的重要支撑。例如，土地利用数据（包括历史数据和未来数据）是全球环境变化模型的重要输入。土地利用变化是环境管理、生物多样性、碳中和等研究领域的核心关注点。

1.2 土地变化模拟模型综述

过去几十年间，科学家研发的土地变化模拟模型层出不穷、功能各异，最终的目标都是使未来的土地变化预测更加科学、更加符合预设需求。根据 Lambin 等学者的总结（Lambin et al., 2000），土地变化模拟模型分为 4 种类型：（1）经验统计模型，其使用回归方法建立土地与可能的外部驱动因素之间的定量关系；（2）随机模型，其土地类型的转变与否取决于过往土地变化的概率；（3）优化模型，典型的带便为小型研究区域的土地利用线性规划或大型研究区的均衡模型（equilibrium model）；（4）基于土地动力学机制（例如生物物理过程与社会经济发展之间的相互作用）的模型。

在这些土地变化模拟模型中，经验统计模型中的 The Conversion of Land Use and its Effect（CLUE）系列模型备受关注。CLUE 系列模型中最常用模型有 3 种：CLUE（Verburg et al., 1999）、CLUE－S（Verburg et al., 2002）和 CLUMondo（van Asselen and Verburg 2013），分别称为各自时代的先锋。从论文引用量上看，上述三种模型的引用量（截至 2021 年 3 月 15 日）分别达 528 次、1376 次和 230 次。

CLUE 系列模型最初可追溯到 1996 年（Veldkamp and Fresco, 1996）。CLUE 模型属于土地变化模拟模型中的统计模型类别，在提出时走在了统计模型行列的前端。与当时大多数统计模型相比，CLUE 模型的先进之处在于能够实现同时对多种土地类型的变化进行模拟。不仅如此，该模型建立了土地类型与生物物理、社会经济因素之间复杂的定量关系，用于决定不同类型土地的分配（Verburg et al., 2002）。而在那个数据匮乏的年代，由于信息、遥感等领域技术发展的限制，土地数据和其他自然、社会经济数据的空间分辨率普遍较低（Verburg et al., 2002）。因此，CLUE 模型所输入的土地数据是在低分辨率数据的基础上，通过像素中每种土地类型的占比来表示的。

随着科学技术的发展，小范围区域（如流域、省）的土地数据可以由高分辨率的卫星影像提供。在此背景下，以“占比”为基础模拟土地变化的 CLUE 模型不再适用于高分辨率数据。因此，2002 年 Verburg 等学者（Verburg et al.，2002）在 CLUE 模型的基础上进行改进和提升，推出新版本模型 The Conversion of Land Use and its Effect at Small region extent，简称 CLUE－S 模型。CLUE－S 所输入的土地数据摒弃了类型占比的方式，而是采用一个像素表示一种土地类型的方式（例如土地利用/覆被数据），这大大简化了模拟的复杂程度，使得 CLUE－S 的模拟流程更加易懂，有助于模型更广泛地推广。同时，CLUE－S 在 CLUE 的框架上将土地类型与生物物理、社会经济因素之间的定量关系尝试使用 Logistic 回归分析计算得到。Logistic 回归分析能够将这种定量关系进一步计算为每个地块上每种土地类型的出现概率，这个概率取决于该地块的生物物理、社会经济因素的数值，为模型分配土地时提供更有效的依据（谢一茹等，2020）。另外，由于土地数据不再是占比形式，这使得 CLUE－S 的需求设置为指定土地类型（一种或多种）的像素个数，土地变化模拟的终止条件即模拟结果中指定土地类型的像素个数与需求个数的差异在事先设定的阈值内。

CLUE－S 自问世以来，因其在继承 CLUE 优点的基础上更加易于操作，被大量研究者广泛应用于或大或小不同的研究区域（段增强等，2004；梁友嘉等，2011；Jiang et al.，2015；邓华等，2016），使得该模型成为最常用的土地变化模型之一（蔡玉梅等，2004）。然而，当土地变化模拟中的需求不再是简单的某种（或某些）土地类型的面积，而是土地所承载功能或服务（如区域未来粮食产量须达到 100 吨或承载 2000 万人）时，CLUE－S 难以直接应用、难以模拟出准确的结果。这是因为，在这种情况下若使用 CLUE－S，则需将这些需求量化为土地类型的面积（如区域未来耕地面积须达到 1000 亩或城镇用地面积须达到 2000 平方千米），但量化逻辑难以科学化、量化结果难以准确化。

为解决上述问题，van Asselen 和 Verburg 于 2013 年推出 CLUMondo 模型（van Asselen and Verburg，2013）。CLUMondo 依然沿用 CLUE 的框架，但对人类需求与土地变化的相互作用有了更深层次的理解：CLUMondo 直接将土地所承载的功能或服务作为土地变化模拟的终止条件，而非一种

（或多种）土地类型的面积，模型支持那些无法单纯从一种土地类型面积被满足的需求直接作为土地变化模拟的需求；此外，CLUMondo 建立起土地类型与这些功能或服务之间的新型关系，使得这些功能或服务能够由提供它们的所有土地类型（一种或多种）面积满足。CLUMondo 也因其与 CLUE 系列先前模型相比所独具的特色，使得针对该模型的研究不断增加，在多个领域开展多样应用，笔者认为 CLUMondo 可能成为未来土地变化的核心模型。

1.3 CLUMondo 模型的特色

与 CLUE－S 等大多数统计模型相比，CLUMondo 具有两大特色。

（1）CLUMondo 中模拟迭代的终止条件（即需求量，将在下章介绍）不再限制于达到“用户输入的土地类型”的面积。具体而言，在 CLUE－S 中，如果用户输入土地数据包括若干种土地类型，那么模拟迭代的终止条件必须为这其中某种或若干种土地类型的面积。例如，用户输入的土地数据包括 3 种土地类型，即耕地、林地、草地。那么模拟迭代的终止条件为未来耕地面积达 2000 平方千米。而在 CLUMondo 中，模拟终止条件不仅可以表达为与 CLUE－S 相同的形式，还可以表达为以下两种情况：①土地为人类提供的可量化功能满足既定量，例如用户输入的土地数据包括三种土地类型，即耕地、林地、草地，其中耕地的功能是生产粮食、林地的功能是生产木材，那么模拟迭代的终止条件为未来粮食产量为 1500 吨、木材产量为 2600 吨。②混合土地类型中的特定土地利用/覆被的总面积达到既定值。例如，用户输入的混合土地类型（这是 CLUMondo 所支持的新数据，即下章中的“土地系统”）数据包括 4 种：高密度耕地（真正的耕地占比高于 75%）、低密度耕地（真正的耕地占比低于 75%）、高密度林地（真正的林地占比高于 75%）、低密度林地（真正的耕地占比低于 75%）。那么模拟迭代的终止条件为高密度和低密度耕地两种土地类型中包括的真正的耕地面积达到 600 平方千米。

（2）CLUMondo 支持在土地类型及其服务之间建立多对多的对应关系。

服务的具体概念将在下章详细介绍，此处仅举例说明。在上段中，耕地的功能是生产粮食，可以理解为耕地提供生产粮食的服务。在 CLUE－S 中，生产粮食的服务被限定为仅能由特定某种土地类型（如耕地）提供。而在 CLUMondo 中，生产粮食的服务既可以由耕地提供，也可以同时由城市用地提供（比如别墅家庭的菜园）。

值得注意的是，有观点认为 CLUMondo 的另一个特色是支持以下类型的数据：能够表征土地利用强度或类型占比的土地系统。但笔者认为这并非 CLUMondo 模型的特色，因为土地系统也可以在 CLUE－S 模型中实现应用，即将土地利用数据更改为土地系统数据在 CLUE－S 中基于每种土地系统类型的面积来模拟土地变化。

1.4　CLUMondo 的应用现状

CLUMondo 自提出以后在全球、国家及省市等不同尺度广泛应用。本节以 Google Scholar 为文献来源对应用 CLUMondo 的文献进行计量分析，统计发表文献的数量、期刊来源、发表年份、作者、国家等方面的情况，并探究该模型当前及未来的发展趋势。

文献发表时间为 2013 年 1 月至 2021 年 1 月，文献检索方式为强制匹配“CLUMondo”关键词。共计检索中英文文献 101 篇，排除提及或介绍 CLUMondo、但并未实际应用的文章，剩余共计 25 篇。统计自 CLUMondo 提出以来使用该模型的文献发表数量及趋势，如图 1－1 所示。从统计结果可以看出，CLUMondo 研究在近 4 年（2017—2020 年）的文献数量增多，且在 2020 年显著增加，文献发表数量呈现上升趋势，未来研究有较大的探索空间，CLUMondo 模型可期成为土地变化模拟中的核心模型。

根据图 1－2 至图 1－4 的统计结果显示，荷兰和中国应用 CLUMondo 的研究成果占据前两位。荷兰的阿姆斯特丹自由大学（Vrije Universiteit Amsterdam）是研究 CLUMondo 的核心机构，而中国的研究机构分散在不同的科研院校，如南京大学、中国地质大学、广西大学、北京师范大学等。CLUMondo 开发和应用研究的核心人物是阿姆斯特丹自由大学的

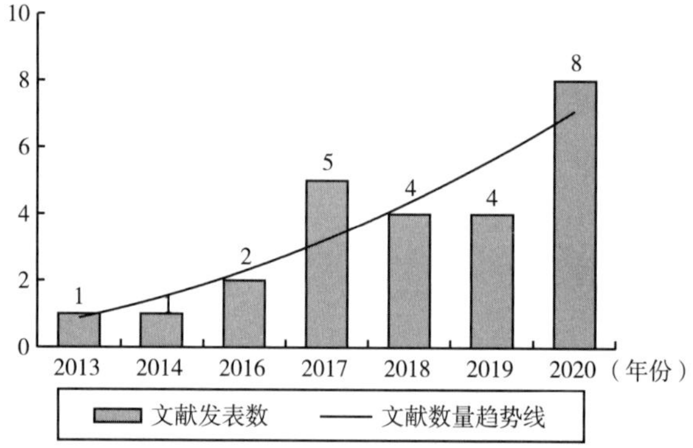

图 1－1　应用 CLUMondo 的文献发表数量

Peter H. Verburg 教授，是 25 篇应用论文中 17 篇的作者，该人物为 CLUMondo 的发展和推广起到至关重要的影响。分析应用 CLUMondo 的文章所发表的期刊情况可以在一定程度上反映出模型的应用价值。根据统计，应用 CLUMondo 的 24 篇期刊论文（排除 1 篇属于书籍中的章节）总共发表在 13 个期刊中。其中，在 *Global Environmental Change*，*Biological Conservation*，*Global Change Biology* 等环境科学与生态学类别的期刊上发表数量相对较多，表明 CLUMondo 的土地变化模拟研究对环境和生态方面所产生的影响最为重要。

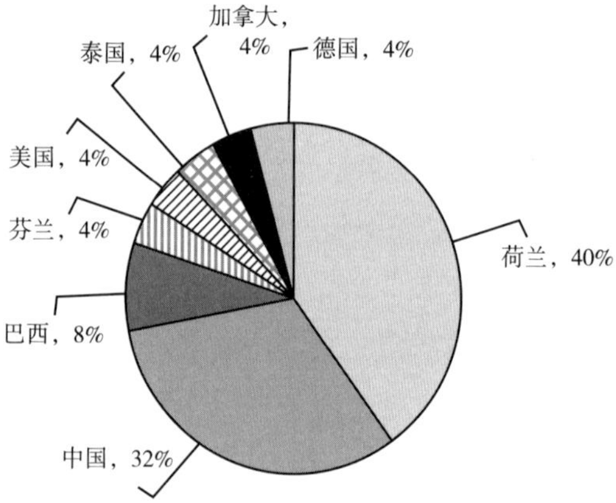

图 1－2　应用 CLUMondo 的文献第一作者所属国家

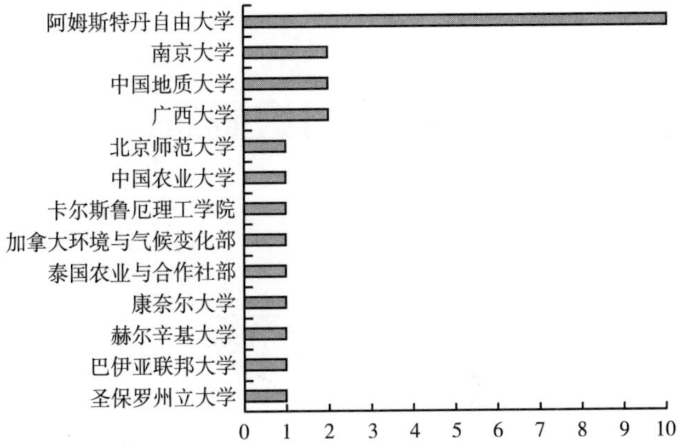

图 1－3　应用 CLUMondo 的文献第一作者所在机构

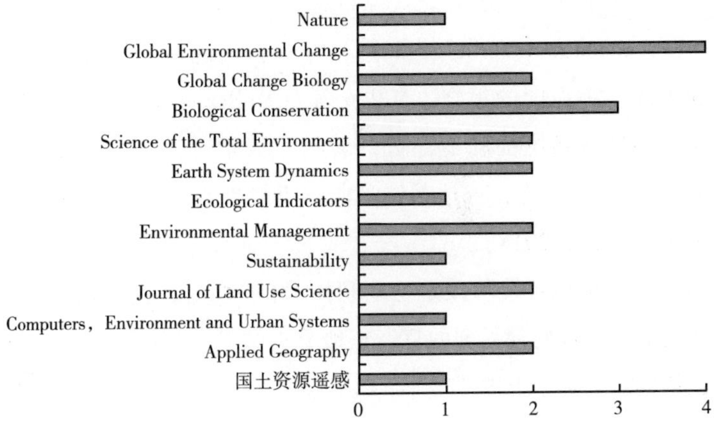

图 1－4　应用 CLUMondo 的文章所在期刊

2 背景知识概念

2.1 土地系统

土地系统（land system）是 CLUMondo 中最重要的概念和数据形式。土地系统的概念是随着 CLUMondo 的提出而出现的。但在 CLUMondo 的相关文献中，对于土地系统的概念众说纷纭。CLUMondo 的开发者 Verburg 等学者（Van Asselen and Verburg，2012）认为，土地系统是指土地覆被、牲畜系统和土地利用强度的组合。Müller 等（Müller et al.，2014）学者将土地系统定义为地球系统的陆地部分，囊括了人类利用土地的活动和形式。Ornetsmüller 等学者认为，土地系统是能够反映生态和社会经济特征的土地（Ornetsmüller et al.，2018）。

本书认为，土地系统可以是土地利用/覆被数据，也可以在土地利用/覆被数据之上进一步处理得到的复杂土地分类结果。例如，国际上有学者在土地覆被数据之上基于土地覆盖率、牲畜密度和农用地生产效率对土地进行分类，得到包括集约耕地、密集林地、有猪禽的耕地草地镶嵌体在内的 30 种土地类型的土地系统（Van Asselen and Verburg，2012），如图 2－1 所示。

本书对已有研究中出现的土地系统的获取方式和分类方法进行了全面且及时的综述。已知土地系统的获取方式共有两种：直接获取或自行制备。直接获取即直接使用前人已制备的土地系统；而自行制备的方式则是学者针对研究的目标问题建立适合研究区和需求的土地系统。土地系统的分类方法总结为两类：单标准分类和多标准分类。使用单标准分类方法在对土地系统进行分类时，判断每一种土地系统类型有且只有一个分类标准；多标准分类方法则能够同时满足多个分类标准对每一种土地系统类型进行判断。由表 2－1 可知，多标准分类方法是目前主流的土地系统制备方法。

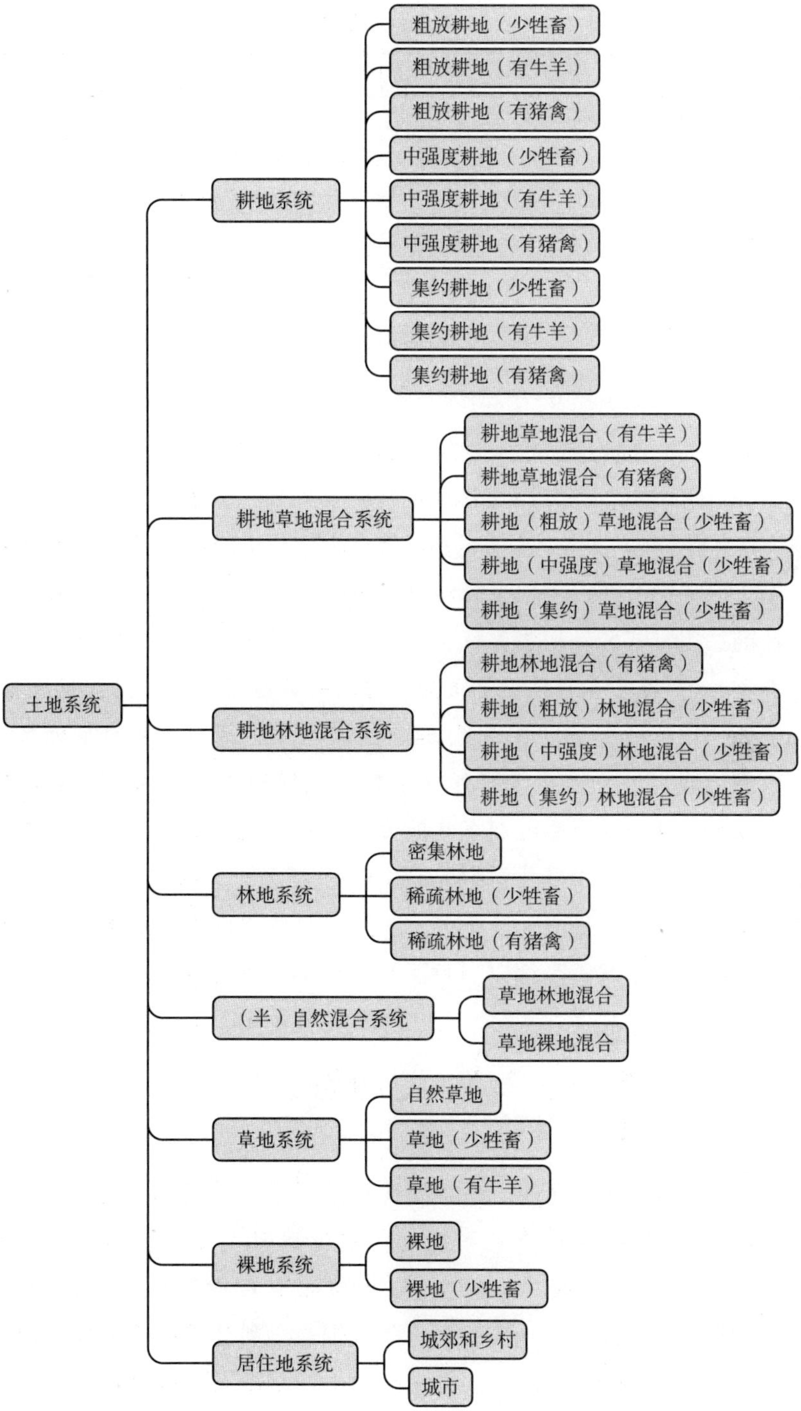

图 2－1　土地系统分类举例，改自 van Asselen 和 Verburg（2012）

表 2-1　　土地系统的制备方法

获取方式	制作方法	已有研究
直接获取	单标准分类	—
	多标准分类	(La Sorte et al., 2017; Wolff et al., 2018; Wilson et al., 2019; Bolochio et al., 2020; Gonçalves - Souza et al., 2020)
自行制备	单标准分类	(Liu et al., 2017)
	多标准分类	(Van Asselen and Verburg, 2013; Eitelberg et al., 2016; Ornetsmüller et al., 2016; Eitelberg et al., 2017; van Vliet et al., 2017; Malek et al., 2018; Huang et al., 2019; Jin et al., 2019; Wang et al., 2019)

因此，土地系统在经过科学的分类技术分类后具有反映人类对土地的利用强度、土地覆被的密集程度、人类的社会生产水平等等的潜力。换言之，土地系统具有更系统、更具针对性地展示与土地有关的多种功能和行为的潜力。

基于前文的介绍，土地系统的特征是能够在土地类型上反映更多人类对土地的利用方式和利用强度（例如居民区能够划分为紧凑城区、稀疏乡镇等类型）、反映更多自然土地覆被类型的密集程度（例如高覆盖度林地、中覆盖度林地和低覆盖度林地）。这种土地分类结果也使多种土地系统类型能够供给同一种土地系统服务（土地变化模拟中需求和供给的对象），这也是令 CLUMondo 模型区别于其他模型的特点之一。举例而言，在基于土地利用数据进行土地变化模拟的 CLUE - S 模型中，水资源服务仅由水域类型提供；而在 CLUMondo 模型中，水资源服务不仅由水域类型的土地系统提供，还能够由稀疏乡镇（一种土地系统类型）提供。

2.2　驱动因子

在 CLUMondo 中，驱动土地系统变化的因子（或简称驱动因子，英文 driving factors）是指驱动土地系统变化的自然或人文变量的空间化表达（例如坡度、坡向、高程、人口密度、单位面积 GDP 等）。所谓空间化表达，是指形成与土地系统地图相同空间范围与空间分辨率的数据（研究区外的数据使用 -9999 表示）。在实际操作中，驱动因子难以通过客观实验的方法来判定，因此通常通过专家知识主观地判断。

在 CLUE 系列模型相关的文献中，驱动因子的别名较多，常见别名包括土地系统变化解释因子（explanatory factors）、主导因子（dominant factors）、决定因素（determinants）、生物理与社会经济条件（biophysical and socio - economic conditions）、位置因子（location factors）、位置特征（location characteristics）、独立变量（independent variables）等。

驱动因子分为静态（constant driving factors 或 stable driving factors）和动态两类（dynamic driving factors）。静态驱动因子的数值被认为不随时间而变化，例如高程；动态驱动因子（dynamic driving factors）的数值被认为随着时间而变化，例如人口密度。单个动态驱动因子对应多个文件（每年 1 个），包括初始年份文件和预测年份（被模拟土地利用变化的年份；可以有多个年份，每个年份 1 个文件）文件。在 CLUE 系列模型相关的文献中，动态驱动因子有时也表达为“changing independent variables”。

在使用 CLUMondo 时，应根据实际情况选择驱动因子。CLUMondo 的帮助文档为用户提供了如表 2 - 2 所示的驱动因子列表，供引发用户的思考。在 CLUMondo 的软件界面中，驱动因子又称为“suitability layers”，如图 2 - 2 所示。

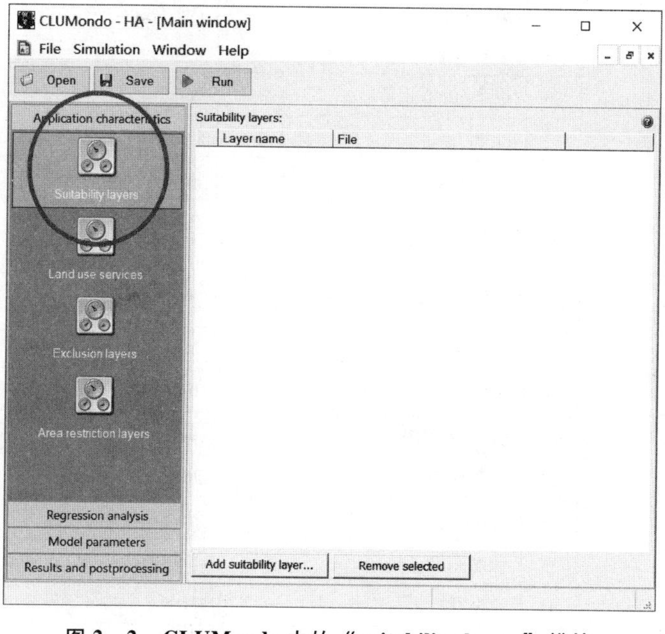

图 2 - 2 CLUMondo 中的“suitability layers”模块

表 2-2　　CLUMondo 帮助手册中列举的驱动因子

类别	序号	驱动因子	英文
常见土地利用/覆被类型	1	耕地	Cultivated land
	2	临时性作物	Temporary crops
	3	固定性作物	Permanent crops
	4	草地	Grassland
	5	林地	Forest
	6	其他类型	Other use
特定土地利用/覆被类型	7	稻谷（大米、玉米、小麦等）	Grains（rice，maize，wheat etc.）
	8	经济作物（咖啡、茶、棉花、香蕉等）	Cash crops（coffee，tea，cotton，banana's etc.）
	9	豆科植物（大豆、豌豆等）	Legumes（beans，peas etc.）
	10	块茎作物（土豆、木薯、山药等）	Tuber crops（potatoes，cassava，yam，etc）
	11	油料作物（油椰、花生等）	Oil crops（oil palms，groundnut etc.）
	12	蔬菜（甜瓜等）	Vegetables（melons，etc.）
畜牧业	13	牛的数量（肉和奶）	Number of cattle（meat and milk）
	14	猪的数量	Number of pigs
	15	家禽数量	Number of poultry
	16	绵羊/山羊数量	Number of sheep/goat
	17	虾塘	Prawn ponds
人口数据	18	人口密度	Population density
	19	农村人口密度	Rural population density
	20	城市人口密度	Urban population density
	21	劳动力人口	Total labour force
	22	农业劳动力	Agricultural labour force
社会经济数据	23	文盲率	Illiteracy
	24	收入或 GDP	Income or GDP
管理数据	25	灌溉面积	Irrigated area
	26	种植指数	Cropping index
	27	化肥用量	Fertilizer use（per crop）
	28	机械化	Mechanization

续表

类别	序号	驱动因子	英文
地理数据	29	到城市的距离	Distance from city
	30	到主要公路或河流的距离	Distance from major roadsor river
生物/物理数据	31	数字高程模型（海拔）	DEM（altitude）
	32	地形起伏	Relief
	33	地质/地貌	Geology/geomorphology
	34	土壤肥力	Soil fertility
	35	土壤物理性状	Soil physical properties
	36	土壤侵蚀敏感性	Soil erosion susceptibility
	37	涝害	Water logging
	38	降水量	Precipitation
	39	气温	Temperature
	40	干旱月份数量	Number of dry months
	41	霜冻灾害	Frost risk

2.3 土地系统服务的供给与需求

土地系统服务（land system service）的概念类似于生态系统服务(ecosystem service)，在生态系统服务概念中，“服务”实际上同时包括了日常生活中所常说的产品和服务。此处，生态系统服务是指生态系统能够为人类提供的产品（例如优质的木材）和服务（例如赏心悦目的风景)。相似的，土地系统服务是指：(1) 土地系统能够为人类提供的可量化的功能（如承载的人口或牲畜、生产的粮食、净化的空气）或（2）土地系统所包含的土地利用/覆被组分（如“高破碎度耕地”类型的土地系统中所真正包括的耕地)。

理论上，土地系统服务存在成百上千种。在实际操作中，需根据具体的研究问题选择合适的土地系统服务。以我国粮食产量最高的人口大省河南省为例，根据河南省的区域特点，可以将该区域的土地问题聚焦在耕地和居住地上，因此探究该区域的土地变化可选择与耕地密切相关的粮食产量以及与居住地的开发密切相关的人口这两种土地系统服务。值得注意的是，已有研究在选取土地系统服务时通常会考虑多种，例如 Eitelberg 等学者在全球范围选择 5 种土地系统服务（Eitelberg et al.，2016），分别是粮食产量、牲畜头数、建设用地面积、碳存储、生物多样性保护；Liu 等学者在中国北方旱地区域选择 5 种土地系统服务（Liu et al.，2017），分别是粮食产量、牲畜头数、建设用地面积、林地面积和自然用地面积；Nie 等学者在广西南宁研究区内选择了 3 种土地系统服务（Nie et al.，2020），分别为农田粮食产量、林地面积和建设用地。

在过往的土地变化模拟模型中，土地利用类型与土地系统服务之间的关系往往是一对一的。例如，在多数的应用中，耕地被认为只能用于生产粮食，而建设用地的大小则与国内生产总值（GDP）的多少直接对应。这是因为，在这些模型中，每种土地利用类型被认为只存在单一类型的土地系统服务（例如生态效益、经济效益、文化效益等，具体为房屋、牲畜、氧气、粮食、GDP、知识产权等）。而在 CLUMondo 模型中，土地系统服务与土地系统类型之间存在着多对多的对应关系，即一种土地系统服务可以由多种类型的土地系统提供，而一种类型的土地系统也能够提供多种土地系统服务。例如，建设用地不仅贡献了 GDP，在利用强度较低的地区可能还提供了部分粮食。粮食产量可以由高密度耕地、低密度耕地、城乡结合部等类型的土地系统提供，而城乡结合部类型的土地系统也可以提供粮食产量、人口等多种土地利用服务。

现有的 CLUMondo 研究主要涉及以下四类土地系统服务：（1）粮食类服务，例如粮食产量或耕地面积；（2）牲畜类服务，例如牲畜头数或者牧草地面积；（3）人口类服务，例如人口数量或者居住地面积；（4）生态环境类服务，例如生态系统服务价值、碳存储量或者林地面积。

土地系统服务在 CLUMondo 中的作用体现在，它是人类对土地系统的需求（demand）和土地系统所能供给（supply）的对象。在模型模拟之初，需求量和供给量通常不相等。其中，需求量是指我们对未来年份的土地系统服务总量的期望，其确定方法可分为两类：

- 主观设定法，即模型使用者根据自己的经验主观地设置需求量。这种方法通常见于设定的需求量保持不变、或呈简单倍数关系的情况，例如未来土地对人口的承载量保持不变或翻番。

- 客观设定法，即模型使用者基于客观资料或算法来预测未来年份的土地系统服务需求量。客观资料例如基于政府规划文件中对未来人口总量的预测。算法诸如线性回归模型、灰色预测模型、目标优化模型、系统动力学等。

供给量是指模拟起始年份的土地系统服务总量，是针对特定土地系统类型的特定服务进行计算的，计算方法是土地系统服务供给能力（单位面积土地系统服务的供给量）和土地系统面积的乘积。其中，土地系统服务供给能力的计算方法如下：

$$w_{ij} = \frac{D_{ij}}{S_i} = \frac{\sum d_{ijk}}{S_i}$$

其中，w_{ij}表示土地系统 i 的第 j 种服务供给能力，D_{ij}是土地系统 i 上第 j 种服务的供给量，S_i是土地系统 i 的总面积，d_{ijk}表示土地系统 i 的第 k 个地块上的第 j 种服务的供给量。以图 2－3 为例，计算土地系统 1 上第 1 种服务的供给能力w_{11}的方法为：对整个研究区域的土地系统 1 在空间上对应的土地系统服务 d 逐一求和，得到土地系统 1 上第 1 种服务的供给量D_{11}，后用供给量D_{11}除以土地系统 1 的总面积S_1即可得到土地系统 1 上第 1 种服务的供给能力w_{11}。需要注意的是，由于土地系统服务的选取包括与土地系统无直接关联的（例如生态系统服务价值、人口密度），因此一些土地系统服务并非在一开始就是以空间数据的形式表达，需要先对数据预处理使其在空间上表达。

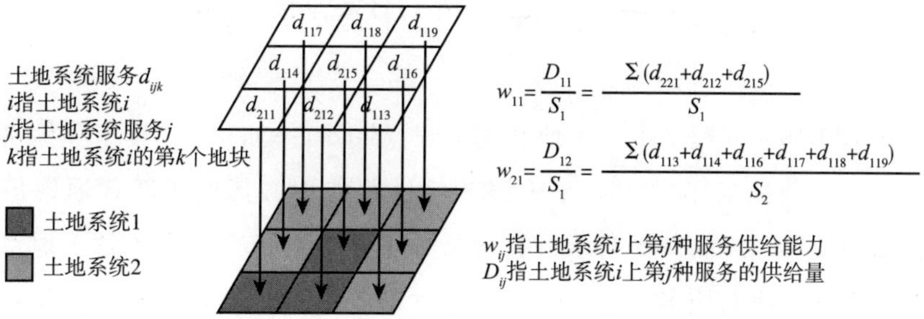

图 2－3　土地系统供给能力的计算演示

2.4 土地适宜性

在 CLUMondo 进行土地变化模拟时，土地系统的变化是通过模型不断迭代、调整每个地块（土地系统的基本单元）类型实现的。其中，调整的重要依据是每种类型的土地系统在该地块是否适宜，并量化为适宜程度。该程度称为每种土地系统类型在该地块的（土地）适宜性。某个土地系统类型针对特定地块的适宜性越高，说明这种土地系统类型在该地块越适宜，CLUMondo 将该地块转换为这种类型的可能性越大。

需要注意的是，不同土地系统类型在不同空间位置（即地块）的适宜性往往不同。在 CLUMondo 中，这种空间异质的适宜性是通过在现有土地系统与各类驱动因子之间作 Logistic 回归分析而得的，该回归分析将在后文具体介绍。

土地适宜性计算得是否准确合理对 CLUMondo 模拟结果的质量影响重大，原因在于土地适宜性是模型判断未来每个地块为何种土地系统类型时的重要依据。过往许多学者针对土地适宜性的计算方法也提出了各自的改进策略，以期提高模型的模拟效果。例如，学者们（Jiang et al.，2015；Mei et al.，2017）将空间自相关因子、丰度因子引入 Logistic 回归，使土地适宜性得以考虑土地数据的空间效应。

2.5 土地利用矩阵

在 CLUMondo 模型中，土地利用矩阵（land use matrix）用于存储每种土地系统类型针对不同土地系统服务的供给能力。其形式即普通数值矩阵，如图 2-4 和图 2-5 所示。其含义如下：每行依次对应各种土地系统类型，每列依次对应各类土地系统服务（即用户所定义的土地系统服务）。第 r 行第 c 列的数值表示单位面积的第 r 种土地系统类型，能够提供的第 c 种服务的数量。在图 2-4 中，每种土地系统供给单一的服务。例如，单位面积的第 1 种土地系统类型只能供给 50 个单位的第 1 种服务；单位面积的第 2 种土地系统类型只能供给 40 个单位的第 2 种服务。在图 2－5 中，每种土地系统类型提供多种服务，例如单位面积的第 1 种土地系统类型能够供给 50 个单位的第 1 种服务、23 个单位的第 2 种服务、35 个单位的第 3 种服务、43 个单位的第 5 种服务。

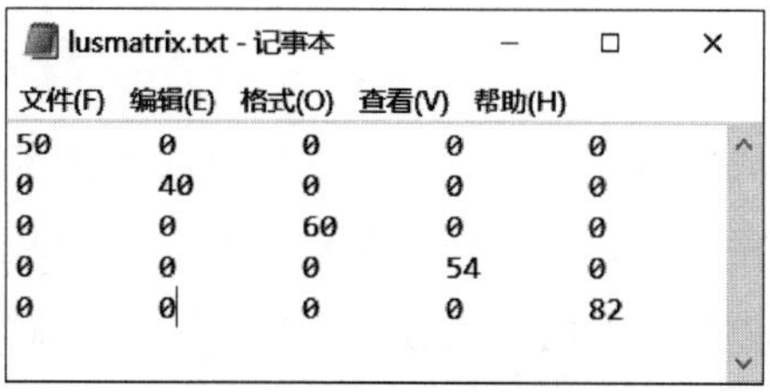
lusmatrix.txt - 记事本
文件(F) 编辑(E) 格式(O) 查看(V) 帮助(H)

50	0	0	0	0
0	40	0	0	0
0	0	60	0	0
0	0	0	54	0
0	0	0	0	82

图 2－4　土地利用矩阵 1

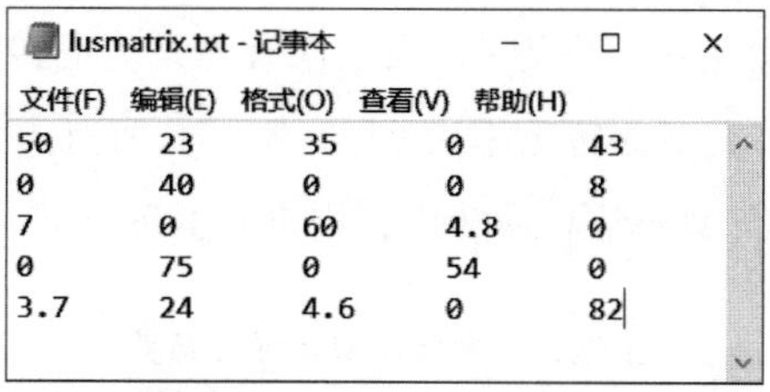
lusmatrix.txt - 记事本
文件(F) 编辑(E) 格式(O) 查看(V) 帮助(H)

50	23	35	0	43
0	40	0	0	8
7	0	60	4.8	0
0	75	0	54	0
3.7	24	4.6	0	82

图 2－5　土地利用矩阵 2

在单次模拟中，土地利用矩阵可以随时间变化（称为动态土地利用矩阵），也可定义为保持不变（称为静态土地利用矩阵）。若使用静态土地利用矩阵，该矩阵需被保存为名称为 lusmatrix 的无后缀的文件中，存储在 CLUMondo 模型的工作文件夹内。若使用动态土地利用矩阵，则需为每年设置 1 个独立的文件，以 lusmatrix 为文件名、年份为文件后缀。lusmatrix 文件的实质为文本文件，可使用记事本程序打开并编辑。文件 lusmatrix 中，相同行的两个数值间使用制表位作为间隔符。

2.6　弹性系数

土地变化模拟的过程中，一种土地系统转换为其他土地系统的难易程度通常情况下是不同的。例如，耕地、林地较容易转换为建设用地，而建设用地较难转换为耕地、林地。CLUMondo 中引入了弹性系数（elasticity）的概念，用于表达每种土地系统转换为其他任何类型土地系统的难易程度的具体数值。每种土地系统对应 1 个弹性系数，其数值范围为［0,1］，弹性系数值越大，意味着一种土地系统转换为其他类型（未特指转换为哪一种类型）的土地系统越困难。数值为 0 表示极容易转换，数值 1 表示禁止转换。

弹性系数的数值根据历史土地系统图的变化情况判断。通过历史年份土地系统图计算过往年份每种土地系统的转出情况（例如转出率），再根据转出情况主观设置每种土地系统的弹性系数值。例如，表 2－3 第 2 列展示了 2010—2020 年每种土地系统的转出率（转出率＝转出的像素总数/像素总数），第 3 列则是通过转出率的大小主观设置的弹性系数值。其中，“建设用地”类型由于转出率为 0，表示没有建设用地转出，所以弹性系数设置为 1；“其他”类型的转出率为 65.34%，是所有类型土地系统中转出率最高的，认为该类型非常容易转出，则设置其弹性系数为 0。

表 2－3　土地系统的转出率及弹性系数

编号	土地系统	转出率（%）	弹性系数
0	建设用地	0.00	1
1	耕地	9.23	0.8
2	密集林地	10.56	0.5
3	稀疏林地	20.11	0.3
4	高覆盖度草地	20.51	0.3
5	中覆盖度草地	40.12	0.1
6	低覆盖度草地	43.22	0.1
7	湿地	44.44	0.1
8	荒地	13.04	0.5
9	水域	4.98	0.8
10	灌木	44.44	0.1
11	冰川和永久积雪	38.05	0.2
12	其他	65.34	0

弹性系数在 CLUMondo 模型用户界面的“Conversion resistance”模块输入，一种土地系统对应一个弹性系数值，如图 2－6 所示。弹性系数在用户界面的输入值存储在 CLUMondo 模型的工作文件夹“main.1”的第 12 行，如图 2－7 所示。

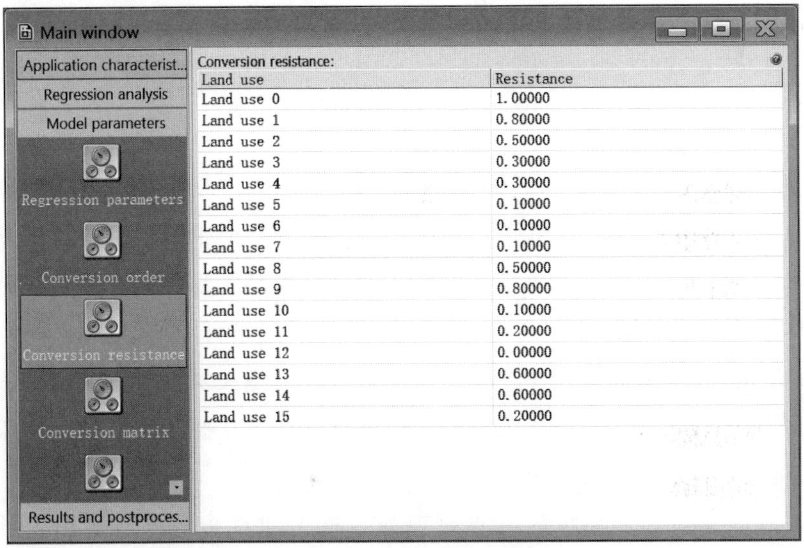

图 2－6 弹性系数输入界面

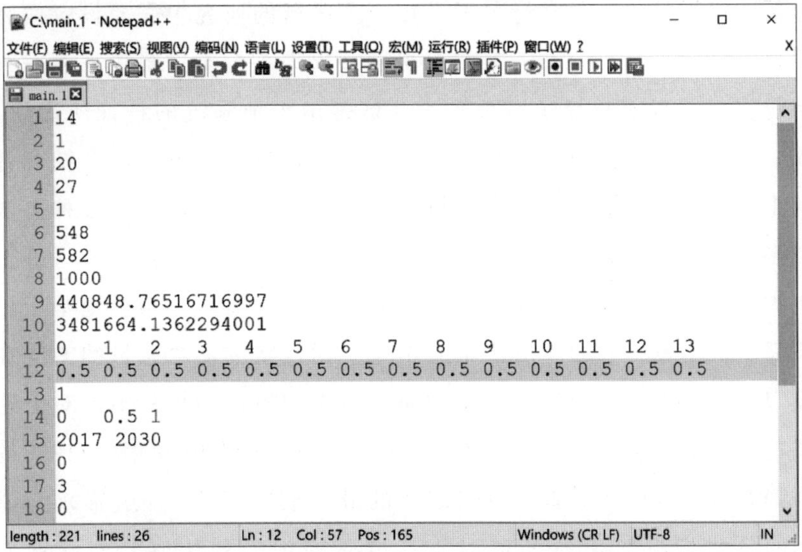

图 2－7 CLUMondo 模型工作路径中的“main.1”文件

3　核心原理介绍

3.1　原理概述

CLUMondo 模型是一种基于经验的土地系统变化模拟模型。所谓基于经验，是指该模型对未来土地变化概率的计算是基于现状数据和历史数据（如土地系统现状图、历史图以及驱动因子数据）进行的。CLUMondo 模型通过需求牵引土地系统类型变化，当土地系统类型在发生一定改变后满足模型操作者设定的需求时，模型停止运行，并认为这些改变后的土地系统空间分布格局即为模拟结果。

CLUMondo 模型模拟的核心原理为寻求土地系统的供给平衡。具体而言，当人为设定的需求总量与土地系统的供应总量在一定范围内达到平衡时，模拟结束。通常情况下，在一个区域的研究中需要设定两种或两种以上的需求，每一种需求能够由多种土地系统类型提供，而一种土地系统类型通常能够提供多种需求，这是由土地系统的特征所决定的。例如，粮食产量既可由耕地类型的土地系统提供，也可由城乡结合部类型的土地系统提供。因此，在进行土地变化模拟时，设定的多种需求能够由多种土地系统类型共同提供，供给能力则由事先计算出的每种土地系统类型单位面积需求供给量决定。对于每一种需求，当土地基于单位面积需求供给量得到的需求供给总量与人为设定的需求总量的差异在事先设定的阈值内时，模型认定得到满足需求的模拟结果，不再对土地进行调整，模拟结束。根据 CLUMondo 帮助文件，CLUMondo 结束模拟的规定准则有两条：所有需求与供给之间的最大平均偏差、所有需求与供给之间的最大偏差。CLUMondo 对于这两条准则的默认值分别设置为了 0.5% 和 1%。

CLUMondo 模拟土地变化的过程是迭代调整不同类型地块（土地系统的基本单元）的数量和空间分布，直至所有地块的供给总量满足需求的过程，模拟运行流程如图 3－1 所示。当起始年份（$t = T$）的土地系统输入模型后，模型基于土地转换潜力配置土地系统，根据改变后每种土地系统类型的面积与单位面积土地系统类型的需求供给量，计算出该土地系统的需求总供给量，当总供给量与预测年份（$t = T + 1$）总需求量的差异在阈值内，模拟结束；反之，模型进行下一次迭代。在迭代的同时根据需求的供给情况和土地系统类型的竞争能力（供给需求的能力）调整竞争优势，使得模型重新计算每个地块的土地转换潜力，配置得到本次迭代的土地系统，再判断本次迭代的土地系统是否满足未来需求。如此循环迭代，直到迭代出的土地系统满足未来需求为止。

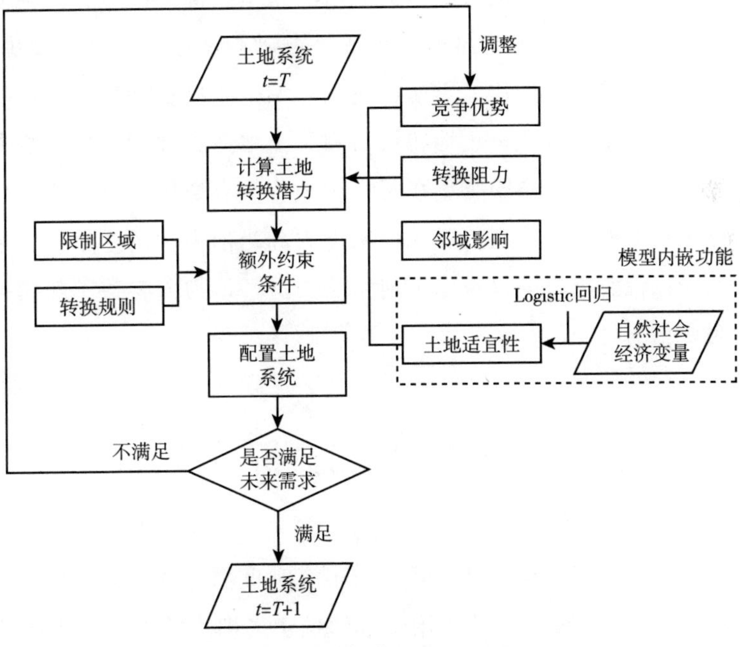

图 3－1　CLUMondo 运行流程图

在模型不断迭代、调整土地系统的过程中，配置土地系统的核心是确定每个地块是否发生改变以及改变为何种类型，这是由每个地块的土地转换潜力所决定的。在当前模拟年份（t），第 i 个地块对于每一种土地系统（LS）的土地转换潜力（$Ptrans_{t,i,LS}$）由模型中的 4 个影响土地变化的参数相加得到，这 4 个参数分别为土地适宜性（$Ploc_{t,i,LS}$）、转换阻力（$Pres_{LS}$）、竞争优势（$Pcomp_{t,LS}$）和邻域影响（$Pneigh_{t,i,LS}$）。土地转换潜力的计算公式如下（Van Asselen and Verburg，2013）：

$$Ptrans_{t,i,LS} = Ploc_{t,i,LS} + Pres_{LS} + Pcomp_{t,LS} + Pneigh_{t,i,LS}$$

上述 4 个影响土地变化的参数将在下文进行详细介绍，此处仅对每个参数的原理进行简要介绍，详细内容请参考对应章节。土地适宜性是针对每个地块计算其成为每一种土地系统类型的概率，这是基于 Logistic 回归分析得到现有自然、社会经济驱动因子与土地数据之间的关系而计算出的经验值，模型假设未来土地的变化是对现状的延续，因此使用该经验值作为未来土地发生变化的概率。转换阻力通过历史土地数据判断过往每种土地类型能否转换为其他类型以及转换的难易程度。竞争优势是指根据每种土地系统类型的供给需求能力和当前需求的供给情况判断每种土地系统在一次分配中能否获得更多的面积。邻域影响则不仅考虑了每个地块自身，而且考虑到该地块周围地块的影响，所谓影响是指周围地块类型影响到中心地块类型的判断。因此，土地转换潜力、土地适宜性和邻域影响参数涉及每一年、每一种土地系统类型在每一个地块均有数值；竞争优势仅涉及每一年每一种土地系统类型的需求供给能力和当前需求的供给量，不针对每一个地块；转换阻力则仅考虑土地系统类型，认为该参数不随模拟年份的变化而变化。

3.2 回归分析

在前面的章节中，我们讲到驱动因子有时也称为解释因子。这是因为在 CLUMondo 中，这些因子首先用于解释现状（即当前的土地系统类型），然后用于驱动土地系统类型产生变化、从而实现模拟未来。为了在因子和现状之间建立联系，CLUMondo 模型中引入 Logistic 回归分析。在回归分析中，前面描述的这些因子也称为协变量（covariate）。回归分析中对协变量的要求是不同的协变量应相互独立。

CLUMondo 中具体使用的回归分析模型为二元 Logit 模型（binomial

logit model)：

$$\log\left(\frac{P_{i,j,k}}{1-P_{i,j,k}}\right)=\beta_{0,k}+\beta_{1,k}X_{1,i,j}+\beta_{2,k}X_{2,i,j}+\cdots+\beta_{n,k}X_{n,i,j}$$

其中，$P_{i,j,k}$表示地块（i,j）转换为第 k 种土地系统类型的概率；$X_{n,i,j}$表示第 n 个驱动因子在地块（i,j）上的数值；系数 $\beta_{n,k}(n\geq 1)$ 是通过回归模型估计而得，表示针对第 k 种土地系统类型的回归方程中第 n 个驱动因子对应项的系数；$\beta_{0,k}$为常数。由上述公式可知，在二元 Logit 模型的支持下，给定地块（i,j）上驱动因子的数值（$X_{1,i,j},X_{2,i,j},\cdots,X_{n,i,j}$），我们便能快速地计算出该地块转换为各种土地系统类型的概率（$P_{i,j,k}$）。

对于大家可能更熟悉的最小二乘回归（least squares regression）而言，其回归的结果评价通常使用决定系数（coefficient of determination，R^2）评价。但是对于 Logistic 回归，R^2不再适用，通常使用的评价指标是 ROC。指标 ROC 的数值介于0.5~1.0（包括上下极限），数值越大表示回归效果越好。其含义为如图 3-2 所示中的曲线（ROC curve）下方的面积，因此指标 ROC 的英文表述有时为"area under the ROC curve"（简称 AUC）。CLUMondo 中便采用了这样的简称。在 CLUMondo 中，对于 AUC 数值的解译，通常有如表 3-1 所示的原则可遵循。

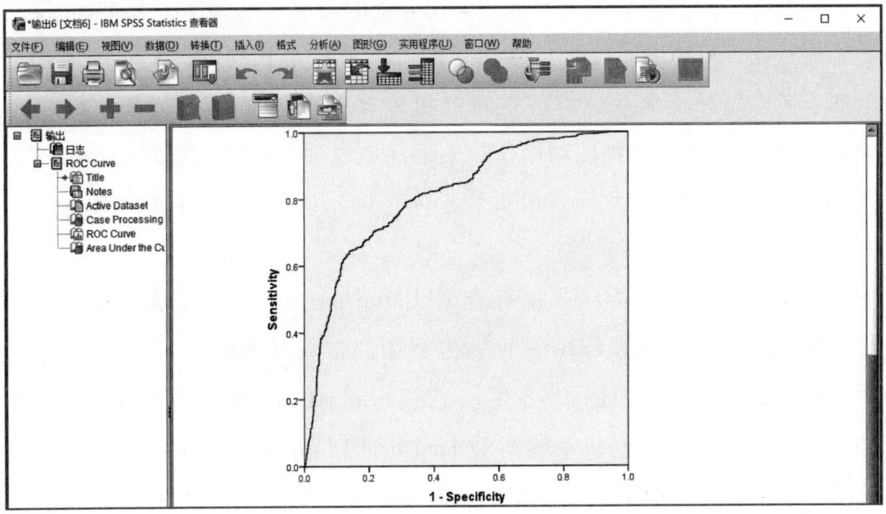

图 3-2 ROC 曲线

表 3-1　指标 AUC 的数值解译

情况	AUC 数值范围	回归结果评价
1	[0.9,1]	非常好（excellent）
2	[0.8,0.9)	好（good）
3	[0.7,0.8)	可行（fair）
4	[0.6,0.7)	较差（poor）
5	[0.5,0.6)	不好（not good）

Logistic 回归分析是为了计算每个地块的土地适宜性，作为 CLUMondo 模型核心结构之外的部分内嵌在模型中（见图 3-1）。实际上，这种传统的 Logistic 回归并非 CLUMondo 模型计算土地适宜性的唯一方法，其他与传统 Logistic 回归计算结果的表现形式相同的改进回归方法同样适用于此。例如，Jiang 等将空间自相关因子引入 Logistic 回归以考虑土地数据的空间效应（Jiang et al.，2015），即进行 Autologistic 回归，方程如下：

$$\log\left(\frac{P_{i,j,k}}{1-P_{i,j,k}}\right)=\beta_{0,k}+\beta_{1,k}X_{1,i,j}+\beta_{2,k}X_{2,i,j}+\cdots+\beta_{n,k}X_{n,i,j}+\beta_k' Autocov_{i,j,k}$$

其中，β_k' 通过 Autologistic 回归模型估计而得，表示针对第 k 种土地系统类型的回归方程中空间自相关因子对应项的系数，$Autocov_{i,j,k}$表示第 k 种土地系统类型的空间自相关因子在地块（i,j）上的数值。与传统二元 Logit 模型的公式对比，可以看出二者计算结果的表现形式是相同的，唯一的区别是增加了考虑每种土地系统类型空间自相关效应的空间自相关因子 *Autocov*。如果将 *Autocov* 当作一种驱动因子，则上述改进回归模型的公式将与传统二元 Logit 模型的公式无异。因此，Autologistic 回归能够在 CLUMondo 中实现。

Logistic 回归分析的结果保存在 CLUMondo 的 alloc1. reg 文件中，表示每一种土地系统类型的 Logistic 回归方程中的常数（即$\beta_{0,k}$）和驱动因子对应项的系数（即$\beta_{n,k}$）。图 3-3 展示了一个 alloc1. reg 文件的部分内容，文件中以空行作为一种土地系统类型 Logistic 回归方程的结束。一种土地系统类型的 Logistic 回归方程由四部分组成：第 1 部分为土地系统类型的编号，第 2 部分为回归方程的常数项，第 3 部分为纳入回归方程的驱动因子个数，第 4 部分为每一种驱动因子编号及其对应系数。以图 3-3 中第一种土地系统（编号为 0）为例，其对应的 Logistic 回归方程应为：

$$\log\left(\frac{P_{i,j,0}}{1-P_{i,j,0}}\right)=3.3-0.4X_{3,i,j}-0.1X_{6,i,j}+0.01X_{9,i,j}$$

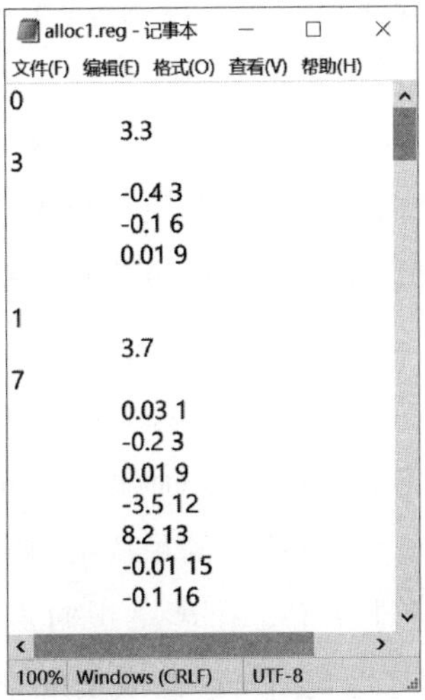

图 3-3 Logistic 回归分析结果存储文件 alloc1. reg

3.3 转换顺序

在 CLUMondo 的模拟过程中，当用户设置明确的土地系统服务需求量后，土地系统将朝着能够满足需求量的方向变化。然而，土地系统类型和土地利用服务之间的关系是多对多的，这意味着一种服务需求的满足可以通过不同的途径实现，即通过改变不同类型的土地系统面积实现。例如，假设土地利用服务为“承载人口”，其需求为“承载更多的人口”，同时假设能够满足该需求的土地系统类型有“城镇用地”和“农村用地”，并且城镇用地更有“能力”——即能够提供更多的“承载人口”服务（即更能满足“承载更多的人口”的需求）。那么为了满足“承载更多的人口”的需求，程序可以单一地增长“城镇用地”或“农村用地”的面积，也可以将“农村用地”转换为“城镇用地”。在 CLUMondo 中，采用的方式是后者。

于是，CLUMondo 中引入了“转换顺序”（conversion order）的概念。“转换顺序”可以在任一土地系统类型和任一土地系统服务之间核算，表达土地系统类型提供特定土地系统服务的供给能力的强弱。其数值可为“-1”或非负整数（“0，1，2，…”），数值含义如下：

- “-1”：当前土地系统类型无法提供特定的土地系统服务（即没有供给能力），或在模拟中不考虑使用当前土地系统类型提供特定的土地系统服务。例如，城市用地的增多无法满足粮食增产的需求；或者尽管城市用地中提供了微少的粮食产量，但在模拟过程中被认为不会用于满足粮食增产的需求。

- “0，1，2，…”：当前土地系统类型能够提供特定的土地系统服务（即对特定服务有供给能力）。这一数值越高，表示提供的特定土地系统服务越多（即供给能力越强，越有能力满足特定的需求）。

在 CLUMondo 的模拟过程中，在满足正向需求时（即特定土地系统服务需求量增加时），程序会将（1）在该土地系统服务下的转换顺序值为非负整数的土地系统类型转换为（2）在该土地系统服务下的转换顺序值更高的其他土地系统类型。例如，假设被需求的土地系统服务为粮食产量，“稀疏耕地”和“密集耕地”均能提供粮食，转换顺序分别为“2”和“3”。那么，在粮食稀缺时，“稀疏耕地”会被转换为“密集耕地”。

在满足负向需求时（即特定土地系统服务需求量减少时），程序会将（1）在该土地系统服务下的转换顺序值为非负整数的土地系统类型转换为（2）在该土地系统服务下的转换顺序值更低的土地系统类型。例如，假设被需求的土地系统服务为粮食产量，“稀疏耕地”和“密集耕地”均能提供粮食，转换顺序分别为“2”和“3”。那么，在粮食过剩时，“密集耕地”会被转换为“稀疏耕地”。

值得注意的是，两种土地系统类型针对特定土地系统服务的转换顺序允许为相同的数值，表示在满足该土地系统服务的需求时，这两种土地系统类型不会发生相互转换。例如，建设草地和林地都能提供“承载人口”的土地系统服务，但是在满足“承载更多人口”的需求时，草地和林地的转换顺序可以甚至为相同的数值，表示不会互转。

转换顺序在 CLUMondo 模型用户界面的“Conversion order”模块输入，一种土地系统对应一个土地系统服务类型有一个转换顺序值，如图 3-4 所示。转换顺序在用户界面的输入值存储在 CLUMondo 模型的“lusconv. txt”文件中，如图 3-5 所示。

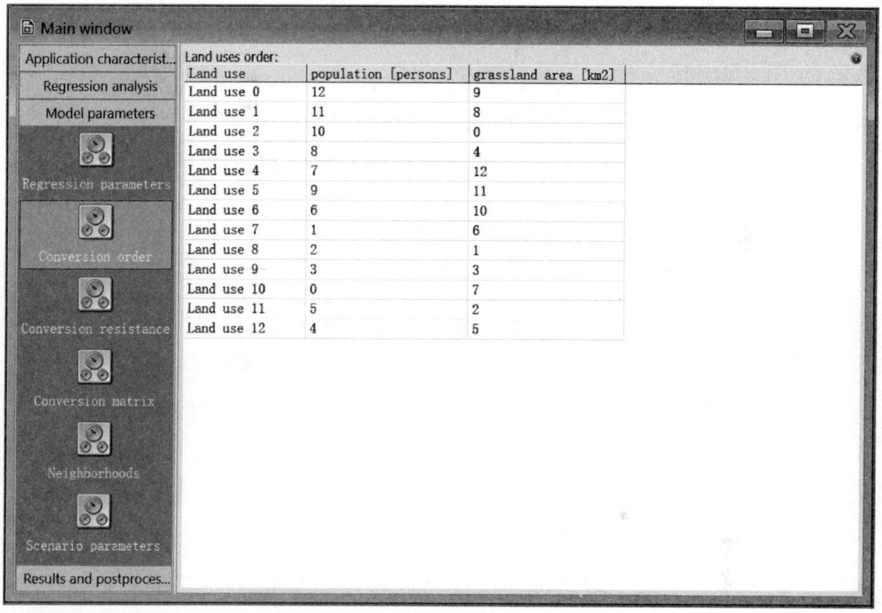

图 3-4 转换顺序输入界面

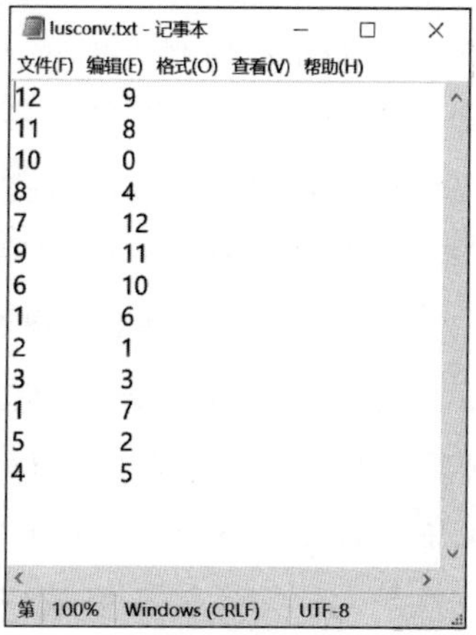

图 3-5 转换顺序存储文件 lusconv. txt

3.4 转换阻力

CLUMondo 中引入了转换阻力（conversion resistance）的概念，用于表达每种土地系统类型发生变化（即转换为任何其他类型）的难易程度。在不同的 CLUMondo 文档中，转换阻力的同义词通常包括转换限制（conversion restriction）。转换阻力以弹性系数（详见 2.6 节）作为具体表现形式。一种类型的土地系统的弹性系数值越大，表示该类型的土地系统越难被改变（即该类型的土地系统越难以转换为其他类型），反之亦然。

3.5 转换矩阵

在 CLUMondo 中，转换矩阵（conversion matrix）用于定义两类土地系统之间是否允许发生转换、以及何时允许发生转换。假设土地系统类型的数目为 N，那么转换矩阵的行列数均为 N，其第 i 行第 j 列的元素表示第 i 种土地系统类型到第 j 种土地系统类型的转换。其元素数值的含义如下：

- “0”：不允许转换。
- “1”：允许转换。
- “1*xy*”：其中“1”表示允许转换，但转换必须发生在特定时间（以年为单位计量）之后；“*xy*”是使用两位数表示的年长，例如两年表示为“02”、十年表示为“10”。“1*xy*”表示在“*xy*”年后允许转换。例如，“107”表示第 i 种土地系统在持续 7 年后才被允许转化为第 j 种土地系统。
- “－1*xy*”：其中“－1”表示允许转换且在特定时间（以年为单位计量）后必须转换；“*xy*”是使用两位数表示的年长。“－1*xy*”表示在“*xy*”年后当前土地系统类型必须转换为任一种类型（除去自身类型）。由于“－1*xy*”仅涉及 1 种土地系统，因此该类型的数值在转换矩阵中仅允许出现在对角线上。

需要注意的是，在 CLUMondo 中，在模拟开始前，程序会自动地为每个地块（cell）随机地分配其当年的土地系统类型已存在的时长（以年为单位计量)。

转换矩阵在 CLUMondo 模型用户界面的“Conversion matrix”模块输入，输入的形式为 $N \times N$ 的二维表格，如图 3-6 所示。转换矩阵在用户界面的输入值存储在 CLUMondo 模型的“allow. txt”文件中，如图 3-7 所示。

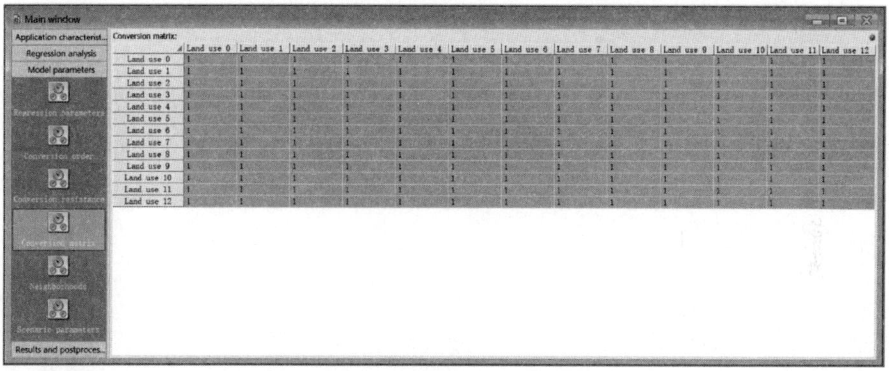

图 3-6 转换矩阵输入界面

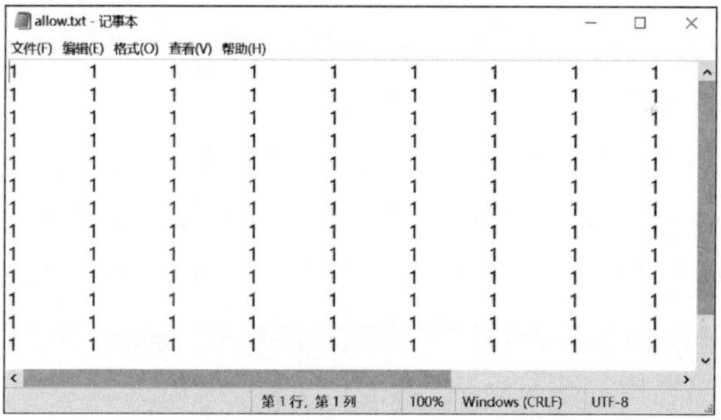

图 3-7 转换矩阵存储文件 allow. txt

3.6 邻域影响

CLUMondo 支持在进行土地系统变化模拟时考虑邻域影响。所谓考虑邻域影响是指，在判定单个地块的土地系统类型是否发生转换时考虑相邻地块的土地系统类型。例如，在第 1 种情况中，1 块耕地被建设用地包围；在第 2 种情况中，这块耕地的周围也是耕地。因此，这块耕地的土地系统类型发生改变的可能性在情况 1 中可能更高。

为了考虑邻域影响，CLUMondo 采用了论文（Verburg et al.，2004）中的方法。假设地块（i,j）的土地系统类型发生改变的概率为 $P_{i,j}$，那么存在以下关系式：

$$\log\left(\frac{P_{i,j}}{1-P_{i,j}}\right)=\beta_0+\beta_1 F_{1,d,i,j}+\beta_2 F_{2,d,i,j}+\cdots+\beta_m F_{m,d,i,j}$$

其中，m 为土地系统类型的个数，$\{\beta_0,\beta_1,\beta_2,\cdots,\beta_m\}$ 为通过模型计算而得的系数。$F_{k,d,i,j}$称为“富集因子”（enrichment factor），表征在以位置（i,j）为中心、d 为半径范围内第 k 种土地系统类型的富集程度，其计算公式如下：

$$F_{k,d,i,j}=\frac{n_{k,d,i,j}/n_{d,i,j}}{N_k/N}$$

其中，N 表示土地系统地块（或称为细胞或栅格）的个数；N_k表示第 k 种土地系统类型的地块个数，$n_{d,i,j}$是以位置（i,j）为中心、d 为半径范围内的地块个数，$n_{k,d,i,j}$是以位置（i,j）为中心、d 为半径范围内的第 k 种土地系统类型的地块个数。

邻域影响情况在 CLUMondo 模型用户界面的“Neighborhoods”模块设置，CLUMondo 邻域设置的起始界面如图 3－8 所示。邻域影响的设置存储在 CLUMondo 模型的“neighmat. txt”文件中，如图 3－9 所示。

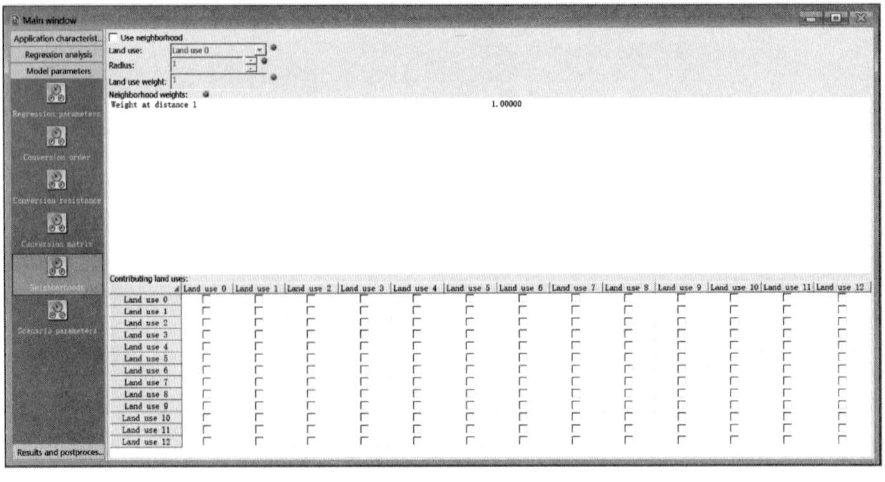

图 3－8　邻域影响设置界面

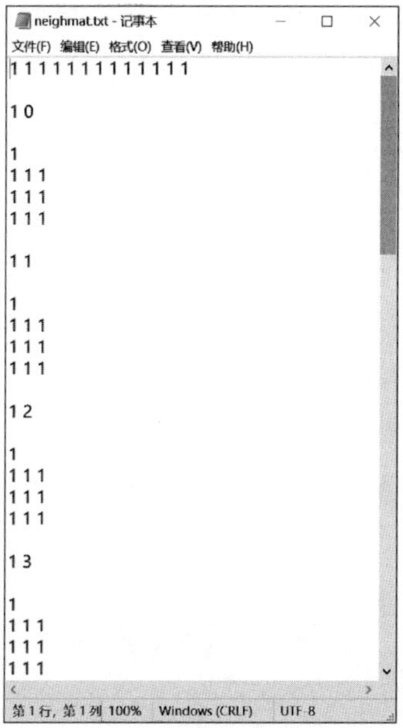

图 3 – 9　邻域影响存储文件 neighmat. txt

3.7　竞争优势

在 CLUMondo 中，由于多种土地系统类型与多种需求存在多对多的对应关系，因此在满足特定需求时可能存在多种合适的土地系统类型。从地块的角度，在每次迭代中，CLUMondo 需确定每个地块的土地系统类型，因此不同的土地系统类型在该地块处形成“竞争”。为了量化竞争力，CLUMondo 针对每种土地系统类型引入了竞争优势（competition advantage）的概念，其具体是指模型分配这种土地系统类型的优先程度。换言之，某种土地系统类型的竞争优势越大，潜在地块越容易转换为这种类型。

竞争优势根据两大参数计算：（1）当前需求供给总量的缺口和（2）每种土地系统类型的竞争能力。竞争优势的数值与当前需求的供给总量缺口成正比，即对多种需求的供给缺口越大，提供这些需求的土地系统类型的竞争优势越大。对于均能满足多种需求的土地系统类型，则再由这些土地系统类型的竞争能力决定竞争优势的强弱。竞争能力取决于土地系统类型的供给能力（即对需求的供给量），供给量越多、竞争能力越强。

每种土地系统类型的竞争优势在模型整个迭代过程中是不断更新的，如图 3 - 1 所示。换言之，不同土地系统类型的竞争优势随迭代的进行而动态地变化，形成动态竞争（dynamic competition）。在模型不断迭代的过程中，由于土地系统需要供给多种需求，不同土地系统类型在每一次迭代时会赋予不同大小的竞争优势，使在一次迭代中竞争优势大的土地系统类型在本次迭代时会分配更多的土地。当下一次迭代时，另一种需求需要更多的供给，则为其他土地系统类型赋予更大的竞争优势，则下一次迭代时该类型的土地系统面积增加，呈现一种动态的土地竞争。

3.8 评价方法

评价 CLUMondo 模型模拟效果的评价方法通常是将模拟结果数据与真实数据作相似性比较。相似性比较最初的方法是建立模拟结果数据与真实数据的列联表（contingency table，又称为混淆矩阵）。列联表能够表示模拟结果数据与真实数据中每种土地类型两两对应的像素个数（或占总像素个数的比例），例如可以统计模拟结果数据中为耕地且在真实数据中为林地的像素个数（或占总像素个数的比例）。列联表是一个 $n \times n$ 矩阵（例如表 3 - 2），n 表示两个数据的 n 种土地类型。矩阵中的 x 主要有两种形式，一种表示在模拟结果数据中是第 i 类且在真实数据中是第 j 类的共有 x 个像素，另一种表示在模拟结果数据中是第 i 类且在真实数据中是第 j 类的像素占总像素个数的比例。根据 x 的不同形式，M_i 表示模拟结果中第 i 类土地的像素总数或占总像素个数的比例，Z_j 表示真实数据中第 j 类土地的像素总数或占总像素个数的比例。

由于列联表中的信息量较大、所展示的内容较详细（即展示内容全部为像素个数或占比），人们常使用单个数值型指标进行评价，因此后基于列联表提出多个数值指标以评价模拟结果数据与真实数据的相似性。最直观的评价指标被称为正确分类比例（the proportion correct classification）。正确分类比例用于计算在模拟结果中被正确分类的像素占总像素个数的比例，由列联表中的某些行列信息计算得出。列联表对角线上的数字代表了模拟结果中被正确分类的像素个数（或占像素总数的比例），因此正确分类比例的计算方法即为将列联表中对角线上的像素个数加和后除以像素总数，或者将对角线上的像素占比直接加和。正确分类比例 $P(A)$ 的计算公式如下：

$$P(A) = \sum_{i=1}^{n} \frac{x_{ii}}{M_i}\ (x \text{ 表示像素个数})\text{或}\ P(A) = \sum_{i=1}^{n} x_{ii}\ (x \text{ 表示像素占比})$$

表 3-2　　列联表示例

模拟结果	真实数据				
	1	2	…	n	共计
1	x_{11}	x_{12}		x_{1n}	M_1
2	x_{21}	x_{22}		x_{2n}	M_2
…					…
n	x_{n1}	x_{n2}		x_{nn}	M_n
共计	Z_1	Z_2	…	Z_n	N

正确分类比例是一个简单易懂、方便计算的评价指标，其数值反映了模拟结果数据中被模型模拟正确的像素有多少，然而，如果出现这样一种情况：与真实数据相似度本就较高的原始土地数据和与真实数据相似度原本较低的原始土地数据都模拟出了正确分类的像素个数相同的模拟结果，那么两个模拟实验的正确分类比例在数值上将完全相同，但显然与真实数据相似度原本较低的土地数据其模拟难度更大。这说明，正确分类比例指标忽略了人们评价模拟结果与真实结果相似性的本质是评价模型的模拟能力。所谓模拟能力，是指凭借模型的作用而使得原始土地数据向真实数据靠拢（逐渐相似），它不仅反映在模拟结果与真实数据的相似性上，也反映在模拟难度上。当模拟结果相同时，土地数据的模拟难度越大（与真实数据相似性越低），认为模拟能力越强。

因此，当比较多个实验以期望得到多个模拟结果哪个更优时，如果这些实验的模拟难度各不相同，那么这些模拟结果与真实数据的正确分类比例便不具有可比性，也就无法通过正确分类比例指标判断哪个模拟结果更优。

基于列联表提出的另一个指标 Kappa 系数将模型的模拟难度考虑到了该指标内。Kappa 系数在正确分类比例的基础上考虑了随机条件下像素被正确分类的概率，即当模型丧失模拟能力时像素被正确分类的概率。显然，这个概率越低，模型的模拟难度越大。Kappa 系数的计算公式如下：

$$\text{Kappa} = \frac{P(A) - P(E)}{1 - P(E)}$$

其中，$P(A)$ 即上文所介绍的实际观测的正确模拟比例；$P(E)$ 表示期望的正确模拟比例，也就是随机条件下像素被正确分类的概率。

然而，Kappa 系数无法区分出土地变化模拟结果和真实土地数据在空间位置和数量上的差异。Pontius 进一步提出两个指标 Klocation 和 Khisto，分别考虑了两个数据在空间位置上的相似性和数量上的相似性。Klocation 和 Khisto 的计算公式如下：

$$\text{Klocation} = \frac{P(A) - P(E)}{P(max) - P(E)}$$

$$\text{Khisto} = \frac{P(max) - P(E)}{1 - P(E)}$$

其中，新加入的 $P(max)$ 表示能够得到的最大正确模拟比例。而 Kappa 也能够被 Klocation 和 Khisto 分解为两部分内容，这样分解后一部分代表对空间位置相似度的评价，另一部分代表对数量相似性的评价，Kappa 系数的这种分解可由公式表示为：

$$\text{Kappa} = Klocatio \times Khisto$$

对于 Kappa、Klocation 及 Khisto 更详细的原理及计算，读者可参考论文（Hagen，2002）。

4　模型安装过程

CLUMondo 模型有两个版本，分别为命令行版和界面版。命令行版的发布日期较新，但入门难度大。界面版简单易用，更适合初学者。本节将同时介绍两个版本，但本书中的实践案例将以界面版为主。两个版本的官方下载地址如下：

- 命令行版：http：//environmentalgeography. nl/files/data/public/exe-manual
- 界面版：http：//environmentalgeography. nl/files/data/public/clumondo_tutorial

4.1　界面版

4.1.1　环境配置

在安装 CLUMondo 之前（或者在安装 CLUMondo 之后但首次使用前），需要确认操作系统的小数点格式。具体方法：打开 Windows 10 操作系统的【控制面板】，依次选择【时间和语言】|【区域】|【其他日期、时间和区域设置】，如图 4－1 所示。

然后选择【更改日期、时间和区域设置】，如图 4－2 所示。

图 4-1 选择【区域】|【其他日期、时间和区域设置】

图 4-2 选择【更改日期、时间和区域设置】

在弹出的对话框中，选择【其他设置】，如图 4-3 所示。

在弹出的【自定义格式】对话框中，确认小数点的格式为圆点，如图 4-4 所示。

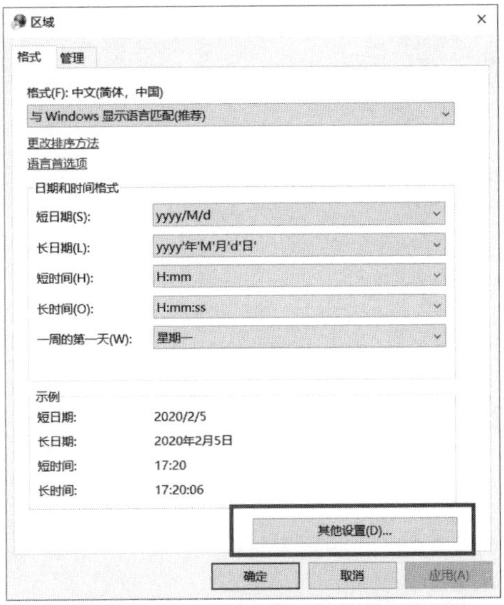

图 4－3 选择【其他设置】

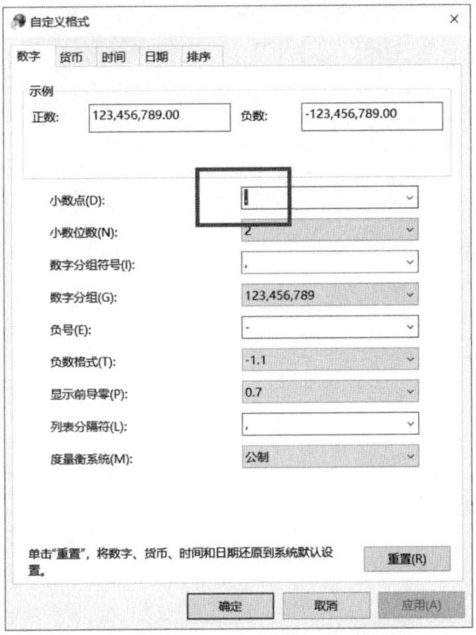

图 4－4 确认小数点的格式为圆点

建议安装的相关软件：在使用 CLUMondo 的过程中，需要使用 GIS 专业软件（如 ArcGIS）准备数据。在数据分析过程中可以使用 MCK 作为栅格地图对比软件。

4.1.2　下载、安装与启动

通过下载地址（http://environmentalgeography.nl/files/data/public/clumondo_tutorial）得到名为 CLUMondo_1.4.0_setup.exe 的安装包。安装过程中全部采用默认设置即可。

安装 CLUMondo 后，桌面上不会默认地生成 CLUMondo 的快捷方式，因此用户可能无法找到启动方式。CLUMondo 的快捷方式可以在操作系统的【开始】菜单中寻找，如图 4-5 所示。启动成功的 CLUMondo 用户界面如图 4-6 所示。首次启动的用户可能没有自己的工作文件，因此可暂时关闭图 4-6 中的【Open projectfile】对话框。

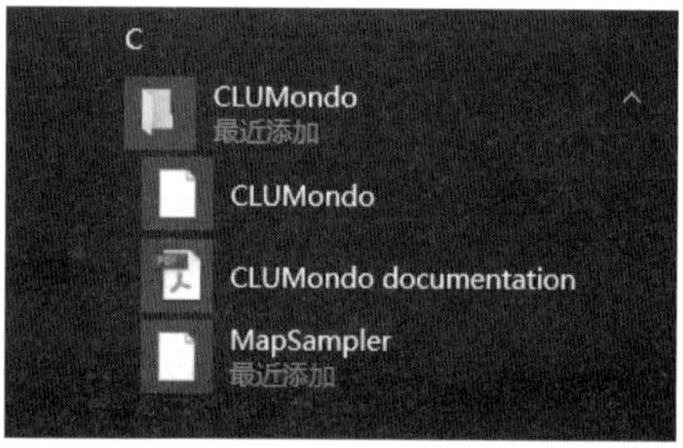

图 4-5　开始菜单中的 CLUMondo 快捷方式

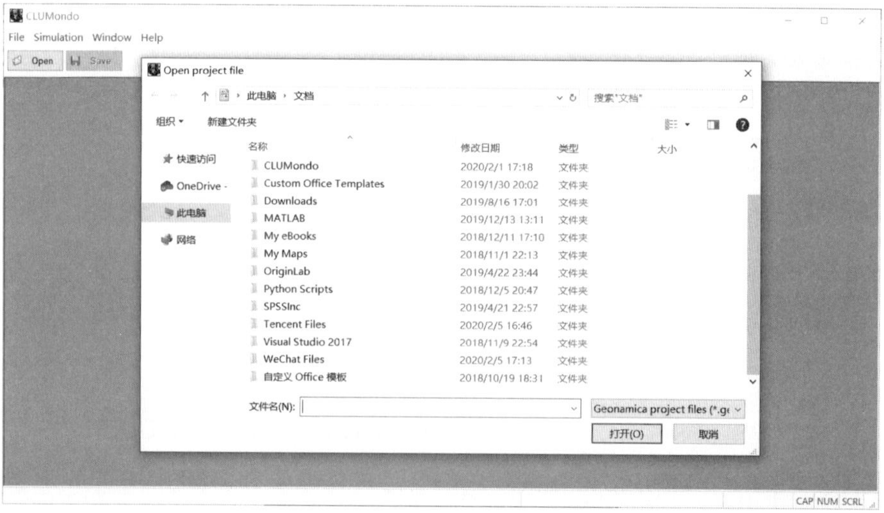

图 4-6　CLUMondo 的用户界面

首次启动时可能会遇到使用许可问题，如图4－7所示。解决办法：点击【Yes】后，选择与安装包同时下载的许可文件“Licence_CLUMondo_CLUMondo_1_0. lic”即可。

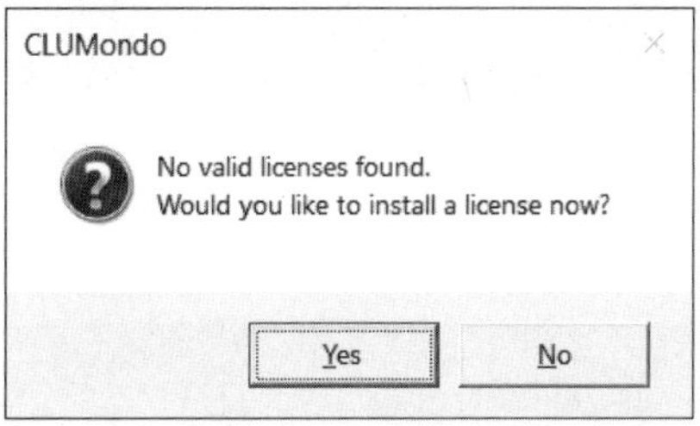

图4－7　首次启动CLUMondo时遇到的软件许可问题

此外，经过笔者多次测试，CLUMondo在Windows 7（32位）操作系统上无法正常使用，在Windows 10（64位）操作系统中使用正常。

4.2　命令行版

通过官方地址（http：//environmentalgeography. nl/files/data/public/exemanual）下载命令行版，下载得到压缩包，解压后获得exe程序，如图4－8所示。

图4－8　从官方途径下载得到的CLUMondo命令行版本

命令行版仅包括exe程序单个文件，该文件无法直接单击启用。使用方法：通过系统的开始菜单，搜索“命令提示符”并打开，如图4－9所示。

将exe程序（无论保存在操作系统的任何位置）直接拖入命令提示符中，命令提示符中会自动生成文件的路径，如图4－10所示。

图 4－9　Windows 操作系统中的命令提示符

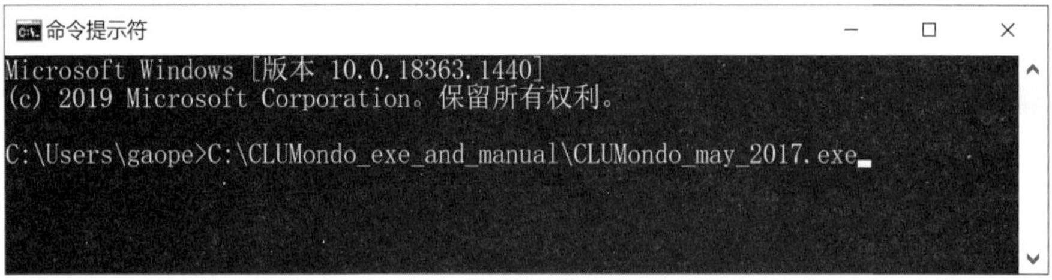

图 4－10　将文件拖动到命令提示符中

在命令提示符中将光标置于文件路径的末端并按下回车键，此时将启动 exe 程序。该程序的界面如图 4－11 所示。程序的使用需要通过命令来控制。

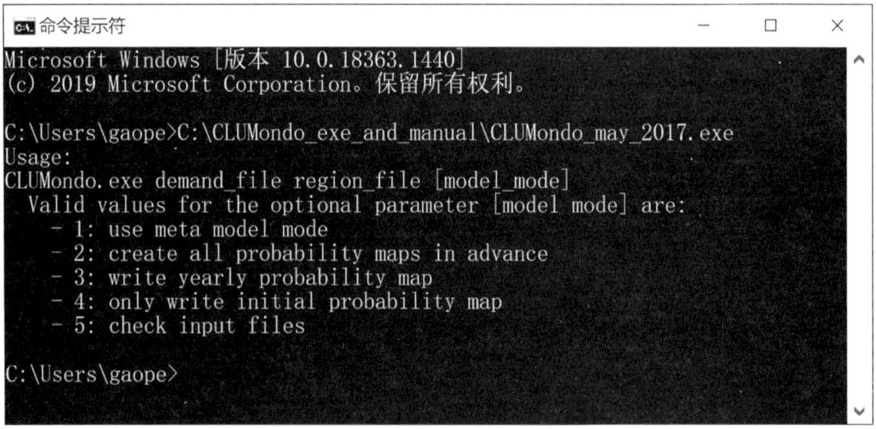

图 4－11　CLUMondo 命令行版本

5 案例：河南省土地变化模拟实践

在本实践中，我们将仿照论文（Wang et al., 2019）中的研究进行实践。但本书案例与该论文具有以下主要不同点：（1）研究区不同。该论文中的研究区为我国江苏省，本实践中将研究区更换为河南省。（2）土地系统的制作方式不同。

论文（Wang et al., 2019）发表在国际主流期刊 *Computers, Environment and Urban Systems*，如图 5－1 所示。论文署名作者有四位，依次是 Yuan Wang，Jasper van Vlietb，Lijie Pu，Peter H. Verburg。值得注意的是，Peter H. Verburg 正是 CLUMondo 模型的开发者。论文的单位有四家，依次是中国南京大学、荷兰阿姆斯特丹自由大学、中国自然资源部海岸带开发与保护重点实验室、瑞士联邦森林—雪—景观研究所。

Computers, Environment and Urban Systems 77 (2019) 101355

Contents lists available at ScienceDirect

Computers, Environment and Urban Systems

journal homepage: www.elsevier.com/locate/ceus

ELSEVIER

Modeling different urban change trajectories and their trade-offs with food production in Jiangsu Province, China

Yuan Wang[a,b,c,*], Jasper van Vliet[b], Lijie Pu[a,c], Peter H. Verburg[b,d]

[a] School of Geographic and Oceanographic Science, Nanjing University, Xianlin Road 163, 210023 Nanjing, China
[b] Institute for Environmental Studies, VU University Amsterdam, De Boelelaan 1085, 1081 HV Amsterdam, the Netherlands
[c] Key Laboratory of Coastal Zone Exploitation and Protection, Ministry of Natural Resources, Xianlin Road 163, 210023 Nanjing, China
[d] Swiss Federal Research Institute WSL, Zürcherstrasse 111, CH-8903 Birmensdorf, Switzerland

图 5－1　论文信息截图

5.1 土地系统的建立

5.1.1 数据制备清单

在本章中，我们将从“零起点”演示制备土地系统数据的全过程。此处，“零起点”假设用户无任何事先已积累的空间数据与统计数据，并假设用户已安装专业软件（ArcGIS 和 Matlab）但无操作经验。制备全过程包括：原始数据的下载、预处理、数据的投影转换、分辨率转化、空间化等。本节的结果数据汇总于表 5－1。

表 5－1　数据制备清单（数据时间均为 2017 年、空间分辨率 1km）

序号	名称	文件名
1	河南省土地覆被地图	Henan1k. tif，Henan1k. txt
2	河南省非农产业从业人数比例地图（县级）	Employ_P. tif，Employ_P. txt
3	河南省单位面积粮食产量地图（县级）	Grain_P. tif，Grain_P. txt
4	河南省土地系统类型地图	Land_Sys. txt，Land_Sys_H. txt

注：非农产业是指第二、第三产业。

根据河南省所处的经纬度，并查阅投影坐标系参考表（Projected Coordinate System Tables）[①]，选择出适合河南省的投影坐标系为“New_Beijing_Gauss_Kruger_CM_111E”。该投影坐标系将应用于后续的数据中，方便面积的统计。

5.1.2　准备土地利用/覆被数据

5.1.2.1　数据 FROM－GLC10 介绍

建立空间分辨率为 1km 的土地系统时，需要使用更高空间分辨的土地利用/覆被数据。在本实践中，我们采用清华大学理学院地球系统科学系宫鹏教授团队发布的土地覆被数据集 FROM－GLC10（2017v0.1.3）。该数据集发表于 2019 年（Gong et al.，2019），其内容为 2017 年的全球土地覆被，空间分辨率为 10 米，可供免费使用，其网络下载地址为 http：//data. ess. tsinghua. edu. cn/fromglc10_2017v01. html。

数据集 FROM－GLC10 共包括 7046 个数据块，每个数据块均为独立的 tif 文件，如图 5－2 所示。文件的命名规则为：“fromglc10v01_#_*. tif”，

① https：//pro. arcgis. com/en/pro－app/arcpy/classes/pdf/projected_coordinate_systems. pdf。

其中“#”表示维度、“*”表示经度。“#”和“*”的数值以 2°为间隔进行增减，并区分正负，其中北纬为正、南纬为负、东经为正、西经为负。例如，“fromglc10v01_-10_14. tif”表示南纬 10°、东经 14°附近的地区；“fromglc10v01_10_-36. tif”表示北纬 10°、西经 36°附近的地区。

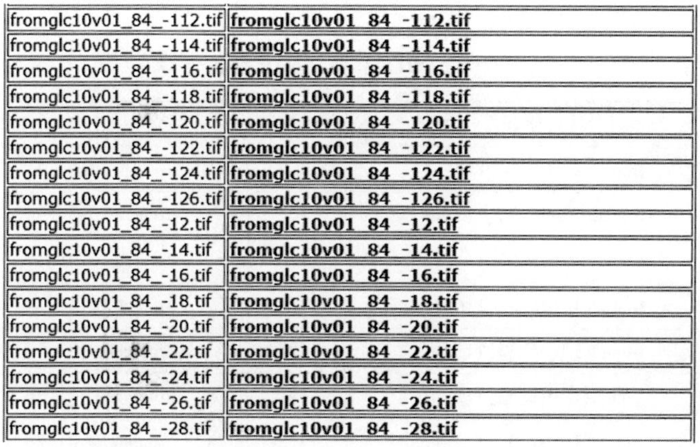

图 5-2　数据集 FROM-GLC10 的下载界面

FROM-GLC10 数据的土地覆被类型共有 10 种，如表 5-2 所示。对每种土地覆被类型，更详细的解释可参见宫鹏教授团队在先前研究中的介绍（Gong et al.，2013）。

表 5-2　　　数据集 FROM-GLC10 的土地覆被类型

编号	土地覆被类型	英文
10	耕地	Cropland
20	林地	Forest
30	草地	Grasslands
40	灌木地带	Shrubland
50	湿地	Wetland
60	水域	Water
70	苔原	Tundra
80	不透水面	Impervious surface
90	荒地	Barren land
100	冰雪区域	Snow/ice

5.1.2.2 原始土地覆被数据的下载

经查询[①]，河南省的经纬度范围为北纬 31°23′～36°22′、东经 110°21′～116°39′。经过推算文件名，我们下载如表 5－3 所示的 16 个文件，如图 5－3 所示。

表 5－3　　拟下载的 FROM－GLC10 数据文件

序号	文件名	序号	文件名
1	fromglc10v01_30_110. tif	9	fromglc10v01_34_110. tif
2	fromglc10v01_30_112. tif	10	fromglc10v01_34_112. tif
3	fromglc10v01_30_114. tif	11	fromglc10v01_34_114. tif
4	fromglc10v01_30_116. tif	12	fromglc10v01_34_116. tif
5	fromglc10v01_32_110. tif	13	fromglc10v01_36_110. tif
6	fromglc10v01_32_112. tif	14	fromglc10v01_36_112. tif
7	fromglc10v01_32_114. tif	15	fromglc10v01_36_114. tif
8	fromglc10v01_32_116. tif	16	fromglc10v01_36_116. tif

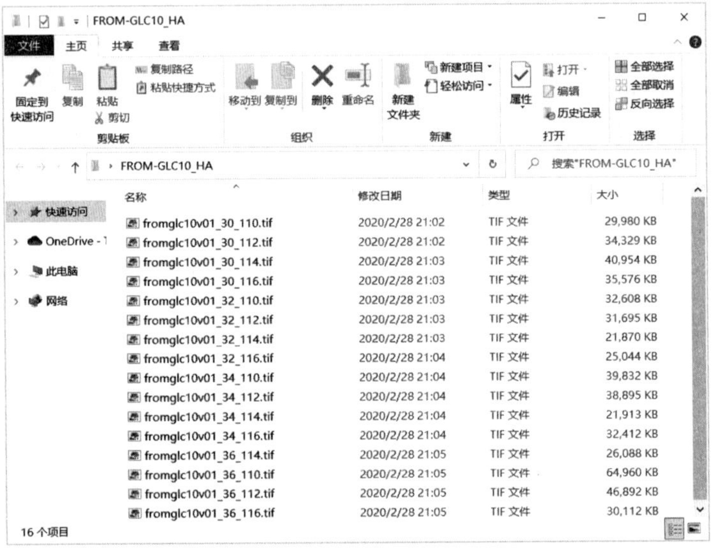

图 5－3　下载后的 FROM－GLC10 数据文件

① https：//www. henan. gov. cn/jchn/zrdl/。

打开 ArcGIS，将下载的 16 个数据文件全部加载其中，如图 5－4 所示。

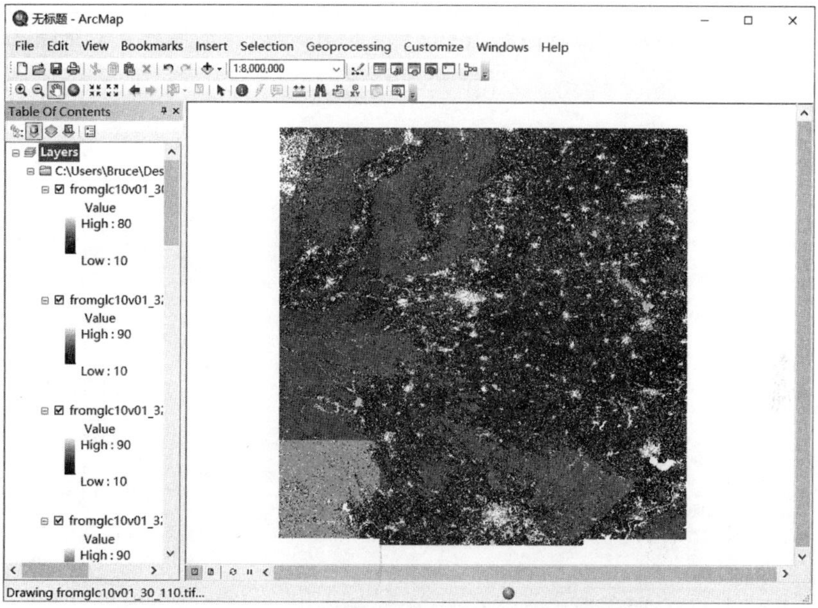

图 5－4　显示后的 FROM－GLC10 数据文件

接下来，我们利用 ArcGIS 中的工具将这些数据文件拼接成一幅影像。打开 ArcGIS 工具【ArcToolbox】|【Data Management Tools】|【Raster】|【Raster Dataset】|【Mosaic To New Raster】，得到弹出窗口，如图 5－5 所示。

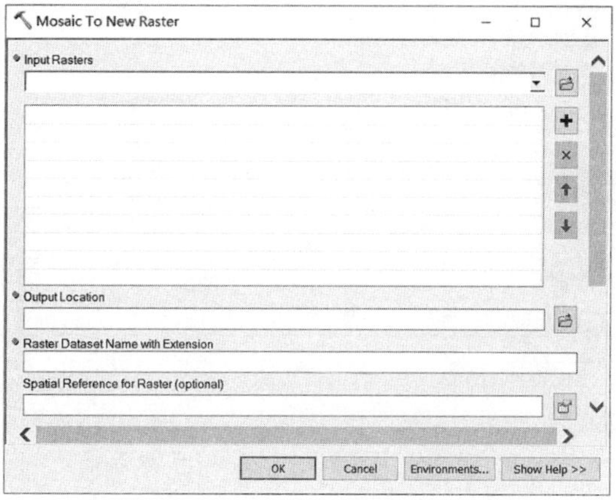

图 5－5　【Mosaic To New Raster】窗口

以下载的 16 个 FROM－GLC10 数据文件作为输入栅格（Input Raster），设置输出路径（Output Location）、结果文件名称与后缀（Raster Dataset Name with Extension）、波段数（Number of Bands），如图 5－6 和图 5－7 所示。

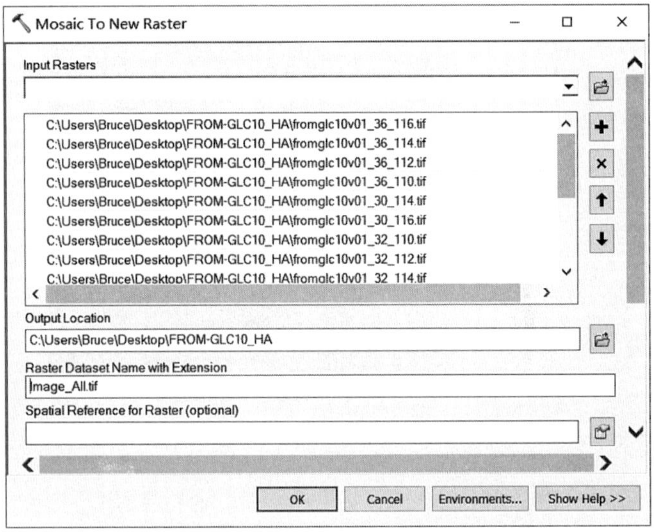

图 5－6 【Mosaic To New Raster】具体设置 1

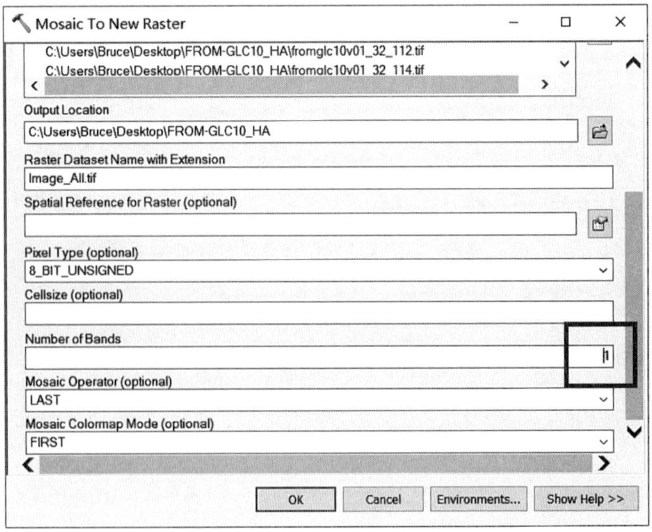

图 5－7 【Mosaic To New Raster】具体设置 2

执行需要时间（10～20 分钟，环境：CPU i5－8300H、内存 16GB），完毕后得到文件“Image_All. tif”，并会自动加载到 ArcGIS 中，如图 5－8 所示。

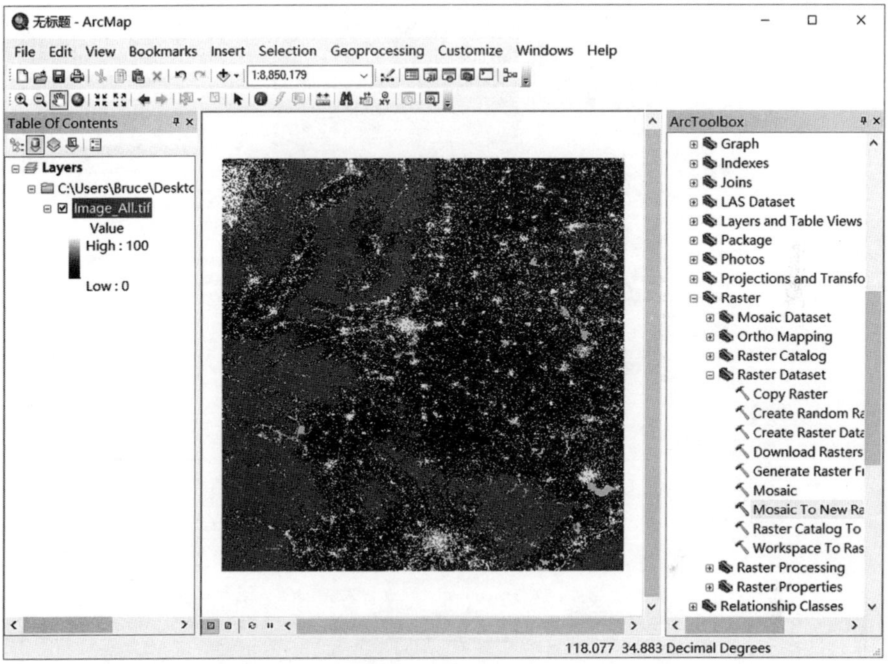

图 5－8　拼接完成后 FROM－GLC10 影像

5.1.2.3　符号系统中设置分级符号

不熟悉 FROM－GLC10 数据的读者可能会纳闷，原本说 FROM－GLC10 中有 10 种土地覆被类型，为何在图 5－8 的显示中却是 0～100 的数值范围？其实，这并非数据问题，而是在 ArcGIS 中的显示设置问题。本节将介绍如何解决这一问题。注意，本节的操作在整个流程中并非必须，仅为用户的可选项。

在 ArcGIS 界面左侧的【Table of Contents】中，选择图层“Image_All. tif”，然后点击鼠标右键并选择【Properties】，如图 5－9 所示。

在随后弹出的【Layer Properties】（图层属性）窗口中，选择【Symbology】（符号系统）选项卡，如图 5－10 所示。

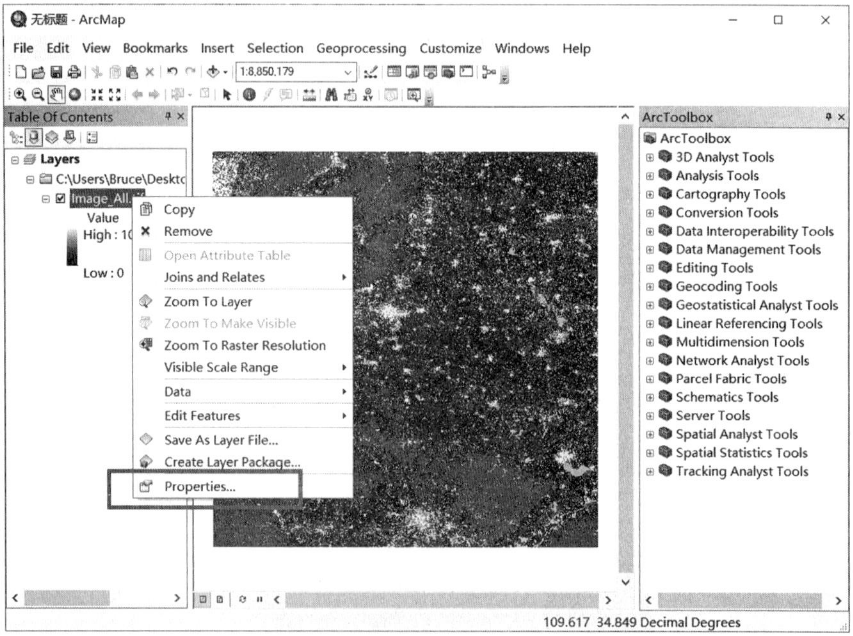

图 5－9 进入图层“Image_All. tif”的属性设置

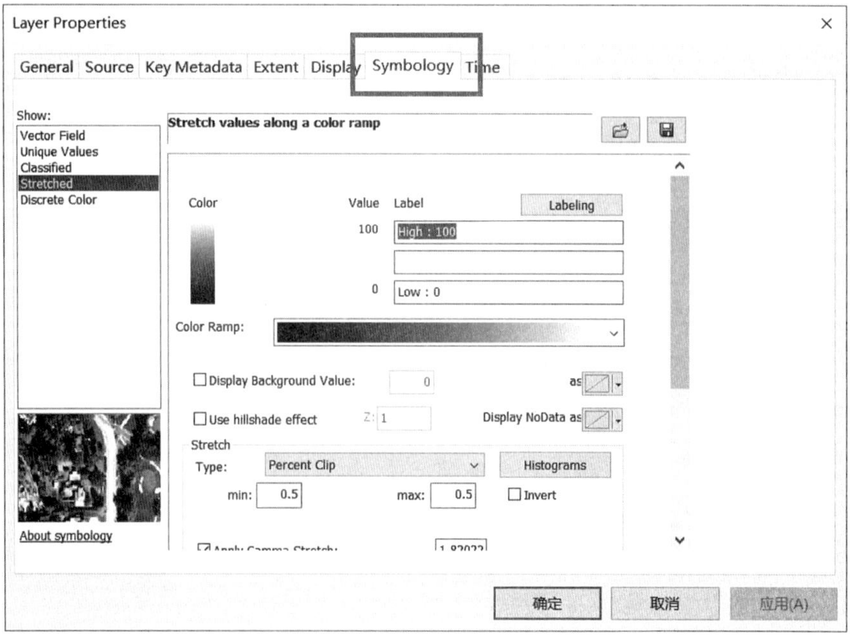

图 5－10 进入符号系统的设置

在左侧栏中选择【Unique Values】（分级符号），在此过程中，若出现提示则选择【Yes】，如图 5－11 所示。

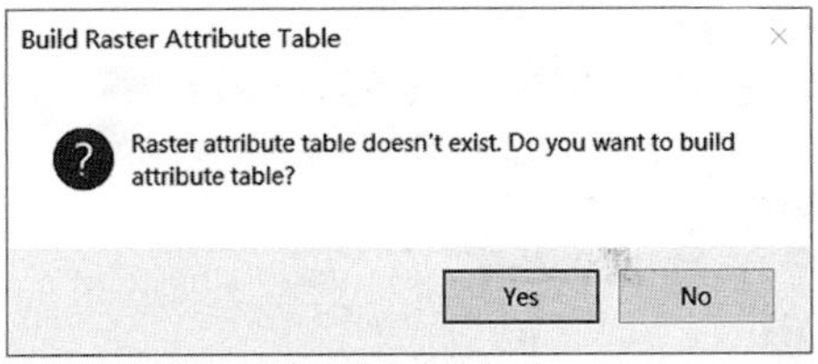

图 5－11　提示用户建立栅格属性表

随后展示的窗口如图 5－12 所示。可以看到，“Image_All. tif”中共有 10 种数值，分别为 0、10、20、30、40、50、60、80、90、100。

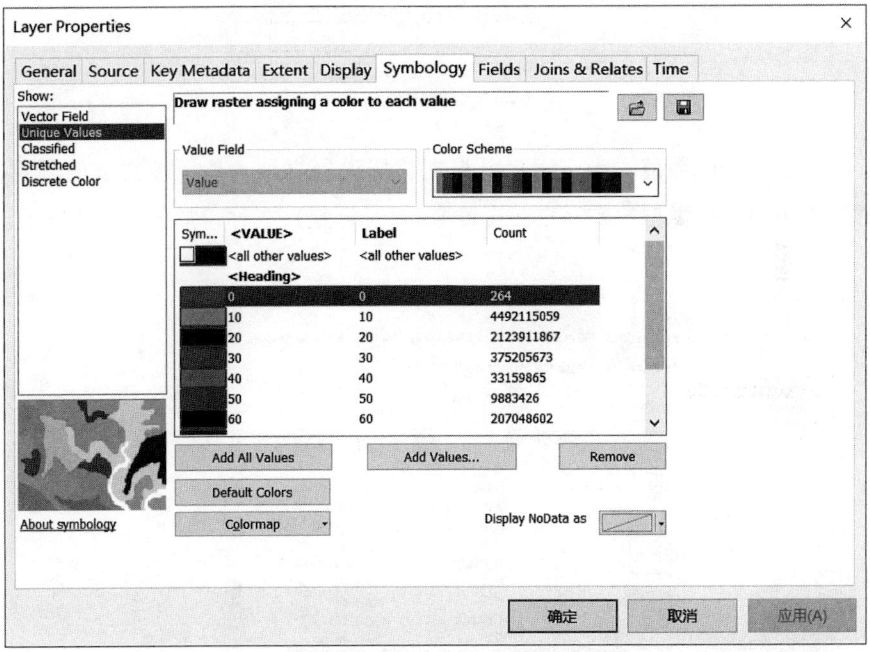

图 5－12　符号系统中的分级符号设置

根据数据集 FROM－GLC10 的土地覆被类型表（表 5－2），我们可以认定数值“0”是在拼接过程中造成的错误。因此，我们可以删除数值“0”。具体的方法：右键点击在数值“0”所在的行，选择【Remove Values】，如图 5－13 所示。

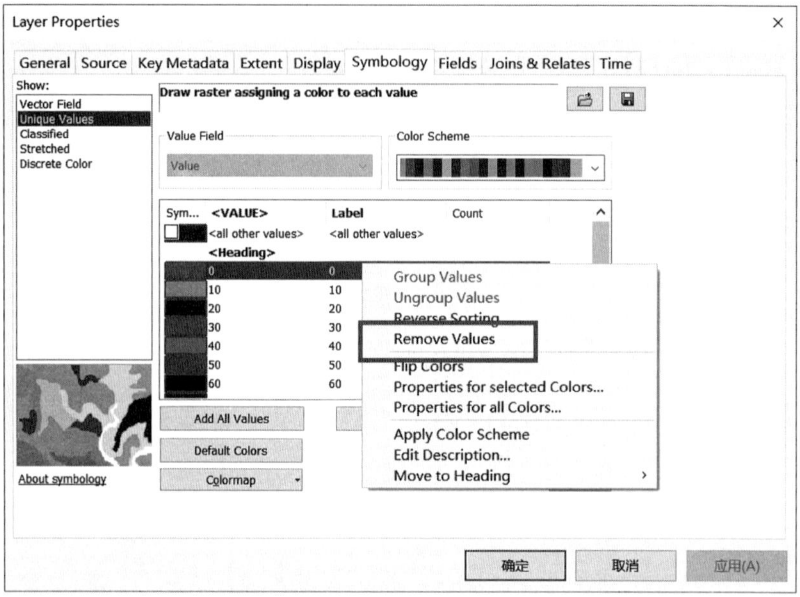

图 5－13　删除数值“0”

对于剩余的数值类型，用户可根据喜好设置每种土地覆被类型的颜色，并根据土地覆被类型的实际意义设置 Label（标签）名称，如图 5－14 所示。

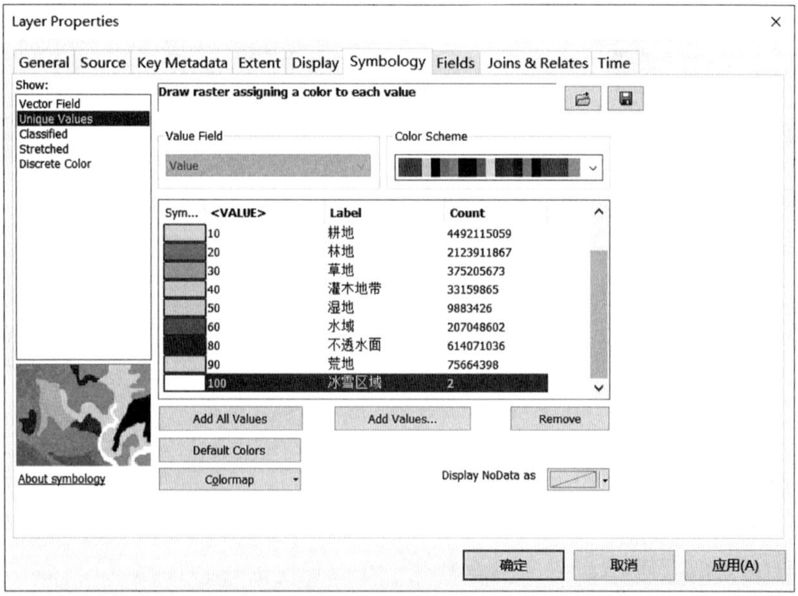

图 5－14　设置每种土地覆被类型的颜色和标签

设置完成后，最终的显示结果如图 5 – 15 所示。

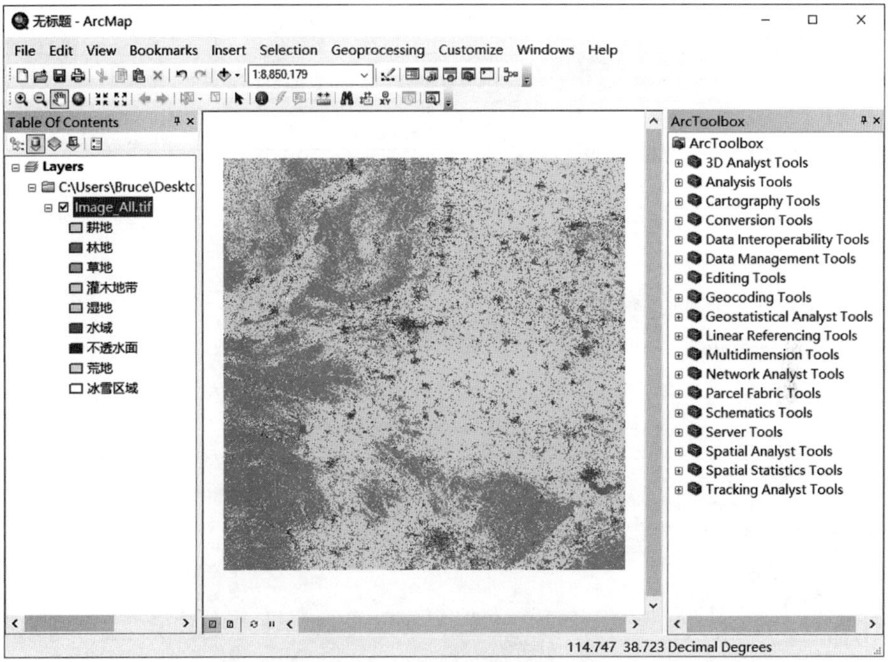

图 5 – 15　符号分级后的“Image_All. tif”图层

在本实践中，我们针对河南省的土地覆被类型情况，考虑到尽量提高不同土地覆被类型的色彩区分度，推荐如表 5 – 4 所示的配色方案。其中，由于苔原和冰雪两种土地覆被类型不存在或非常少量，因此未包括在表格中。

表 5 – 4　　　　　土地覆被类型的配色方案推荐

编号	土地覆被类型	英文	配色	R	G	B
10	耕地	Cropland		255	255	115
20	林地	Forest		115	178	115
30	草地	Grasslands		211	255	190
40	灌木地带	Shrubland		171	205	102
50	湿地	Wetland		190	210	255
60	水域	Water		151	219	242

续表

编号	土地覆被类型	英文	配色	R	G	B
80	不透水面	Impervious surface		214	133	137
90	荒地	Barren land		225	225	225
255	背景	Backgroud		255	255	255

5.1.2.4 设置投影坐标系后的输出

接下来，我们为影像文件"Image_All. tif"设置投影坐标系，并导出为新文件"Image_All_Pj. tif"。首先，我们在【Table of Contents】中选中【Layers】，然后点击鼠标右键并选择【Properties】，如图 5－16 所示。

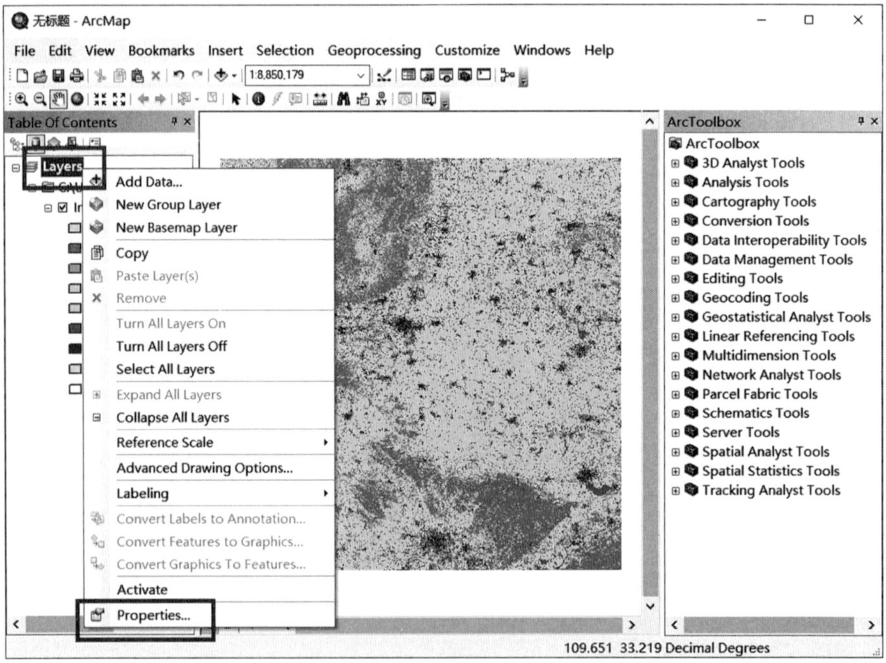

图 5－16 进入【Layers】的属性设置

在【Data Frame Properties】对话框中，选择【Coordinate System】选项卡（图 5－17），并通过搜索找到投影坐标系"New_Beijing_Gauss_Kruger_CM_111E"（图 5－18）。

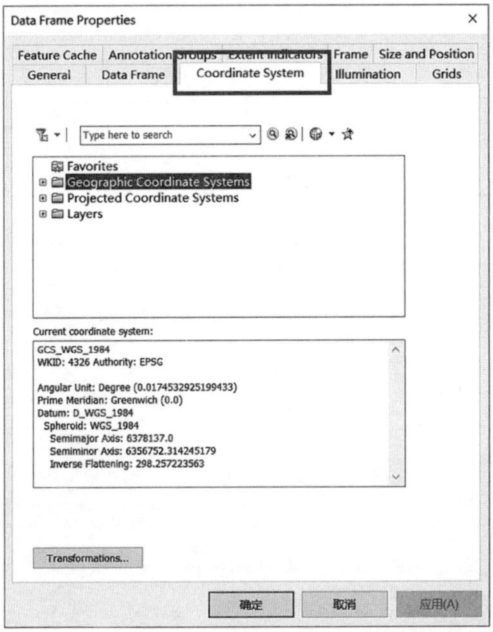

图 5－17 【Data Frame Properties】对话框

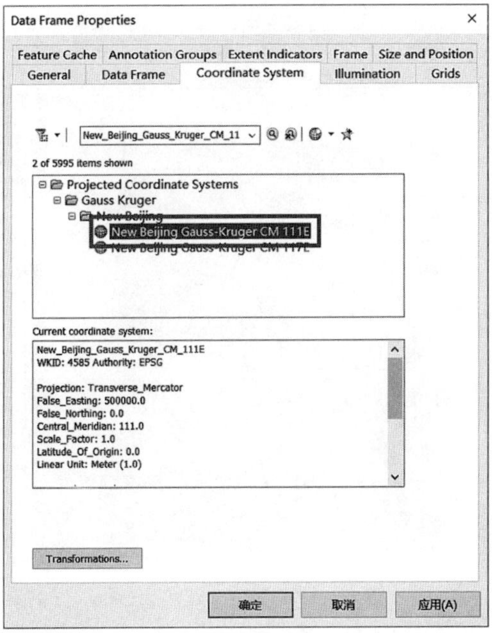

图 5－18 选择投影坐标系“New_Beijing_Gauss_Kruger_CM_111E”

点击【确定】后，可能会收到如图 5－19 所示的提示，可暂且忽略，并点击【Yes】。

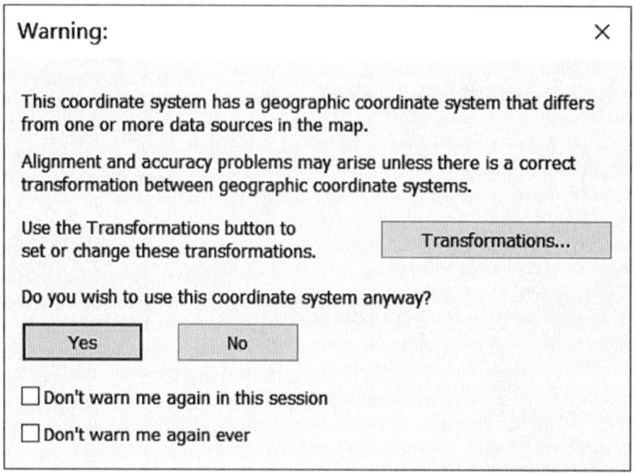

图 5－19　设置投影坐标系过程中的软件提示

投影操作完成后，图层"Image_All. tif"如图 5－20 所示。

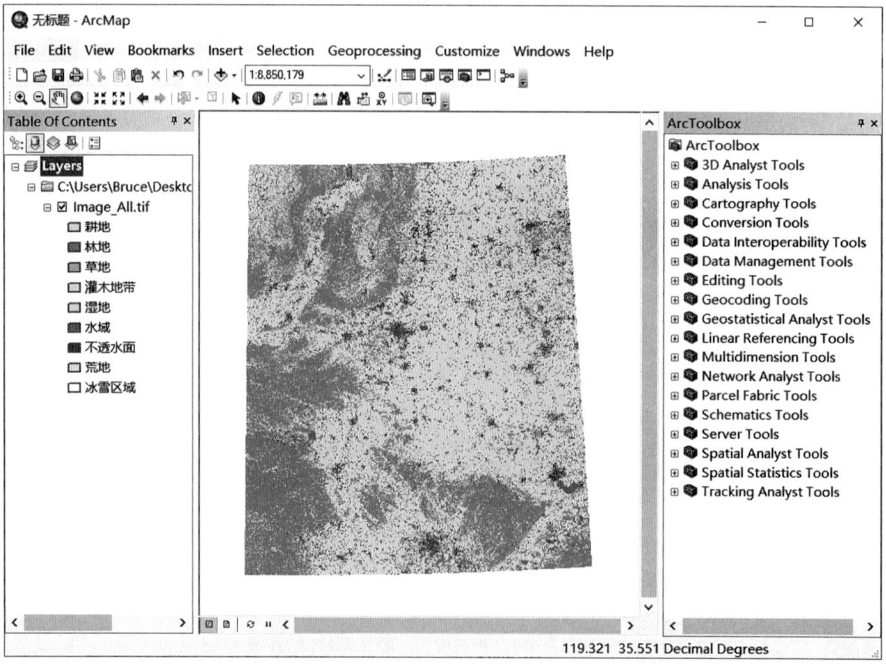

图 5－20　投影坐标系下的图层"Image_All. tif"

在 ArcGIS 界面左侧的【Table of Contents】中，选择图层“Image_All. tif”，然后点击鼠标右键并选择【Data】|【Export Data】，如图 5-21 所示。

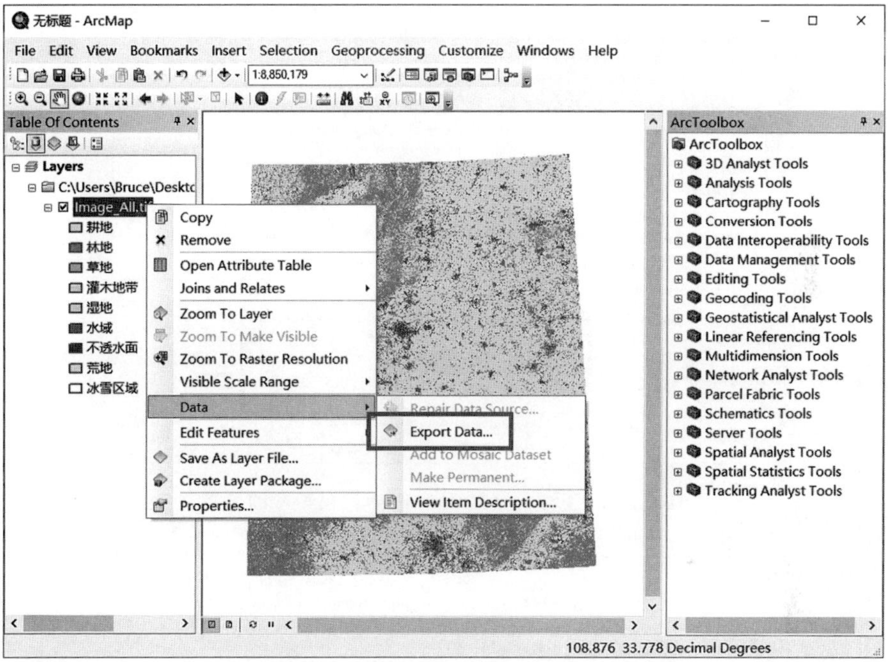

图 5-21 选择【Data】|【Export Data】

在弹出的【Export Raster Data】窗口中，将【Spatial Reference】修改为“Data Frame (Current)”，将【Cell Size】修改为“10”和“10”，将【NoData as】修改为“255”，将输出文件名【Name】修改为“Image_All_Pj. tif”，将【Format】设置为“TIFF”，将【Compression Type】设置为“None”，如图 5-22 所示。

注：设置为“255”是考虑到像素深度（Pixel Depth）为“8 bit”，如图 5-22 所示。在不增加深度的情况下，“8 bit”像素深度支持的数值范围为 0~255（即2^8种数值可能）。

将输出结果“Image_All_Pj. tif”加载 ArcGIS，结果如图 5-23 所示。

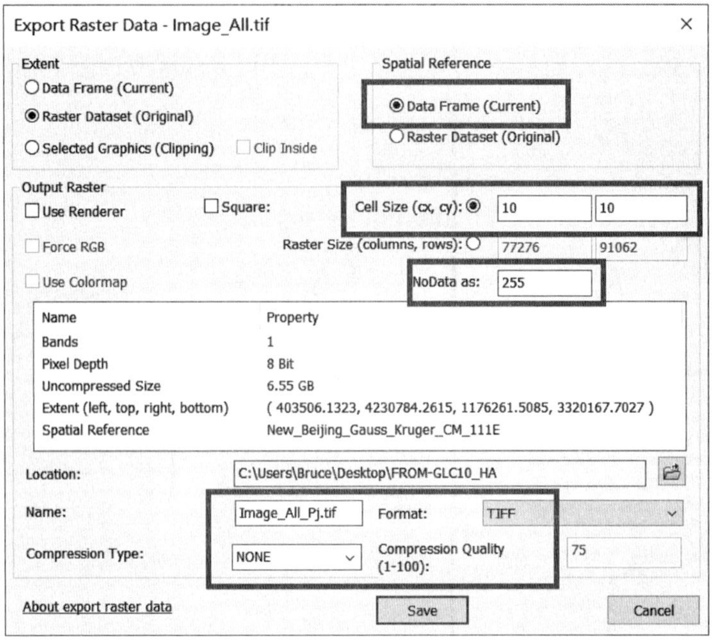

图 5－22 【Export Raster Data】窗口中的设置

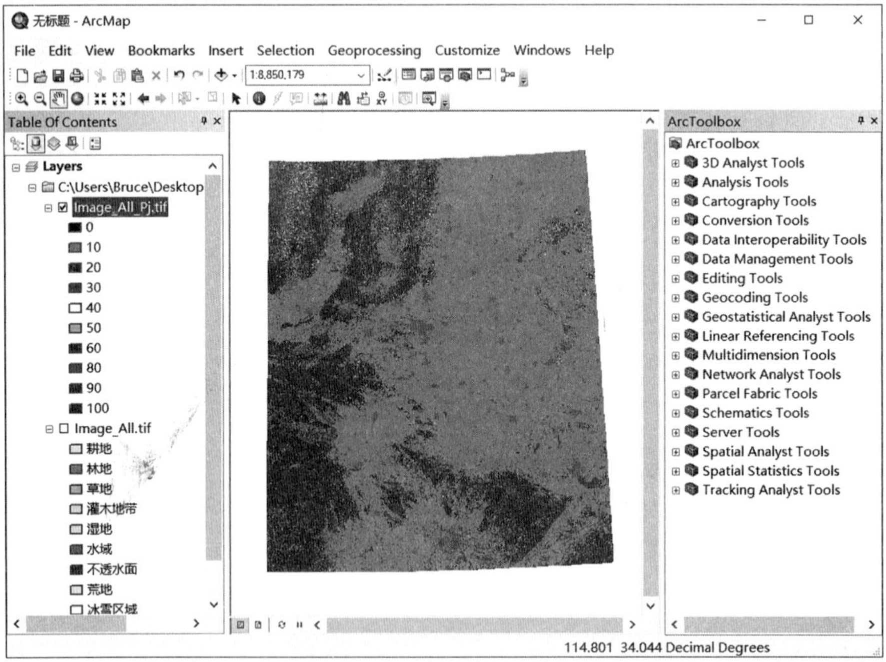

图 5－23 输出文件“Image_All_Pj. tif”的显示结果

5.1.2.5 低空间分辨率版本的制作

最后，我们在文件“Image_All_Pj. tif”的基础上，制作空间分辨率为1km的土地覆被类型图。具体步骤如下：在ArcGIS中，打开工具【ArcToolbox】|【Data Management Tool】|【Raster】|【Raster Processing】|【Resample】，如图5－24所示。

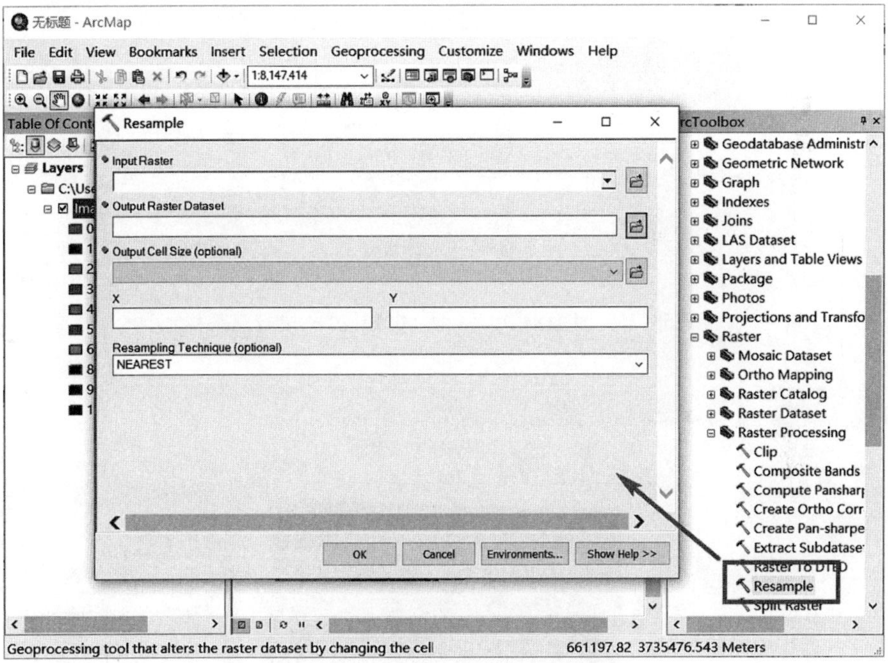

图5－24 打开【Resample】工具

将文件“Image_All_Pj. tif”作为输入（Input Raster），将输出文件名自定义为“Image_All_Pj_km. tif”，将【X】和【Y】均修改为1000，如图5－25所示。

重采样的结果如图5－26所示。该图中的颜色为系统随机，用户可自定义修改。

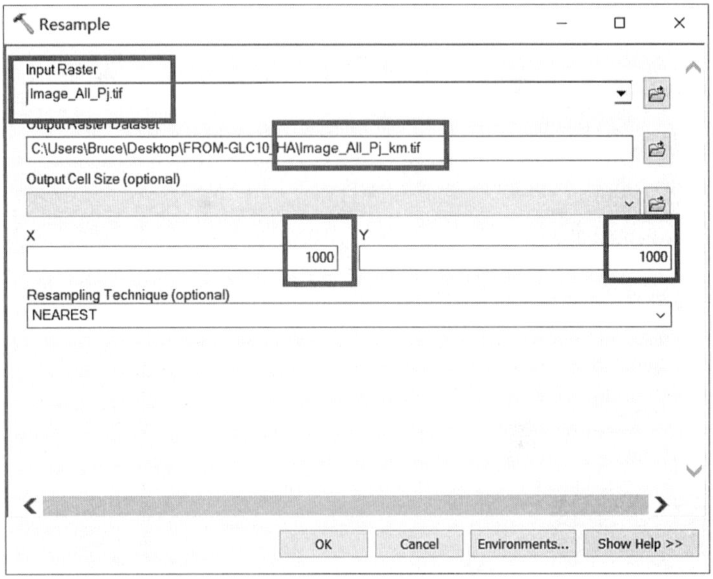

图 5－25　对数据“Image_All_Pj. tif”进行重采样

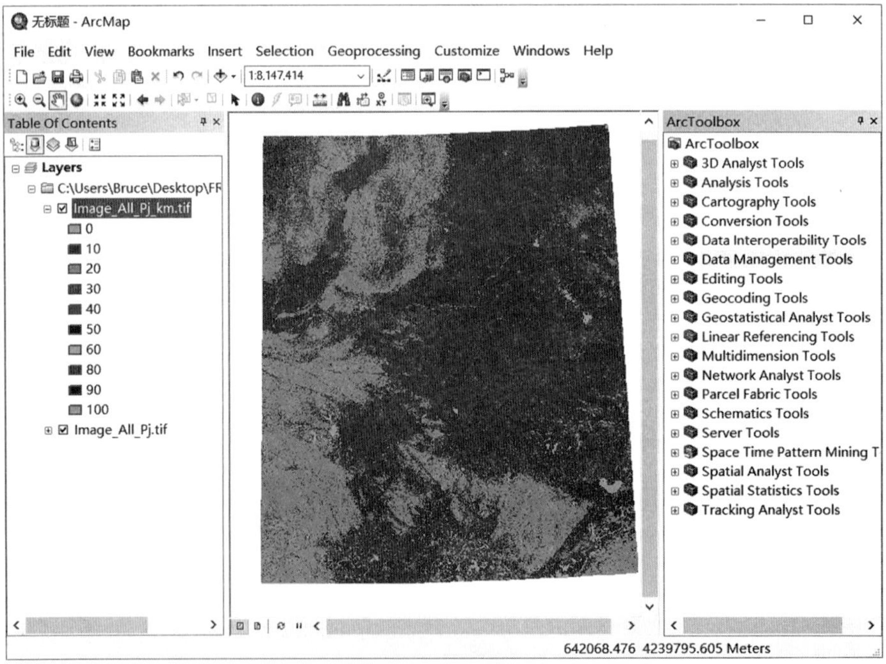

图 5－26　重采样的结果：文件“Image_All_Pj_km. tif”

5.1.3 制作河南省行政边界数据

本节中，我们将制作包括所有河南省县级单元（或相同行政级别的区、市）的行政边界地图。在网络公开数据源中，不同年份、可靠性未知的行政边界数据丛生。而收费数据可能受限于时效性，例如由中国科学院地理科学与资源研究所资源环境科学数据中心网站（http://www.resdc.cn/）提供的收费数据中，最新版的县级行政边界数据仅为2015年制作（2020年2月25日查询结果）。在本节中，我们将依据权威、免费、最新的数据来源，制作河南省县级行政边界地图。

5.1.3.1 从自然资源部下载基础数据

首先，登录自然资源部全国地理信息资源目录服务系统（http://www.webmap.cn/），注册账号（需要通过电子邮箱验证）并登录，然后进入“1：100万全国基础地理数据库”（http://www.webmap.cn/commres.do? method = result100W），如图5－27所示。

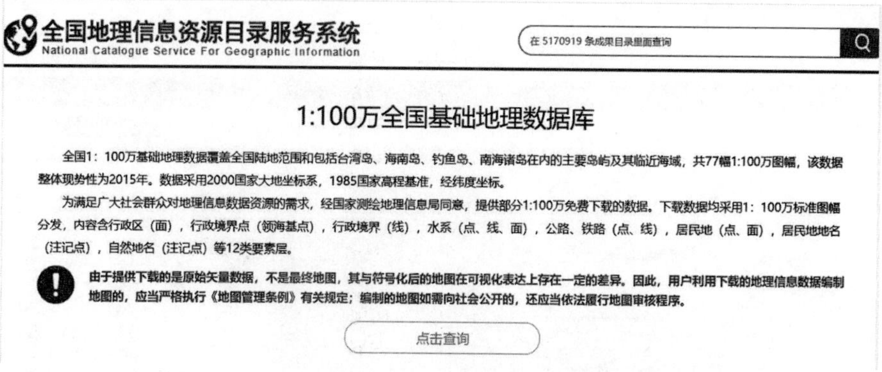

图5－27 自然资源部“1：100万全国基础地理数据库”

点击图5－27下方的“点击查询”，进入查询界面，如图5－28所示。

图 5－28 “1∶100 万全国基础地理数据库”的查询界面

在查询界面中，选中覆盖河南省所需的图幅：J49、J50、I49、I50、H49、H50，如图 5－29 所示。同时，可注意到这些图幅的参数为 2017 年数据、大地基准为 2000 国家大地坐标系。然后，将所选中的图幅加入购物车，并提交订单。

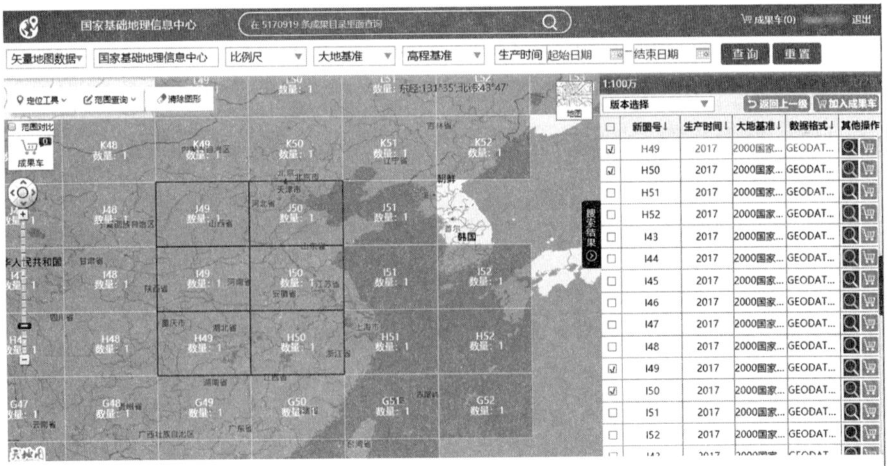

图 5－29 选中覆盖河南省所需的图幅

订单提交后即便能获得批准（图 5－30），在补充个人信息后即可下载（图 5－31）。

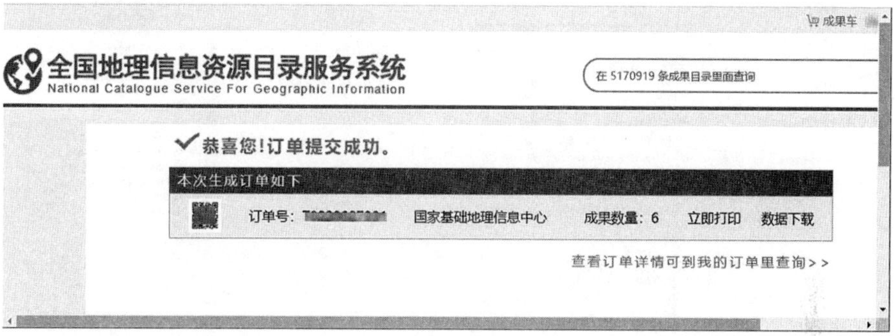

图 5－30　数据订单的详细信息

矢量地图数据　请输入查询内容　确定　收起

新图号	版本	比例尺	生产时间	大地基准	操作
I50	2017版	1000000	2017	2000国家大地坐标系	详情 下载
J49	2017版	1000000	2017	2000国家大地坐标系	详情 下载
H50	2017版	1000000	2017	2000国家大地坐标系	详情 下载
J50	2017版	1000000	2017	2000国家大地坐标系	详情 下载
I49	2017版	1000000	2017	2000国家大地坐标系	详情 下载
H49	2017版	1000000	2017	2000国家大地坐标系	详情 下载

图 5－31　得到数据的下载链接

最终下载而得与 6 张图幅相对应的 6 个文件：H49. gdb. zip、H50. gdb. zip、I49. gdb. zip、I50. gdb. zip、J49. gdb. zip、J50. gdb. zip，解压缩这些文件得到 6 个文件夹。

5.1.3.2　制作河南省县级行政边界图

打开 ArcGIS，选择左上角的【File】，然后选【Add Data】|【Add Data】（图 5－32）。

找到上节中解压缩后的 6 个文件夹并准备加载，如图 5－33 所示。

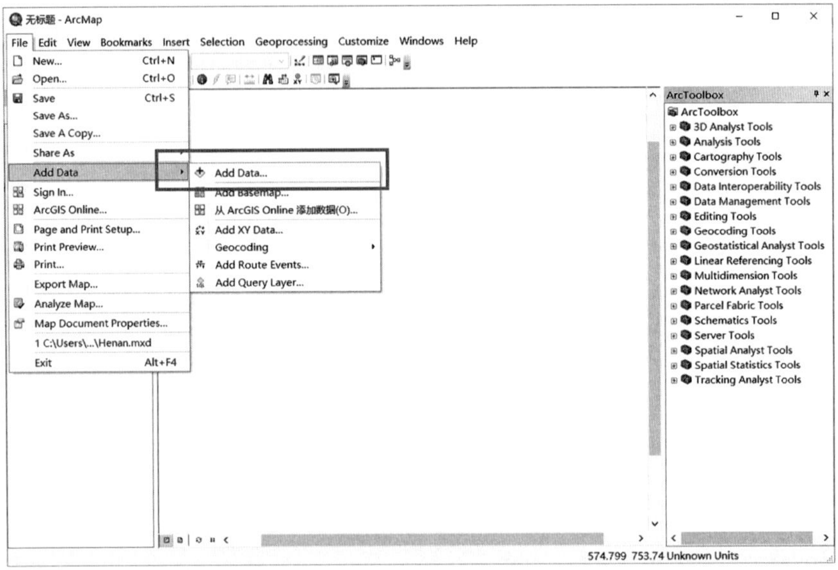

图 5－32　准备向 ArcGIS 中添加数据

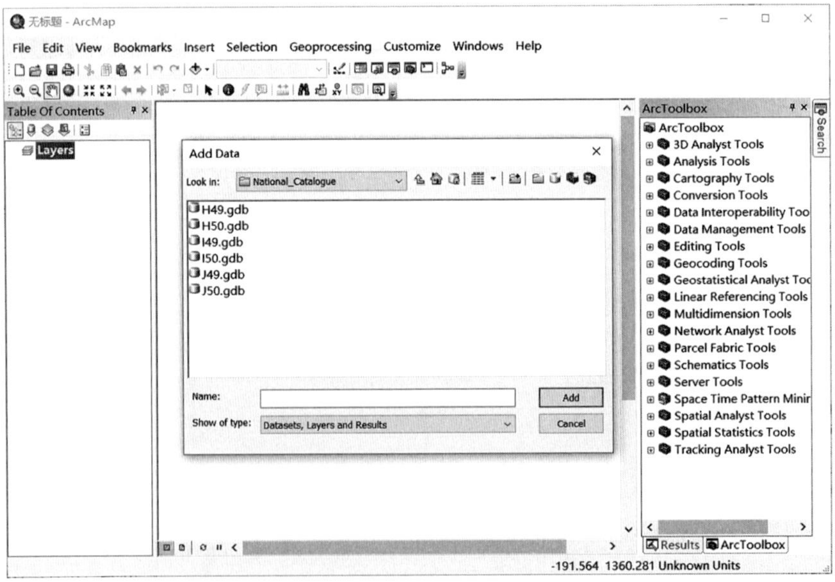

图 5－33　在 ArcGIS 中加载数据

依次打开每个文件夹，并加载其中的 BOUA 数据层（表示“行政境界—面”，各图层含义参见 http：//www. webmap. cn/commres. do？ method = result100W），如图 5－34 所示。

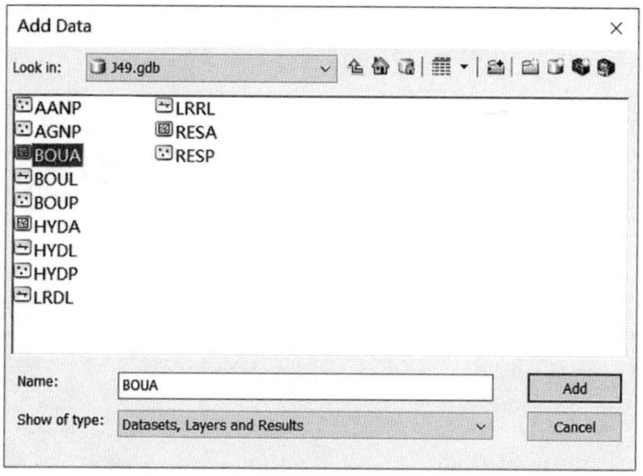

图 5 - 34　选择加载 BOUA 数据层

全部加载后，结果如图 5 - 35 所示。

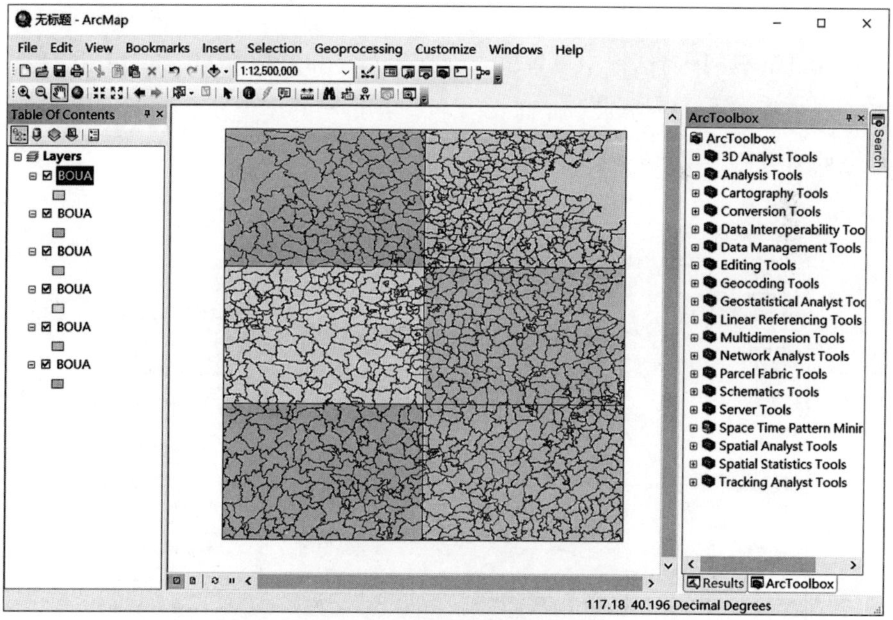

图 5 - 35　加载全部图幅后的显示结果

打开 ArcGIS 工具【ArcToolbox】|【Data Management Tools】|【General】|【Merge】，通过如图 5 - 36 所示的选取按钮，添加 6 个文件夹中的 BOUA 图层（注：此处若不使用选取按钮，则可能会因为图层同名而造成错误提示）。

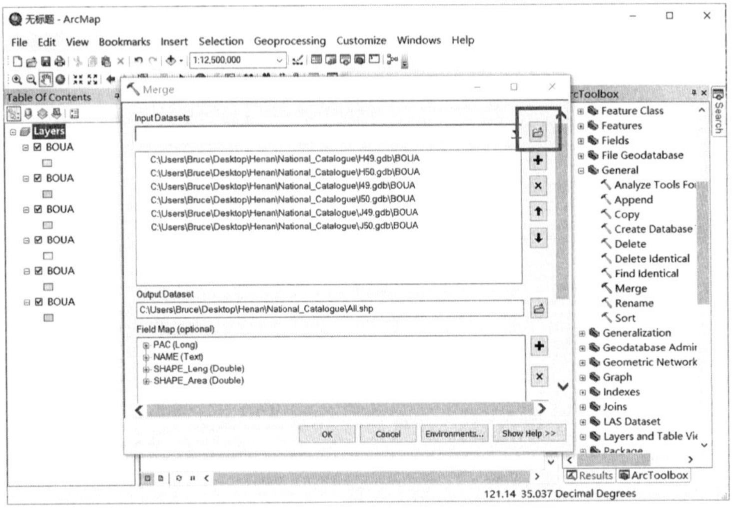

图 5－36　使用 ArcToolbox 中的【Merge】工具

在【Merge】对话框中设置输出文件的路径和名称（All. shp），执行合并，结果如图 5－37 所示。此时，这些合并结果并不完美，因为 6 个原图层之间有分割线。

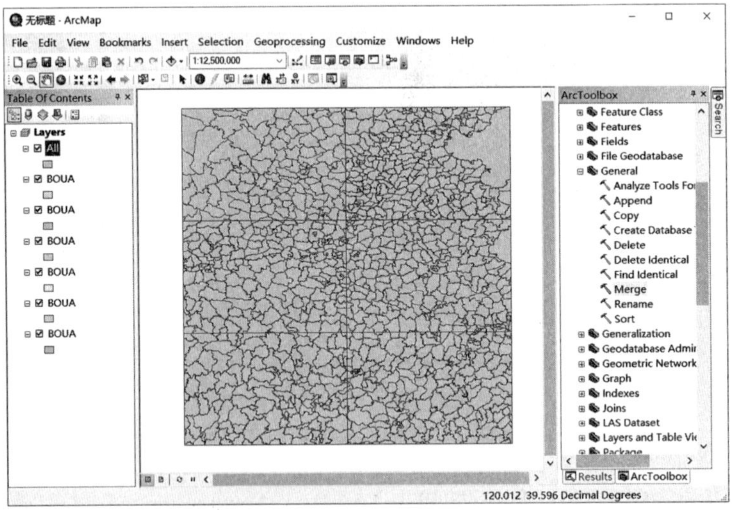

图 5－37　图层的合并结果

为消除分割线，打开 ArcGIS 工具【ArcToolbox】|【Data Management Tools】|【Generalization】|【Dissolve】，将方才得到的“All. shp”作为输入，

新结果命名为“All_2. shp”，勾选“PAC”和“Name”两个字段（见图 5－38），然后执行。

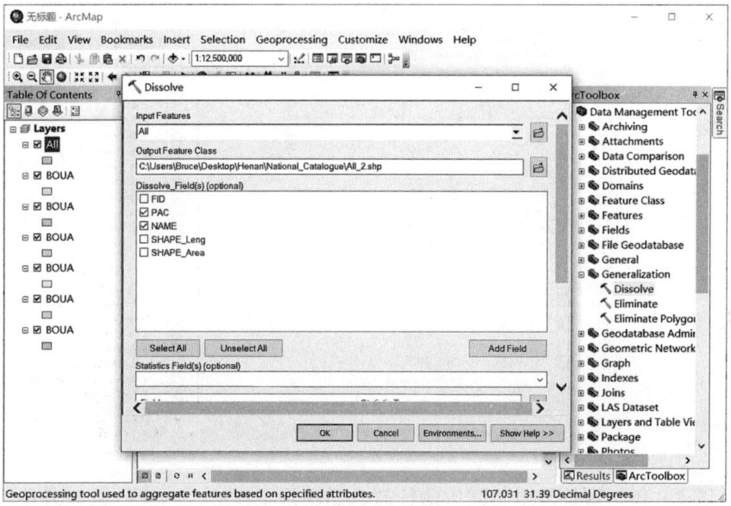

图 5－38 使用 ArcToolbox 中的【Dissolve】工具

执行结果如图 5－39 所示。

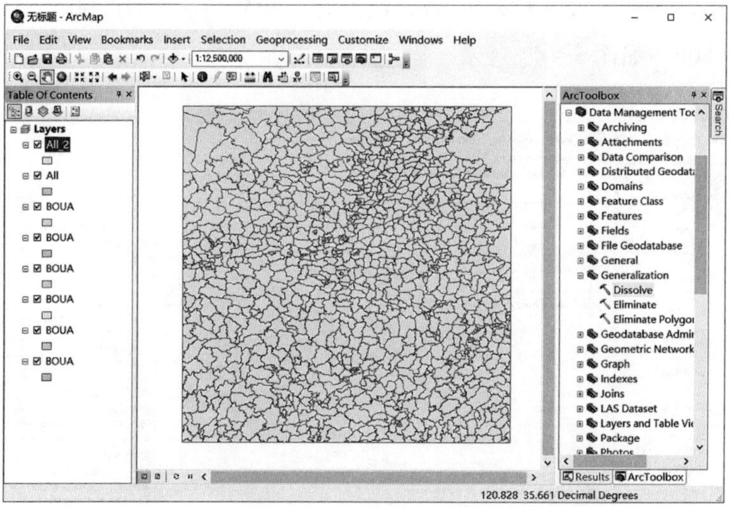

图 5－39 执行【Dissolve】工具后的操作结果

然后，我们基于“All_2. shp”提取出河南省的范围。细心的读者可能会发现，如果打开“All_2. shp”的属性表，会看到河南省的县（区、县级市）

的“PAC”字段均是以数字 41 开头，我们依据这一发现提取河南省的范围。

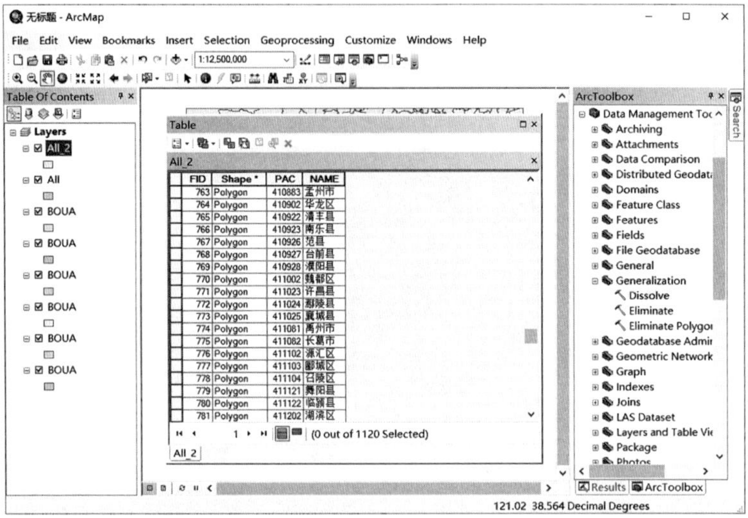

图 5－40　属性表中不同省的行政单元使用不同的“PAC”代码开头

打开 ArcGIS 中的工具【ArcToolbox】|【Analysis Tools】|【Extract】|【Select】，将文件“All_2. shp”作为输入，将输出文件命名为“Henan_Counties. shp”，将表达式（Expression）设置为："PAC" > =410000 AND"PAC" < =420000，如图 5－41 所示。

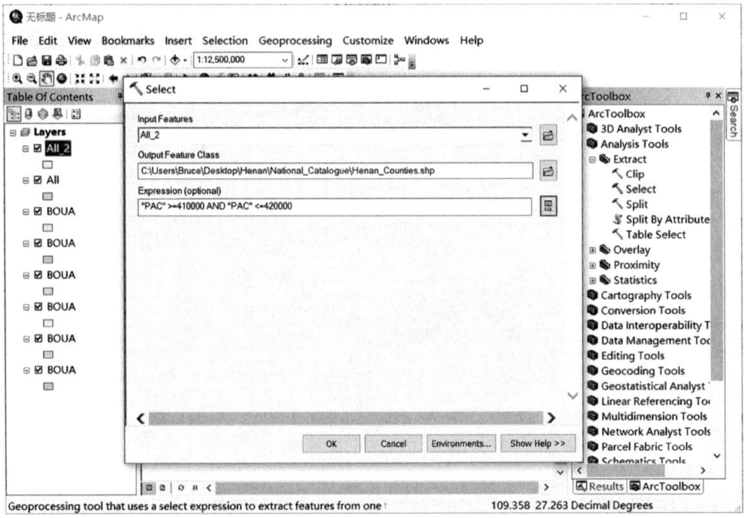

图 5－41　提取出河南省的所有县

结果文件“Henan_Counties. shp”即河南省县级行政边界数据，如图 5 -41 所示。

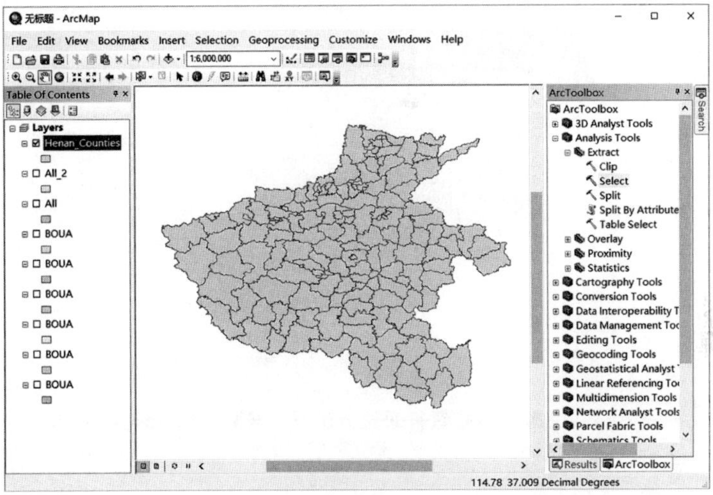

图 5 -42　河南省县级行政边界

最后，进行投影转换并输出保存。打开 ArcGIS 工具【ArcToolbox】|【Data Management Tools】|【Projections and Transformations】|【Project】，将输出文件名称设置为“HA_Counties_Pro. shp”，选取“New_Beijing_Gauss_Kruger_CM_111E”作为投影坐标系。设置过程如图 5 -43 所示，输出结果如图 5 -44 所示。

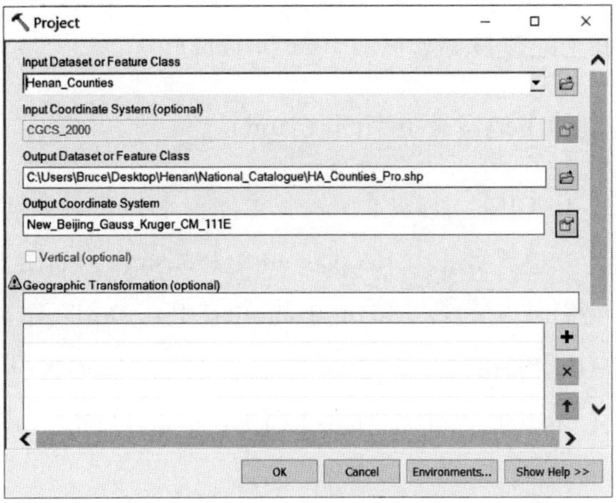

图 5 -43　对数据“Henan_Counties. shp”进行投影操作

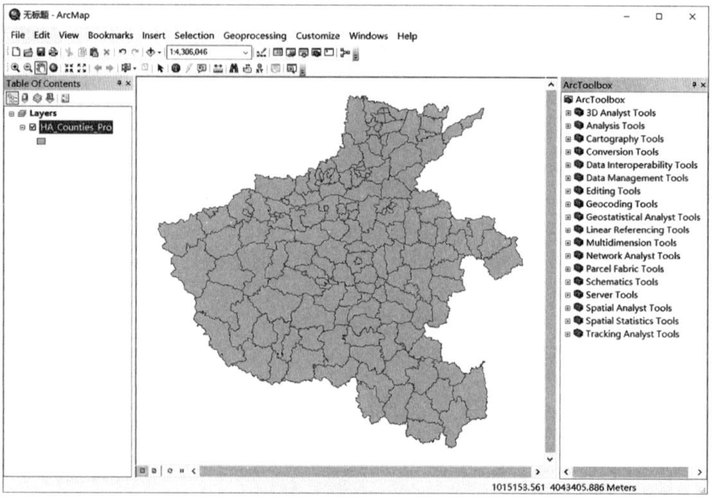

图 5-44　投影后的县级行政边界数据：**HA_Counties_Pro. shp**

5.1.4　制作河南省土地覆被地图

至此，我们已经在投影坐标系“New_Beijing_Gauss_Kruger_CM_111E”下，制备出高空间分辨率的土地覆被类型图（Image_All_Pj. tif）、低空间分辨率的土地覆被类型图（Image_All_Pj_km. tif）、县级行政边界数据（HA_Counties_Pro. shp）。需要注意，土地覆被数据确实覆盖了河南省全境，但并不止河南省。在本节中，我们通过“按掩膜提取”（Extract by Mask）操作，得到河南省土地覆被类型图（10m 和 1km）。

5.1.4.1　制作土地覆被类型图（10m）

首先，打开 ArcGIS，加载以下 2 个文件：土地覆被数据（Image_All_Pj. tif）和县级行政边界数据（HA_Counties_Pro. shp），如图 5-45 所示。

接下来，我们使用数据“HA_Counties_Pro. shp”作为掩膜，裁剪数据“Image_All_Pj. tif”。具体的方法：打开 ArcGIS 中的裁剪工具【ArcToolbox】|【Spatial Analyst Tools】|【Extraction】|【Extract by Mask】，如图 5-46 所示。

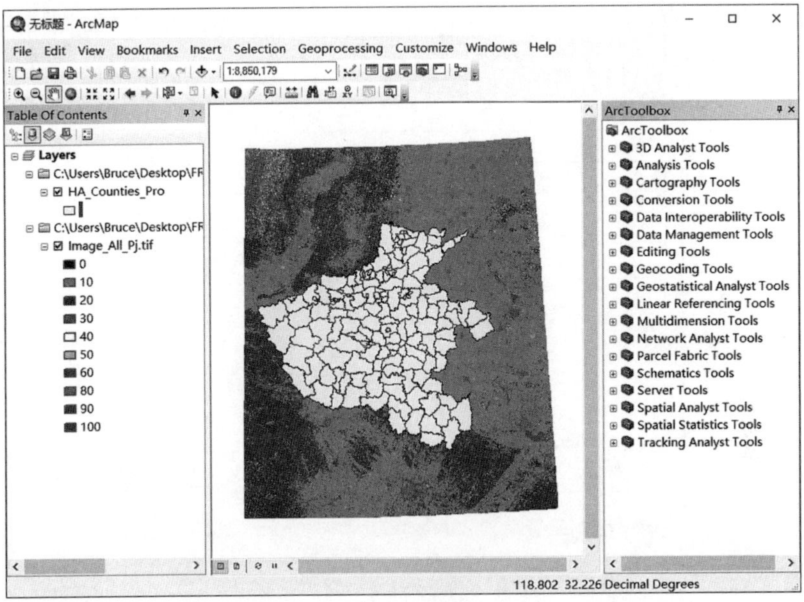

图 5－45 向 ArcGIS 中加载即将处理的数据

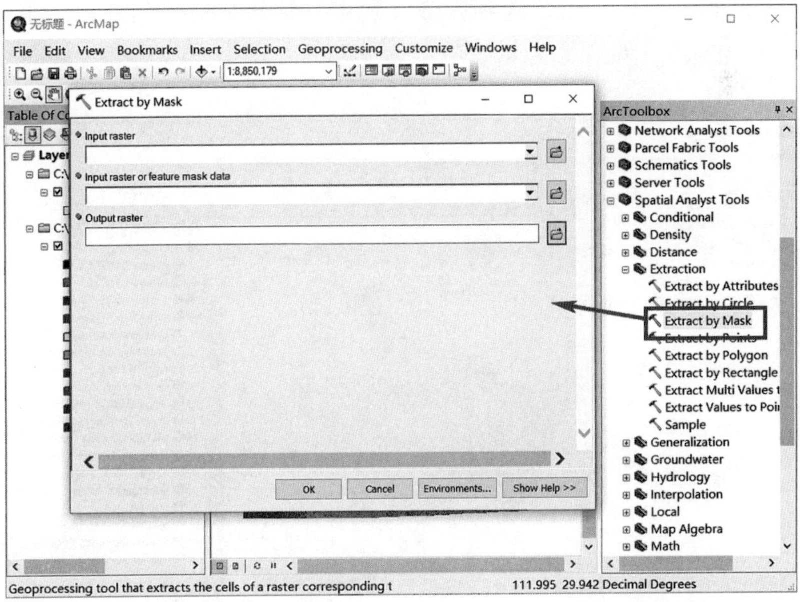

图 5－46 打开 ArcToolbox 中的【Extract by Mask】工具

在【Extract by Mask】工具中，将“Image_All_Pj.tif”作为输入栅格（Input Raster），将“HA_Counties_Pro.shp”作为掩膜数据（Input raster or feature mask data)，将输出文件名设置为"Henan10. tif"，如图 5 – 47 所示。

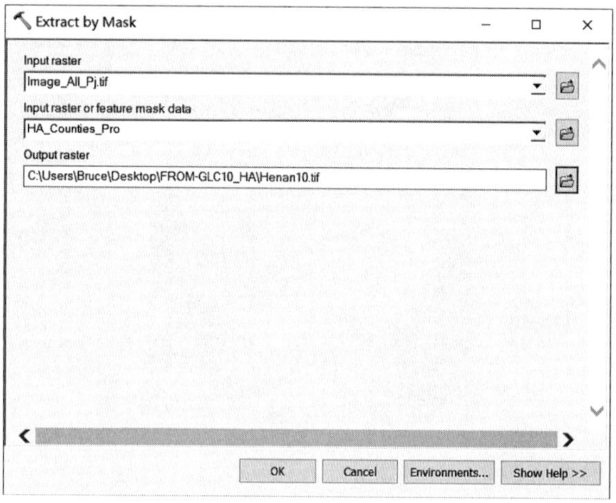

图 5 – 47　ArcToolbox 中的【Extract by Mask】工具的参数设置

点击确定（OK）后，片刻等待（约 1 分钟）之后得到裁剪结果，如图 5 – 48 所示。

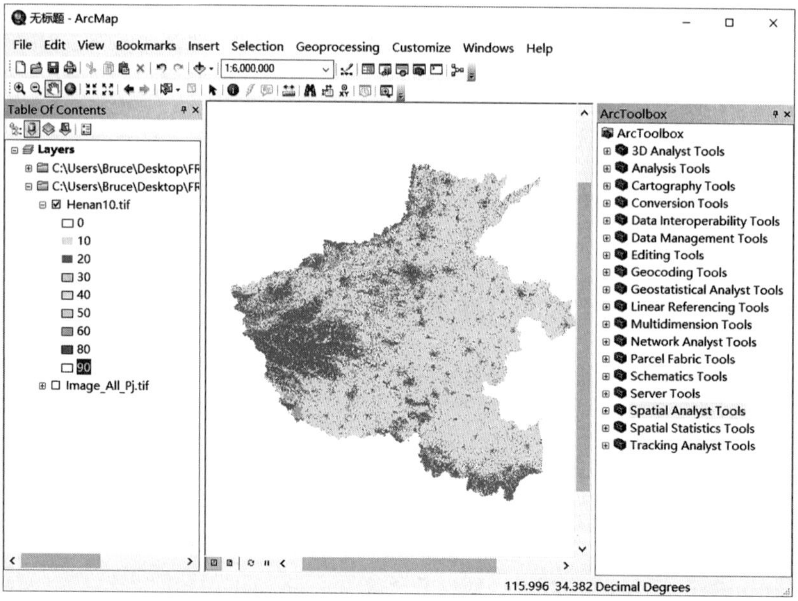

图 5 – 48　裁剪而得的河南省土地覆被类型图（10m）："Henan10. tif"

为方便后续使用，打开“Henan10. tif”的属性表，得到各类型土地覆被类型的个数，并计算得到对应的占比，如表 5 - 5 所示。

表 5 - 5　文件“Henan10. tif”中的像素种类、个数、占比

编号	土地覆被类型	像素个数	个数占比
10	耕地	1115861896	67. 24%
20	林地	305682048	18. 42%
30	草地	64235428	3. 87%
40	灌木地带	2495295	0. 15%
50	湿地	988344	0. 06%
60	水域	23351286	1. 41%
80	不透水面	141902001	8. 55%
90	荒地	5107778	0. 31%

5. 1. 4. 2　制作土地覆被类型图（1km）

同理，在【Extract by Mask】工具中，将数据“Image_All_Pj_km. tif”作为输入栅格（Input Raster），将河南省县级行政边界数据（HA_Counties_Pro. shp）作为掩膜数据（Input raster or feature mask data），将输出文件名设置为“Henan1k. tif”，如图 5 - 49 所示。

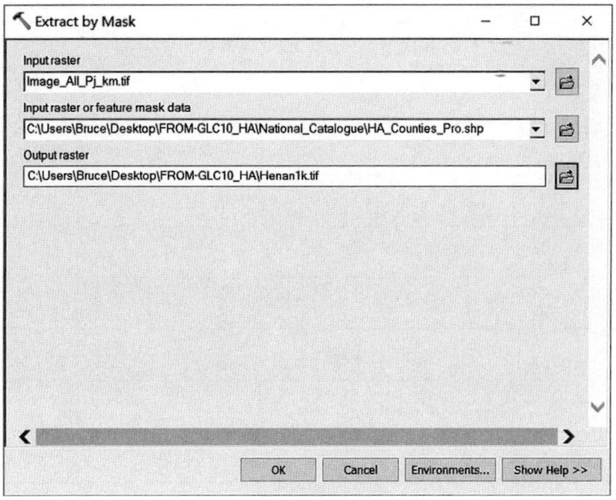

图 5 - 49　工具【Extract by Mask】的参数设置

点击确定（OK）后得到裁剪结果，如图 5-50 所示。

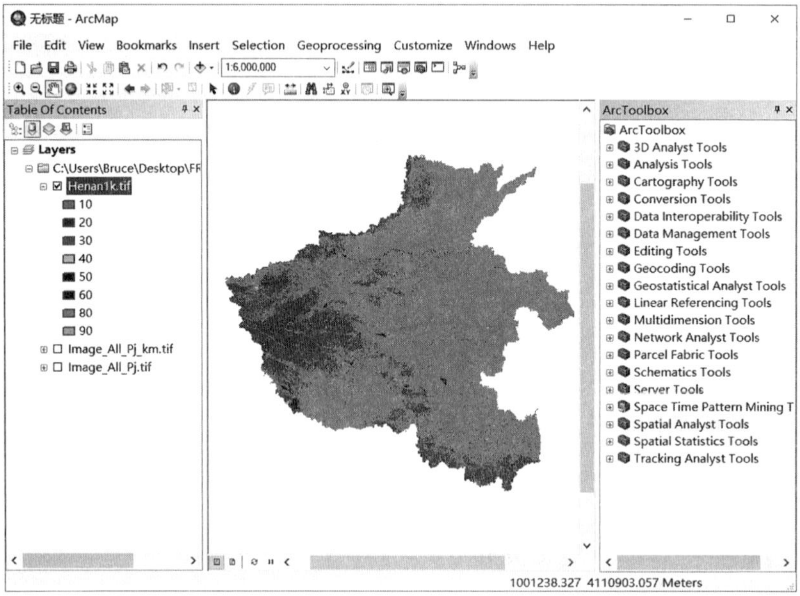

图 5-50　裁剪而得的河南省土地覆被类型图（1km）："Henan1k. tif"

为方便后续使用，我们打开"Henan1k. tif"的属性表，得到各类型土地覆被类型的个数，并计算得到对应的占比，如表 5-6 所示。

表 5-6　文件"Henan1k. tif"中的像素种类、个数、占比

编号	土地覆被类型	像素个数	个数占比
10	耕地	111516	67.19%
20	林地	30650	18.47%
30	草地	6463	3.89%
40	灌木地带	247	0.15%
50	湿地	86	0.05%
60	水域	2335	1.41%
80	不透水面	14159	8.53%
90	荒地	519	0.31%

5.1.5 土地图的千米级分析——占比

本节中，我们将基于高分辨率的河南省土地覆被地图（10m）分析每个公里网格中不同土地覆被类型像素的占比。由于分析尺度是公里网格，我们将这样的操作称为“千米级分析”。其核心原理为：使用大小为100×100个像素的滑动窗口（sliding window 或 moving window），在河南省土地覆被地图（10m）上以100个像素为步长进行滑动。每次滑动后，统计窗口中所包含的特定属性值（例如“8”，即不透水层）的像素占比。最终，将所有的“像素占比”排列为矩阵，即为该属性值的占比图。

5.1.5.1 编写 Matlab 代码

上述核心原理的实现将通过 Matlab 代码实现。在具体实现中，我们同时使用了高低两个高分辨率的河南省土地覆被地图（10m 和 1km）。使用低分辨率的河南省土地覆被地图（1km）的目的在于，辅助修正像素个数占比地图中的背景值。

本书中编写了如表5-7所示的代码，并辅以逐行解释。注：该代码具有一定的通用性。在无需改动的情况下，代码可直接用于本节问题的解决。此外，用户通过修改自定义参数的数值（第2~7行），可将代码用于解决类似问题。

表5-7　　用于制备像素个数占比图的 Matlab 代码

```
1   % 自定义的参数
2   im = imread('Henan10.tif'); % 读取高分辨率土地覆被地图(10m)
3   bk = imread('Henan1k.tif'); % 读取低分辨率土地覆被地图(1km)
4   bb = 255; % 低分辨率土地覆被地图的背景值
5   bc = -9999; % 结果数据的背景值
6   ws = 100; % 滑动窗口的大小
7   t = 10; % 要搜索的目标值
8
9   % ----------------------
10
11  [rr,cc] = size(im);% 高分辨率数据的行列数
```

续表

```
nr = round(rr / ws); % 结果数据的行数
nc = round(cc / ws); % 结果数据的列数
re = zeros(nr,nc); % 结果数据
r_skip = mod(rr,ws);% 跳过的行数

for r = 1:nr% 逐行循环
    for c = 1:nc% 逐列循环

        % 滑动窗口

        temp = zeros(ws,ws); % 创建滑动窗口
        for i = 1:ws % 逐行循环
            for j = 1:ws % 逐列循环

                temp(i,j) = -9999; % 滑动窗口出界时的默认值

                % 如果滑动窗口未出界(即在 im 的行列范围内)
                if(r-1) * ws + r_skip + i <= rr &&(c-1) * ws + j <= cc
                    % 滑动窗口内的当前元素值等于 im 中的值
                    temp(i,j) = im((r-1) * ws + r_skip + i,(c-1) * ws + j);
                end

            end
        end

        % 求目标值的比例
        num = sum(temp(:) == t); % 滑动窗口中目标值的个数
        re(r,c) = num /(ws * ws); % 滑动窗口中目标值的比例

    end
end

[rrr,ccc] = size(bk); % 低分辨率数据的行列数(用于背景修正)
for r = 1:rrr% 逐行循环
    for c = 1:ccc% 逐列循环
        if bk(r,c) == bb % 如果该数值在 bk 中是背景值
            re(r,c) = bc; % 该数值在 re 中也应是背景值
        end
    end
end

dlmwrite('re.txt',re,'delimiter','\t'); % 输出计算结果
```

5.1.5.2 制备像素个数占比图

以 10m 分辨率的河南省土地覆被地图“Henan10. tif”、1km 分辨率的河南省土地覆被地图“Henan1k. tif”作为输入数据，使用上节中的代码。我们依次分析了除“苔原”和“冰雪区域”外的各种土地覆被类型的占比，得到 8 个文件，如表 5－8 和图 5－51 所示。注：“苔原”类型未计算是因为河南省没有出现此类土地覆被类型，“冰雪区域”未计算是因为其数量非常少（只有 2 个像素，参见图 5－14）。

表 5－8 各个土地覆被类型对应的占比文件

编号	土地覆被类型	占比文件
10	耕地	Share_10. txt
20	林地	Share_20. txt
30	草地	Share_30. txt
40	灌木地带	Share_40. txt
50	湿地	Share_50. txt
60	水域	Share_60. txt
80	不透水面	Share_80. txt
90	荒地	Share_90. txt

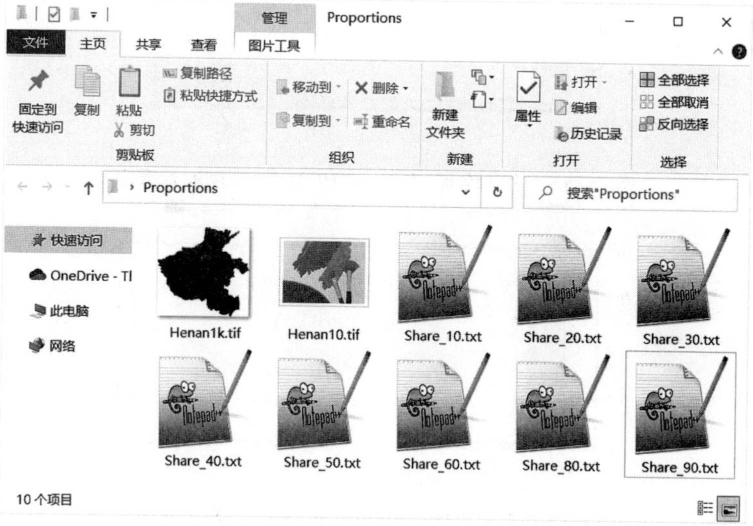

图 5－51 各个土地覆被类型对应的占比文件

5.1.5.3 分析像素个数占比图

在本节中，我们绘制出每个占比文件中像素值（不包括背景值）的直方图。为实现该功能，我们编写了 Matlab 代码并辅以解释，如表 5－9 所示。

表 5－9　基于占比文件绘制直方图的 Matlab 代码

```
% 自定义的参数
data = load('Share_10. txt');% 读取占比文件
data(data == -9999) = NaN;% 去除背景值

% 绘制直方图
[n,xout] = hist(data);
n = n / sum(n);
bar(xout,n);
```

将表 5－9 中的代码应用于各个占比文件，得到如图 5－52 至图 5－59 所示的结果。

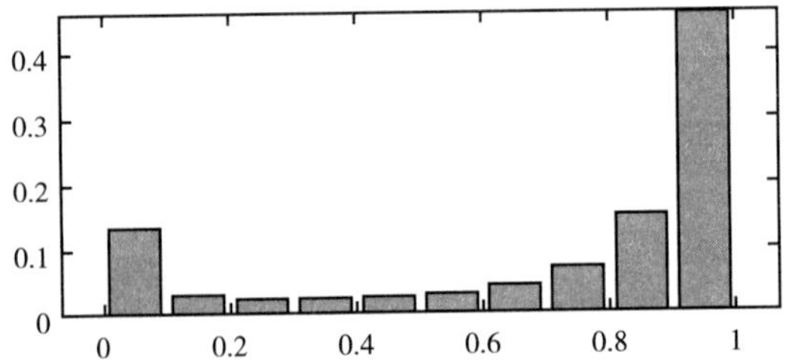

图 5－52　占比文件“Share_10. txt”对应的直方图

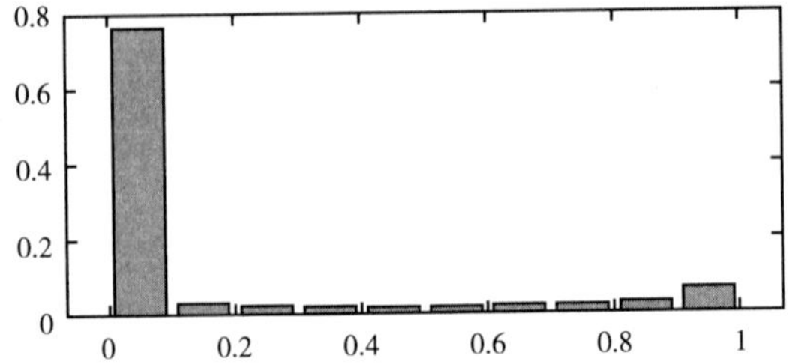

图 5－53　占比文件“Share_20. txt”对应的直方图

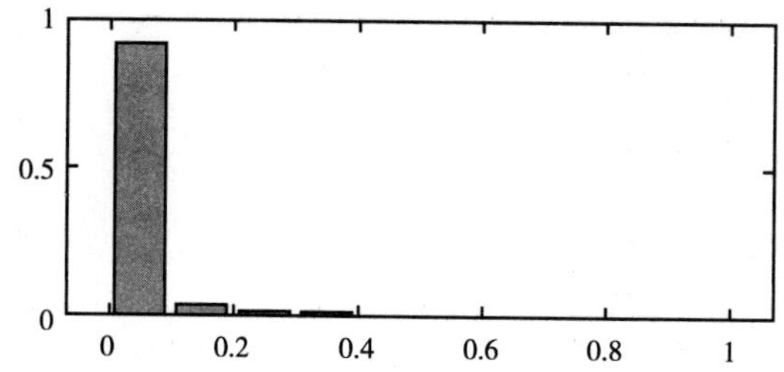

图 5－54　占比文件“Share_30. txt”对应的直方图

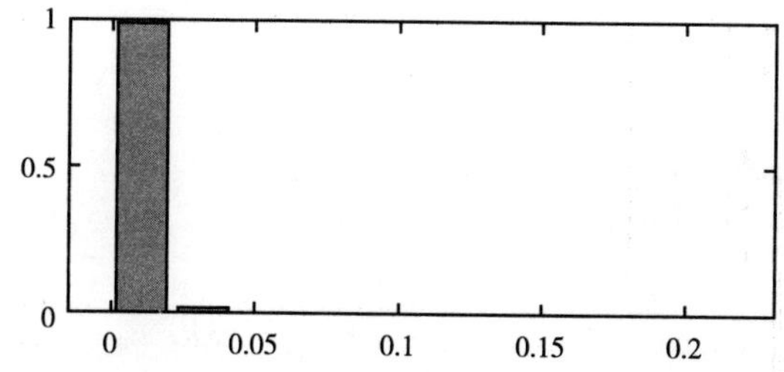

图 5－55　占比文件“Share_40. txt”对应的直方图

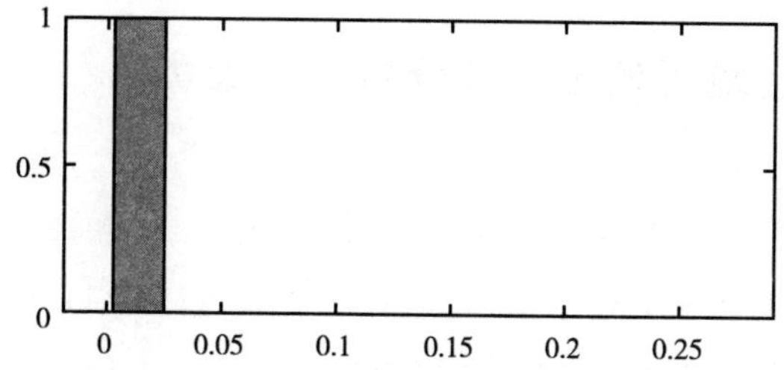

图 5－56　占比文件“Share_50. txt”对应的直方图

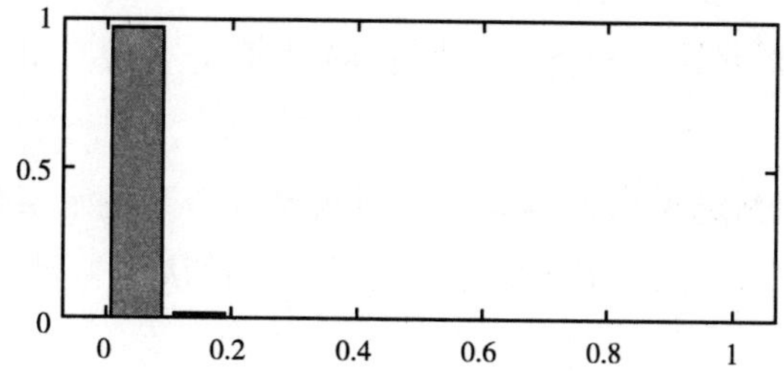

图 5－57　占比文件“Share_60. txt”对应的直方图

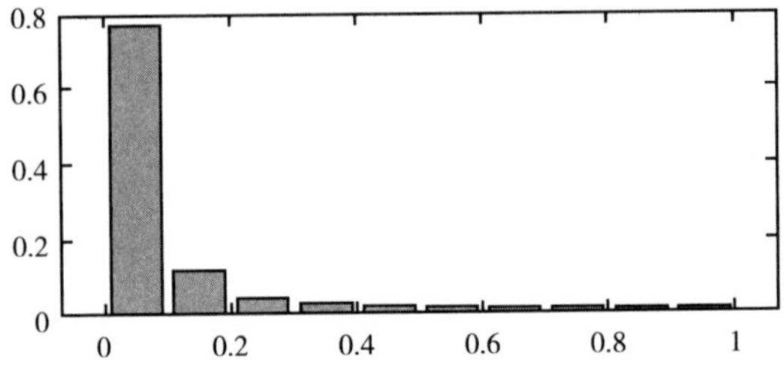

图 5 - 58　占比文件“Share_80. txt”对应的直方图

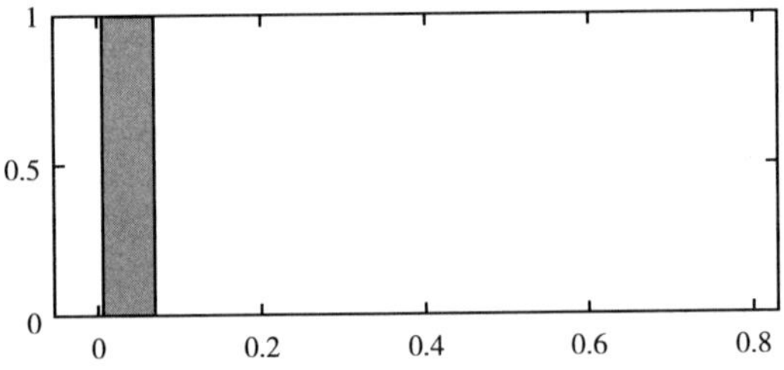

图 5 - 59　占比文件“Share_90. txt”对应的直方图

5.1.6　土地图的千米级分析——聚类

本节中，我们将基于高分辨率的河南省土地覆被地图（10m）制作低分辨率的河南省不透水层像素聚类个数地图（1km）。其核心原理为：使用大小为 100 × 100 个像素的滑动窗口（sliding window 或 moving window），在河南省土地覆被地图（10m）上以 100 个像素为步长进行滑动。每次滑动后，统计窗口中属性值为“80”（即不透水层）的像素所形成的聚类个数。最终，将所有的“聚类个数”排列为矩阵，即为结果。

聚类个数的判定采用八邻域法，即只要两个不透水层像素形成正上、正下、正左、正右、或斜对角的邻接关系时，即认定为属于相同聚类，如图 5 - 60 所示。

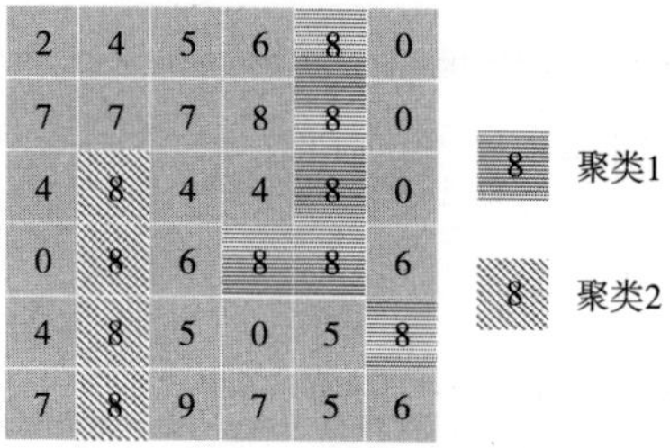

图 5－60　不透水层像素聚类个数的计算

5.1.6.1　编写 Matlab 代码

上述核心原理的实现将通过 Matlab 代码实现。在具体实现中，我们同时使用了高低两个高分辨率的河南省土地覆被地图（10m 和 1km）。使用低分辨率的河南省土地覆被地图（1km）的目的在于，辅助修正像素个数占比地图中的背景值。

本书中编写了如表 5－10 所示的代码，并辅以逐行解释。注：该代码具有一定的通用性。在无需改动的情况下，代码可直接用于本节问题的解决。此外，用户可以通过修改自定义参数（第 2～7 行），可将代码用于解决类似问题。

表 5－10　　用于制备像素聚类密度图的 Matlab 代码

```
1   % 自定义的参数
2   im = imread('Henan10. tif'); % 读取高分辨率土地覆被地图(10m)
3   bk = imread('Henan1k. tif'); % 读取低分辨率土地覆被地图(1km)
4   bb = 255; % 低分辨率土地覆被地图的背景值
5   bc = -9999; % 结果数据的背景值
6   ws = 100; % 滑动窗口的大小
7   t = 80; % 要计算聚类密度的目标值(不能为 0)
8   
9   % ----------------------
10  
11  [rr,cc] = size(im);% 高分辨率数据的行列数
12  nr = round(rr / ws); % 结果数据的行数
13  nc = round(cc / ws); % 结果数据的列数
14  re = zeros(nr,nc); % 结果数据
15  r_skip = mod(rr,ws);% 跳过的行数
16  
```

续表

```
for r = 1:nr% 逐行循环
    for c = 1:nc% 逐列循环
        % 滑动窗口
        temp = zeros(ws,ws); % 创建滑动窗口
        for i = 1:ws % 逐行循环
            for j = 1:ws % 逐列循环
                temp(i,j) = -9999; % 滑动窗口出界时的默认值
                % 如果滑动窗口未出界(即在 im 的行列范围内)
                if(r-1) * ws + r_skip + i <= rr &&(c-1) * ws + j <= cc
                    % 滑动窗口内的当前元素值等于 im 中的值
                    temp(i,j) = im((r-1) * ws + r_skip + i,(c-1) * ws + j);
                end
            end
        end
        % 求聚类的个数
        temp(temp ~= t) = 0; % 不等于目标值的像素改为 0
        temp(temp == t) = 1; % 等于目标值的像素改为 1
        [L,num] = bwlabel(temp,8); % 利用 Matlab 内置函数搜索聚类个数
        re(r,c) = num; % 将聚类个数存入 re
    end
end
[rrr,ccc] = size(bk); % 低分辨率数据的行列数(用于背景修正)
for r = 1:rrr% 逐行循环
    for c = 1:ccc% 逐列循环
        if bk(r,c) == bb % 如果该数值在 bk 中是背景值
            re(r,c) = bc; % 该数值在 re 中也应是背景值
        end
    end
end
dlmwrite('re.txt',re,'delimiter','\t'); % 输出计算结果
```

5.1.6.2 制备像素聚类个数图

以 10m 分辨率的河南省土地覆被地图“Henan10.tif”、1km 分辨率的

河南省土地覆被地图“Henan1k. tif”作为输入数据，使用上节中的代码，我们得到结果文件“re. txt”，并将结果文件重命名为“Cluster_80. txt”，如图 5 - 61 所示。

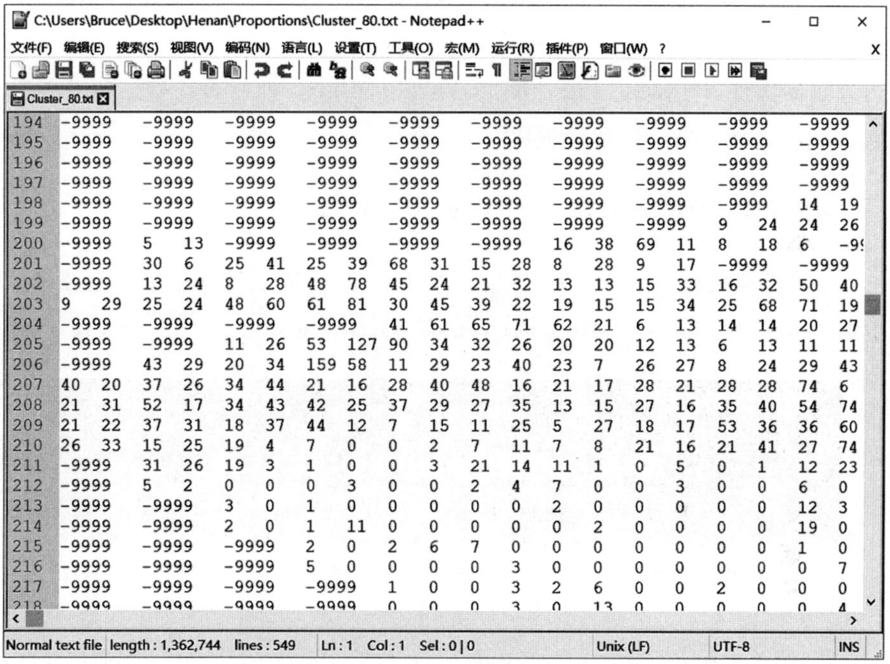

图 5 - 61 结果文件“Cluster_80. txt”

5.1.6.3 分析像素聚类个数图

依然利用表 5 - 9 中的代码，分析文件“Cluster_80. txt”，结果如图 5 - 62 所示。

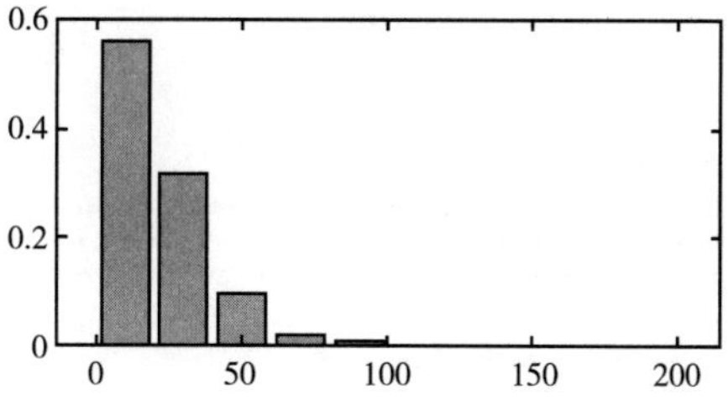

图 5 - 62 聚类个数文件“Cluster_80. txt”对应的直方图

5.1.7 制作基于统计数据的地图

从《河南省统计年鉴》中获得 2017 年的河南省各县（市、区）的“从业人员数”“第二、三产业从业人员数”“粮食产量”。并与县级行政边界数据属性表中的县（区、市）名单进行对比，进行统计数据的查漏补缺、顺序调整，最终进行可视化。

5.1.7.1 通过统计年鉴准备数据

在已购买授权的单位（大部分的大学和科研机构），登录中国社会经济大数据研究平台（http：//data. cnki. net/NewHome/index），如图 5－63 所示。

图 5－63 中国社会经济大数据研究平台首页

选择首页中的【统计资料】|【统计年鉴】，然后选择【河南省】，如图 5－64 所示。

图 5－64 在【地区分组】中选择河南省

随后选择《河南统计年鉴 2018》（报道 2017 年的数据），如图 5－65 所示。

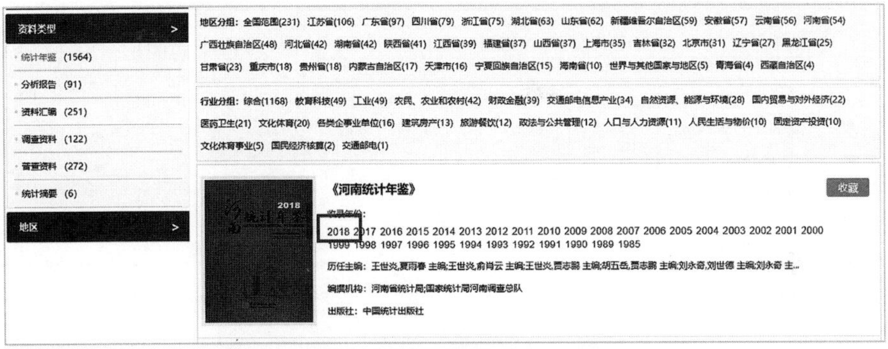

图 5－65　选择《河南统计年鉴 2018》

下载第 26 章中的《26－1 各县（市、区）人口及从业人员（2017 年）》和《26－8 各县（市）主要农作物产量（2017 年）》，如图 5－66 所示。

条目题名	页码	下载
26 各县(市、区)主要统计指标	767+769-815	
26-1 各县(市、区)人口及从业人员(2017年)	769-773	
26-2 各县(市、区)生产总值和指数(2017年)	774-781	
26-3 各县(市、区)固定资产投资、建筑业及规模以上工业主要指标(2017年)	782-785	
26-4 各县(市、区)城镇从业人员和工资(2017年)	786-789	
26-5 各县(市、区)城乡居民收入和社会消费品零售总额(2017年)	790-793	
26-6 各县(市)农业生产条件(2017年)	794-796	
26-7 各县(市)主要农作物播种面积(2017年)	797-799	
26-8 各县(市)主要农作物产量(2017年)	800-802	
26-9 各县(市)畜牧业生产情况(2017年)	803-805	
26-10 各县(市、区)财政、金融主要指标(2017年)	806-809	
26-11 各县(市)教育主要指标(2017年)	810-812	
26-12 各县(市)卫生主要指标(2017年)	813-815	

图 5－66　下载统计年鉴中的内容

下载得到的《26－1 各县（市、区）人口及从业人员（2017 年）》如图 5－67 所示，其中包括了“从业人员数”和“第二、三产业从业人员数”。

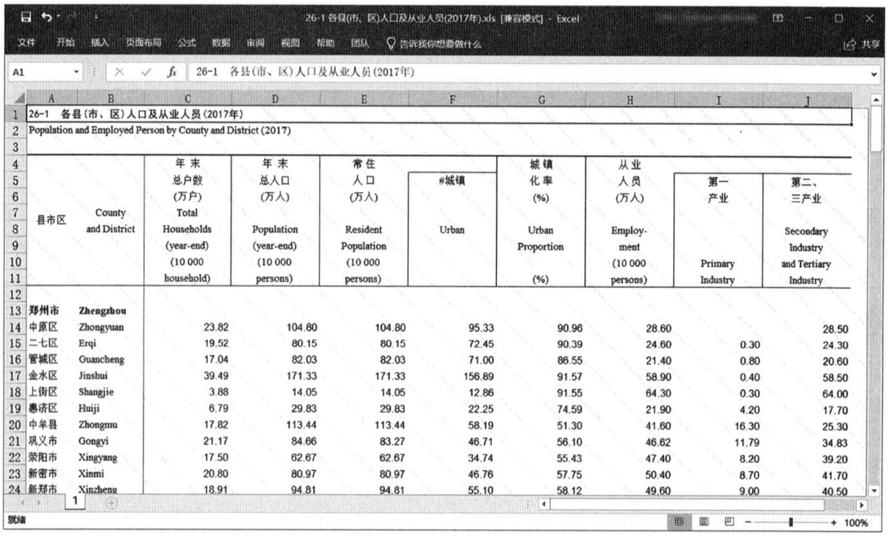

26-1 各县(市、区)人口及从业人员(2017年)

Population and Employed Person by County and District (2017)

县市区	County and District	年末总户数(万户) Total Households (year-end) (10 000 household)	年末总人口(万人) Population (year-end) (10 000 persons)	常住人口(万人) Resident Population (10 000 persons)	#城镇 Urban	城镇化率(%) Urban Proportion (%)	从业人员(万人) Employment (10 000 persons)	第一产业 Primary Industry	第二、三产业 Secondary Industry and Tertiary Industry
郑州市	Zhengzhou								
中原区	Zhongyuan	23.82	104.80	104.80	95.33	90.96	28.60		28.50
二七区	Erqi	19.52	80.15	80.15	72.45	90.39	24.60	0.30	24.30
管城区	Guancheng	17.04	82.03	82.03	71.00	86.55	21.40	0.80	20.60
金水区	Jinshui	39.49	171.33	171.33	156.89	91.57	58.90	0.40	58.50
上街区	Shangjie	3.88	14.05	14.05	12.86	91.55	64.30	0.30	64.00
惠济区	Huiji	6.79	29.83	29.83	22.25	74.59	21.90	4.20	17.70
中牟县	Zhongmu	17.82	113.44	113.44	58.19	51.30	41.60	16.30	25.30
巩义市	Gongyi	21.17	84.66	83.27	46.71	56.10	46.62	11.79	34.83
荥阳市	Xingyang	17.50	62.67	62.67	34.74	55.43	47.40	8.20	39.20
新密市	Xinmi	20.80	80.97	80.97	46.76	57.75	50.40	8.70	41.70
新郑市	Xinzheng	18.91	94.81	94.81	55.10	58.12	49.60	9.00	40.50

图 5 - 67　各县（市、区）人口及从业人员统计表

下载得到的《26 - 8 各县（市）主要农作物产量（2017 年）》如图 5 - 68 所示，其中包括了“粮食产量”。

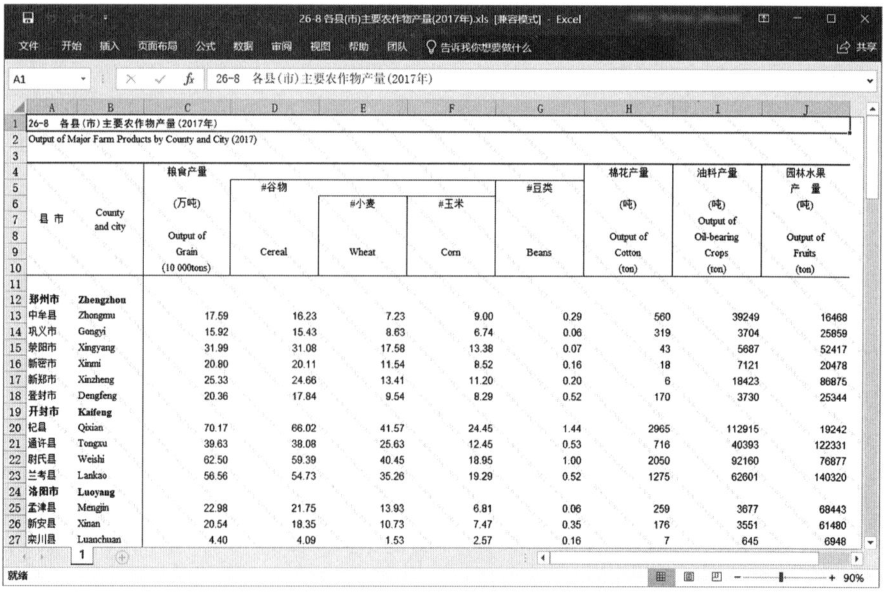

26-8 各县(市)主要农作物产量(2017年)

Output of Major Farm Products by County and City (2017)

县市	County and city	粮食产量(万吨) Output of Grain (10 000tons)	#谷物 Cereal	#小麦 Wheat	#玉米 Corn	#豆类 Beans	棉花产量(吨) Output of Cotton (ton)	油料产量(吨) Output of Oil-bearing Crops (ton)	园林水果产量(吨) Output of Fruits (ton)
郑州市	Zhengzhou								
中牟县	Zhongmu	17.59	16.23	7.23	9.00	0.29	560	39249	16468
巩义市	Gongyi	15.92	15.43	8.63	6.74	0.06	319	3704	25859
荥阳市	Xingyang	31.99	31.08	17.58	13.38	0.07	43	5687	52417
新密市	Xinmi	20.80	20.11	11.54	8.52	0.16	18	7121	20478
新郑市	Xinzheng	25.33	24.66	13.41	11.20	0.20	6	18423	86875
登封市	Dengfeng	20.36	17.84	9.54	8.29	0.52	170	3730	25344
开封市	Kaifeng								
杞县	Qixian	70.17	66.02	41.57	24.45	1.44	2965	112915	19242
通许县	Tongxu	39.63	38.08	25.63	12.45	0.53	716	40393	122331
尉氏县	Weishi	62.50	59.39	40.45	18.95	1.00	2050	92160	76877
兰考县	Lankao	56.56	54.73	35.26	19.29	0.52	1275	62601	140320
洛阳市	Luoyang								
孟津县	Mengjin	22.98	21.75	13.93	6.81	0.06	259	3677	68443
新安县	Xinan	20.54	18.35	10.73	7.47	0.35	176	3551	61480
栾川县	Luanchuan	4.40	4.09	1.53	2.57	0.16	7	645	6948

图 5 - 68　各县（市）主要农作物产量统计表

从统计年鉴中复制出将河南省各县（市、区）的“从业人员数”“第二、三产业从业人员数”“粮食产量”，并汇总到独立的表格中，如图 5－69 所示。

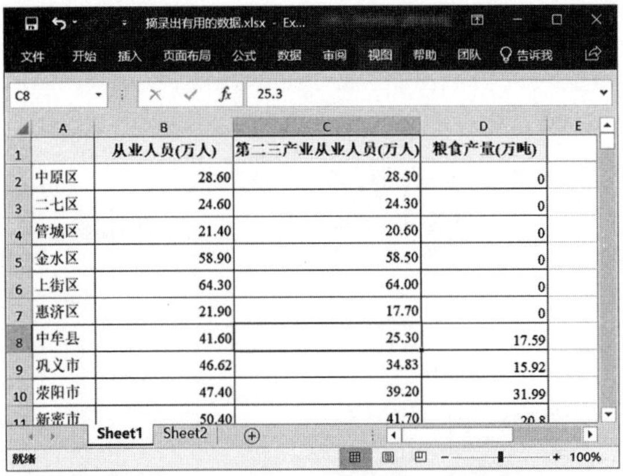

图 5－69　从统计年鉴中摘录汇总信息

5.1.7.2　对统计数据进行查漏补缺

在 ArcGIS 中加载河南省县级行政边界数据（HA_Counties_Pro. shp）。在【Table of Contents】中，在图层“HA_Counties_Pro. shp”上点击右键，并选择【Open Attribute Table】，如图 5－70 所示，以打开属性表。

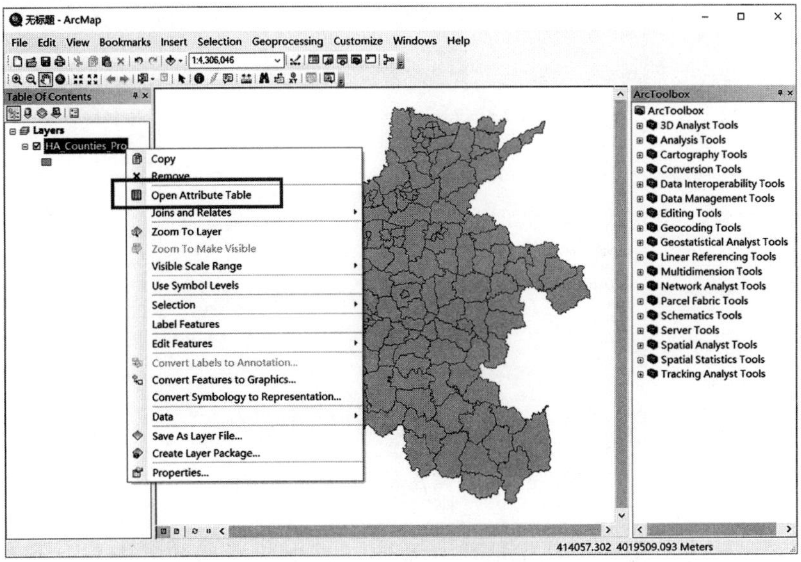

图 5－70　选择【Open Attribute Table】以打开属性表

在属性表窗口中，点击【Table Options】按钮然后选择【Export】（图 5－71），将属性表导出为文本（图 5－72），以此核对其地名条目与统计数据是否一致。

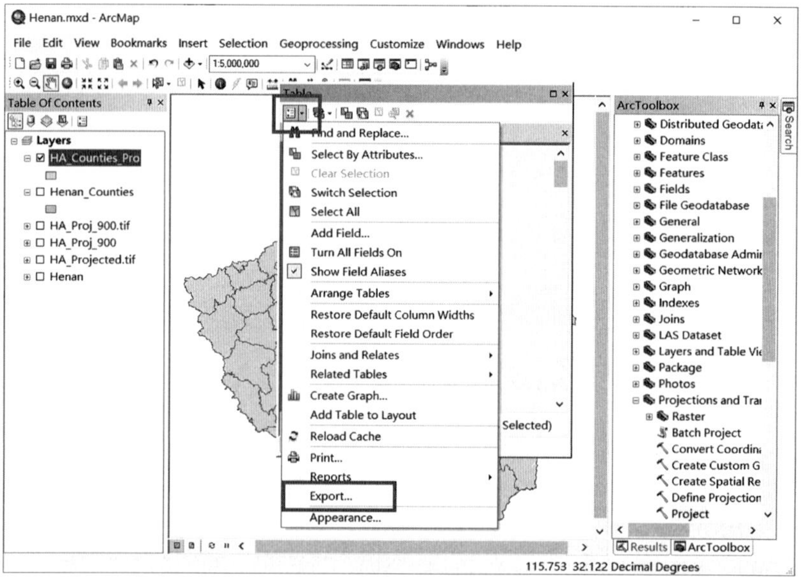

图 5－71 选择导出属性表

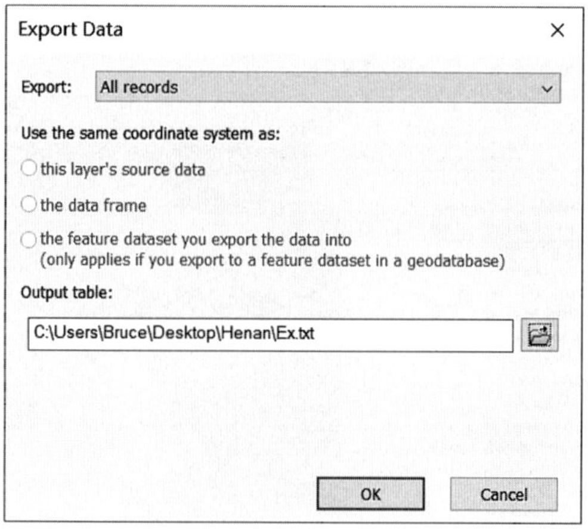

图 5－72 将属性表导出为文本文件

对比属性表文本文件中的统计数据，发现两者的地名条目一致性较高、并且顺序相同，但差异有两处：首先，属性表中出现了“许昌县”，但在统计数据中为“建安区”。经查验，两者为同一地区，“许昌县”于2017年2月5日更名为“建安区”。其次，属性表中比统计数据中多出了“济源市”。经查验，济源市为河南省直辖县级市，其统计数据“从业人员数”和“第二、三产业从业人员数”被收录于《河南统计年鉴2018》中的“4－5 各市分三次产业的就业人员数（2017年底）”中，统计数据“粮食产量”被收录于“12－20 各市主要农产品产量（2017年）”[①] 中。

将上述遗漏之处，添加到统计数据汇总表格中。

5.1.7.3 属性表中增加字段并计算

在河南省县级行政边界数据（HA_Counties_Pro.shp）的属性表窗口中，点击【Table Options】按钮，然后选择【Add Field】，如图5－73所示。

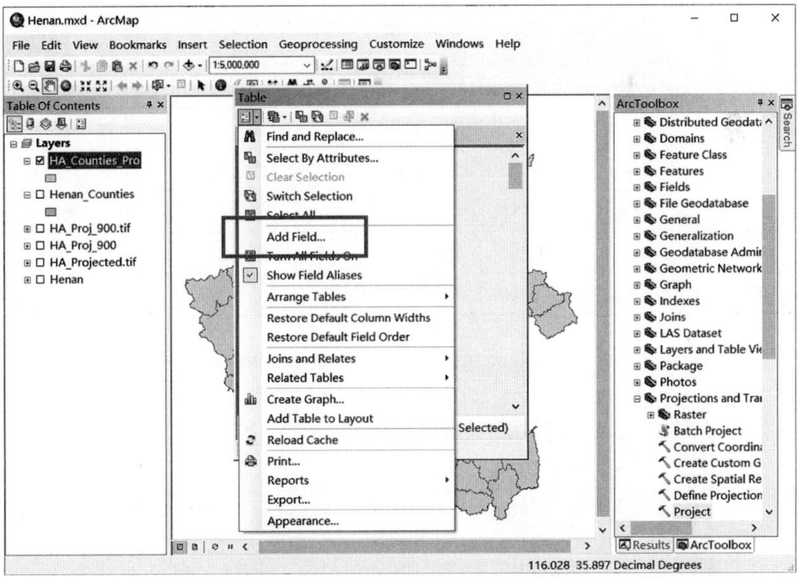

图5－73 在属性表中增加新字段

随后得到供用户添加新字段的弹窗，如图5－74所示。

① 在中国社会经济大数据研究平台的《河南统计年鉴2018》中查无此表，后在河南省省级局官网查得（http：//www.ha.stats.gov.cn/hntj/lib/tjnj/2018/zk/indexch.htm）。

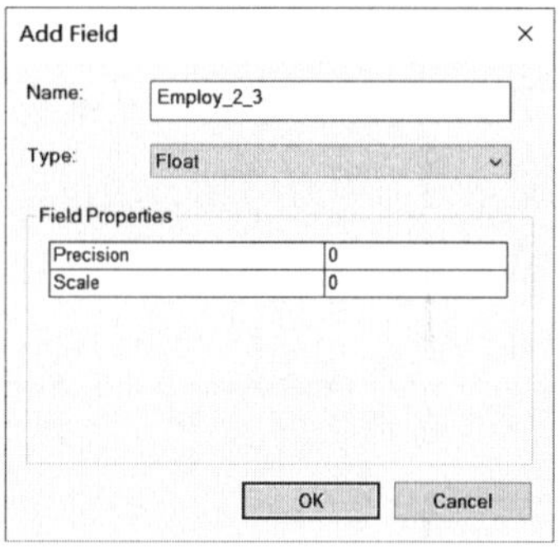

图 5 - 74　供用户添加新字段的弹窗

新增 6 个字段，每个字段的参数如表 5 - 11 所示，操作完成后的属性表如图 5 - 75 所示。其中，3 个字段的值直接来源于统计资料，另外 3 个字段的数值将由计算得出。

表 5 - 11　　新增字段的具体参数

名称	类型	含义	来源
Employ_all	Float	从业人员数	统计资料
Employ_2_3	Float	第二、三产业从业人员数（万人）	统计资料
Employ_P	Float	第二、三产业从业人员数占从业人数的比例	自行计算
Grain	Float	粮食产量（万吨）	统计资料
Area	Float	面积（平方千米）	自行计算
Grain_P	Float	县级粮食生产力（吨/平方千米）	自行计算

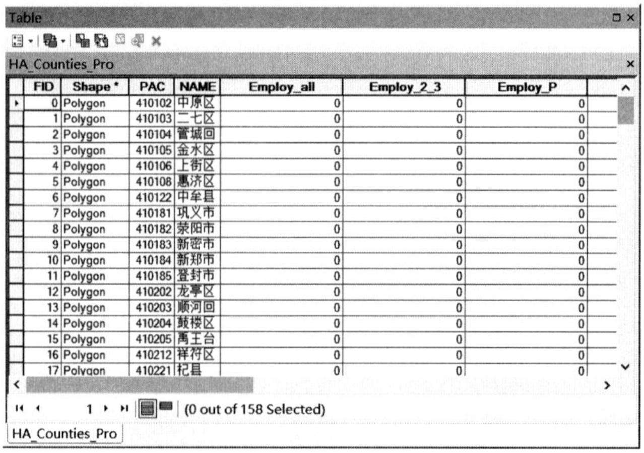

图 5 - 75　新增字段后的属性表

添加新字段后属性表尚不能立马写入数值，需点击属性表对应的图层，点击右键后选择【Edit Features】|【Start Editing】，如图 5－76 所示。

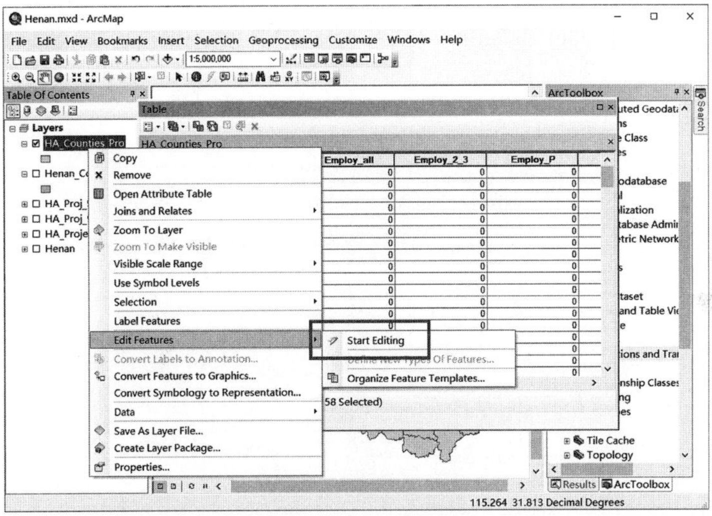

图 5－76　选择开始编辑后才能向属性表中写入数值

然后回到属性表中，将 Excel 表格中已经排列好的统计数据（“从业人员数”“第二、三产业从业人员数” “粮食产量”），整列地复制到属性表中，如图 5－77 所示。

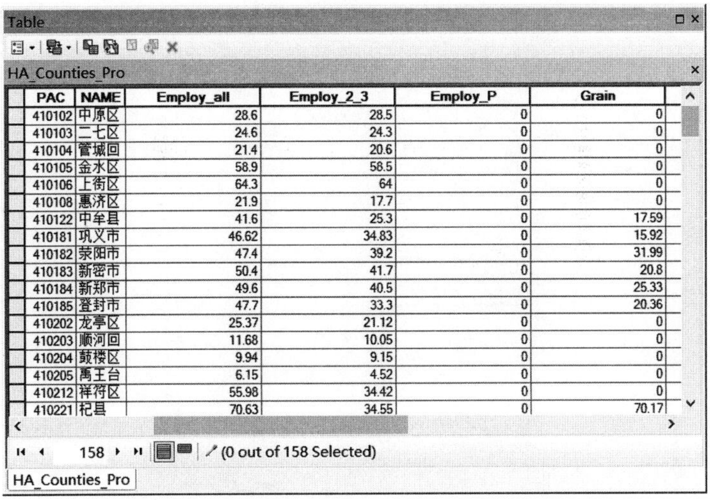
Table

HA_Counties_Pro

PAC	NAME	Employ_all	Employ_2_3	Employ_P	Grain
410102	中原区	28.6	28.5	0	0
410103	二七区	24.6	24.3	0	0
410104	管城回	21.4	20.6	0	0
410105	金水区	58.9	58.5	0	0
410106	上街区	64.3	64	0	0
410108	惠济区	21.9	17.7	0	0
410122	中牟县	41.6	25.3	0	17.59
410181	巩义市	46.62	34.83	0	15.92
410182	荥阳市	47.4	39.2	0	31.99
410183	新密市	50.4	41.7	0	20.8
410184	新郑市	49.6	40.5	0	25.33
410185	登封市	47.7	33.3	0	20.36
410202	龙亭区	25.37	21.12	0	0
410203	顺河回	11.68	10.05	0	0
410204	鼓楼区	9.94	9.15	0	0
410205	禹王台	6.15	4.52	0	0
410212	祥符区	55.98	34.42	0	0
410221	杞县	70.63	34.55	0	70.17

158 (0 out of 158 Selected)

HA_Counties_Pro

图 5－77　将统计数据整列地复制到属性表中

属性表中的【Employ_P】【Area】【Grain_P】的字段值均需通过计算而得。其中字段【Employ_P】的计算公式为“Employ_2_3/Employ_all”。该计算可在属性表中通过程序完成，具体方法：在字段【Employ_P】处点击右键，选择【Field Calculator】（字段计算器），如图 5-78 所示。

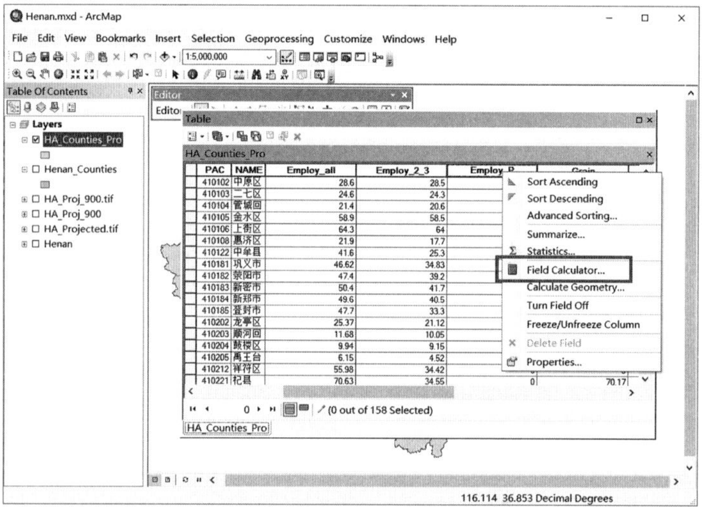

图 5-78　打开字段计算器

在字段计算器中，通过双击选择左上方选择框中的字段和右方的计算符号，组合出公式“[Employ_2_3] / [Employ_all]”，如图 5-79 所示。

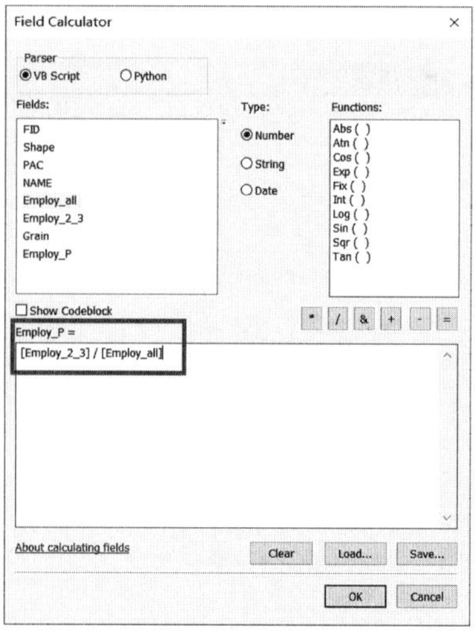

图 5-79　在字段计算器中输入公式

计算结果如图 5－80 所示。

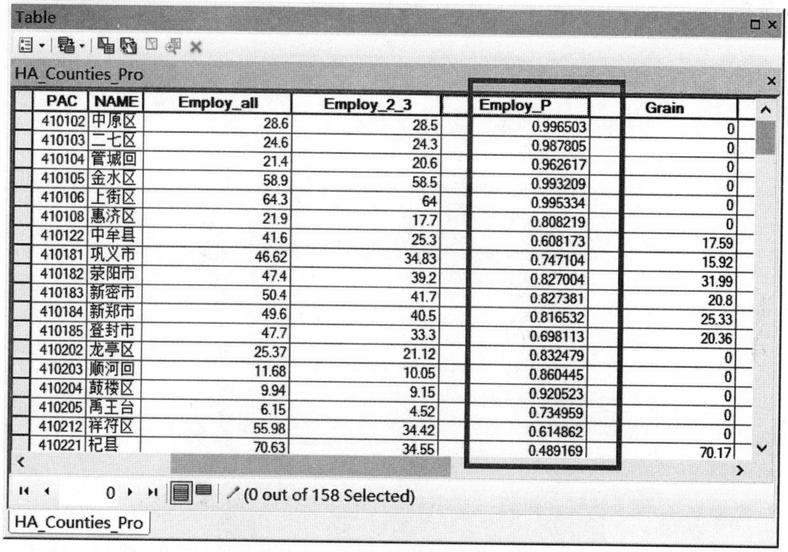

PAC	NAME	Employ_all	Employ_2_3	Employ_P	Grain
410102	中原区	28.6	28.5	0.996503	0
410103	二七区	24.6	24.3	0.987805	0
410104	管城回	21.4	20.6	0.962617	0
410105	金水区	58.9	58.5	0.993209	0
410106	上街区	64.3	64	0.995334	0
410108	惠济区	21.9	17.7	0.808219	0
410122	中牟县	41.6	25.3	0.608173	17.59
410181	巩义市	46.62	34.83	0.747104	15.92
410182	荥阳市	47.4	39.2	0.827004	31.99
410183	新密市	50.4	41.7	0.827381	20.8
410184	新郑市	49.6	40.5	0.816532	25.33
410185	登封市	47.7	33.3	0.698113	20.36
410202	龙亭区	25.37	21.12	0.832479	0
410203	顺河回	11.68	10.05	0.860445	0
410204	鼓楼区	9.94	9.15	0.920523	0
410205	禹王台	6.15	4.52	0.734959	0
410212	祥符区	55.98	34.42	0.614862	0
410221	杞县	70.63	34.55	0.489169	70.17

图 5－80 字段计算器的计算结果

字段【Area】的数值通过几何计算的方法得出。具体方法：在字段【Area】处点击右键，选择【Calculate Geometry】（计算几何形状），如图 5－81 所示。

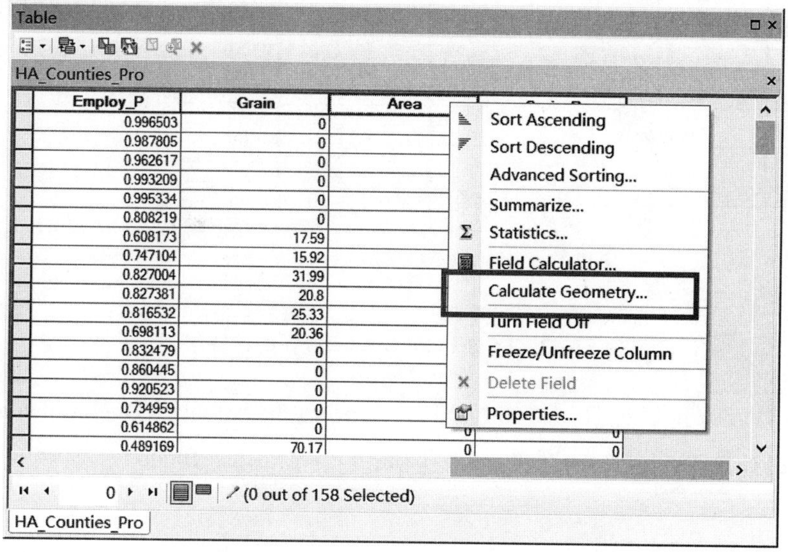

Employ_P	Grain	Area
0.996503	0	
0.987805	0	
0.962617	0	
0.993209	0	
0.995334	0	
0.808219	0	
0.608173	17.59	
0.747104	15.92	
0.827004	31.99	
0.827381	20.8	
0.816532	25.33	
0.698113	20.36	
0.832479	0	
0.860445	0	
0.920523	0	
0.734959	0	
0.614862	0	
0.489169	70.17	0

图 5－81 选择【Calculate Geometry】（计算几何形状）

在随后弹出的窗口中（图 5－82），将【Area】作为计算的对象，并自定义面积单位，此处选择的为平方千米。结算结果如图 5－83 所示。

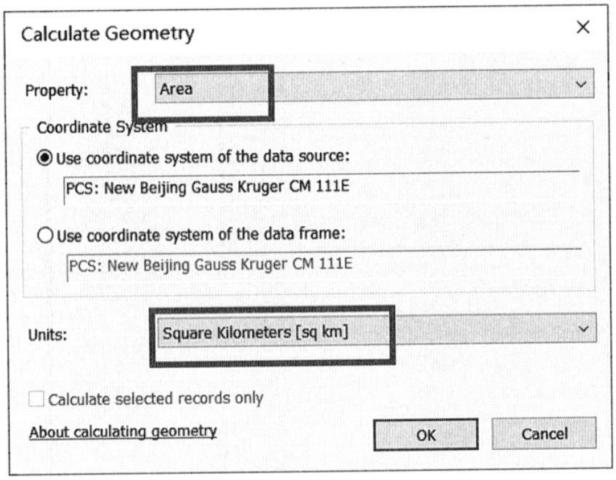

图 5－82　设置【Calculate Geometry】的面积单位

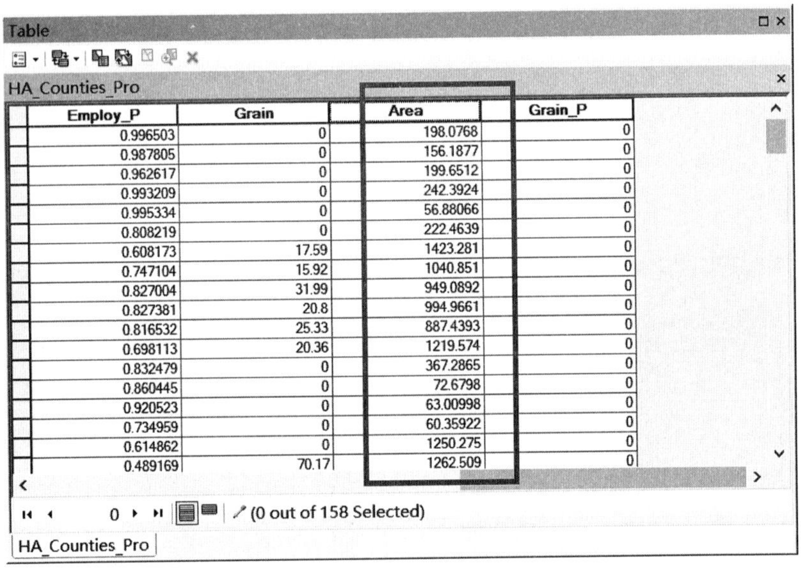

Employ_P	Grain	Area	Grain_P
0.996503	0	198.0768	0
0.987805	0	156.1877	0
0.962617	0	199.6512	0
0.993209	0	242.3924	0
0.995334	0	56.88066	0
0.808219	0	222.4639	0
0.608173	17.59	1423.281	0
0.747104	15.92	1040.851	0
0.827004	31.99	949.0892	0
0.827381	20.8	994.9661	0
0.816532	25.33	887.4393	0
0.698113	20.36	1219.574	0
0.832479	0	367.2865	0
0.860445	0	72.6798	0
0.920523	0	63.00998	0
0.734959	0	60.35922	0
0.614862	0	1250.275	0
0.489169	70.17	1262.509	0

图 5－83　【Calculate Geometry】的计算结果

最后，我们计算【Grain_P】字段的数值，通过【Field Calculator】（字段计算器）执行，公式为“［Grain］/［Area］＊10000”，如图 5－84 所示。

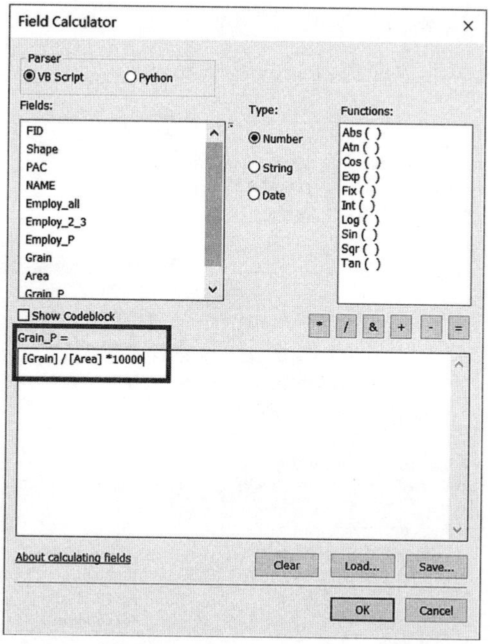

图 5-84 【Grain_P】字段的数值计算公式

计算结果如图 5-85 所示。注意：【Grain】字段的单位为“万吨”，【Area】字段的单位为“平方千米”，而计算结果的单位为“吨/平方千米”。

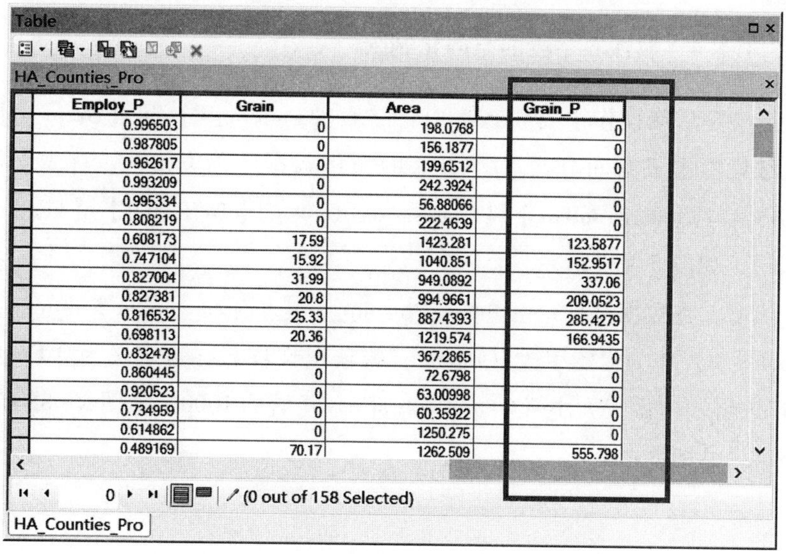

Employ_P	Grain	Area	Grain_P
0.996503	0	198.0768	0
0.987805	0	156.1877	0
0.962617	0	199.6512	0
0.993209	0	242.3924	0
0.995334	0	56.88066	0
0.808219	0	222.4639	0
0.608173	17.59	1423.281	123.5877
0.747104	15.92	1040.851	152.9517
0.827004	31.99	949.0892	337.06
0.827381	20.8	994.9661	209.0523
0.816532	25.33	887.4393	285.4279
0.698113	20.36	1219.574	166.9435
0.832479	0	367.2865	0
0.860445	0	72.6798	0
0.920523	0	63.00998	0
0.734959	0	60.35922	0
0.614862	0	1250.275	0
0.489169	70.17	1262.509	555.798

图 5-85 【Grain_P】字段的数值计算结果

上述全部操作完成后，应在【Editor】工具条中点击【Stop Editing】（图 5－86），以及时地保存更改后的属性表。

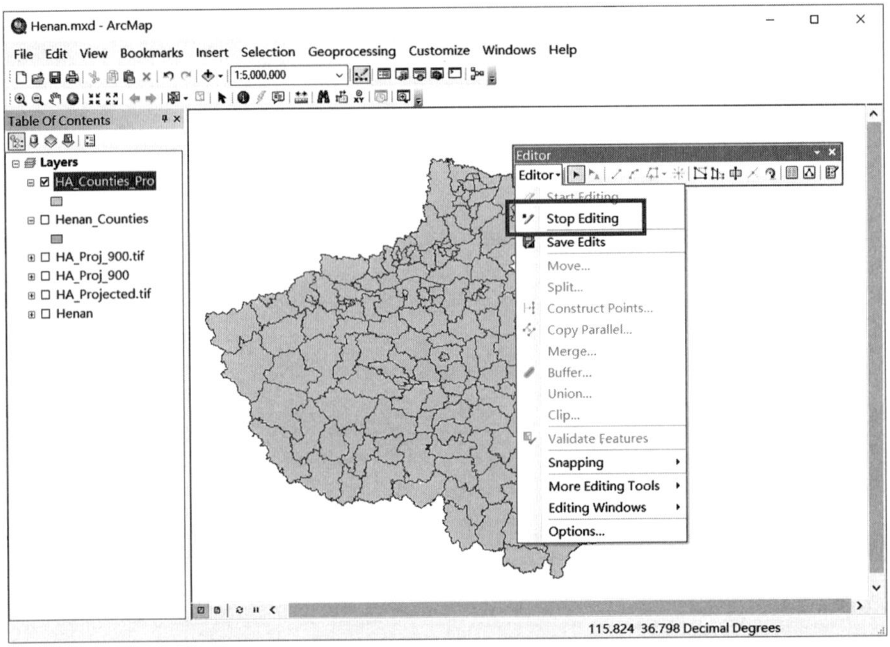

图 5－86　属性表编辑完成后应点击【Stop Editing】

5.1.7.4　属性表字段的空间化制图

由于在后续操作中需要，我们将字段【Employ_P】和【Grain_P】的计算结果输出成空间分辨率为 1km 的栅格数据。方法如下：首先，打开 ArcGIS 工具【ArcToolbox】|【Conversion Tools】|【To Raster】|【Feature to Raster】，如图 5－87 所示。

然后，将数据“HA_Counties_Pro. shp”作为输入（Input features），以【Employ_P】作为指定字段（Field），将输出文件名称自定义为“Employ_P. tif”，将输出像元大小（Output cell size）设置为 1000，如图 5－88 所示。输出结果见图 5－89。

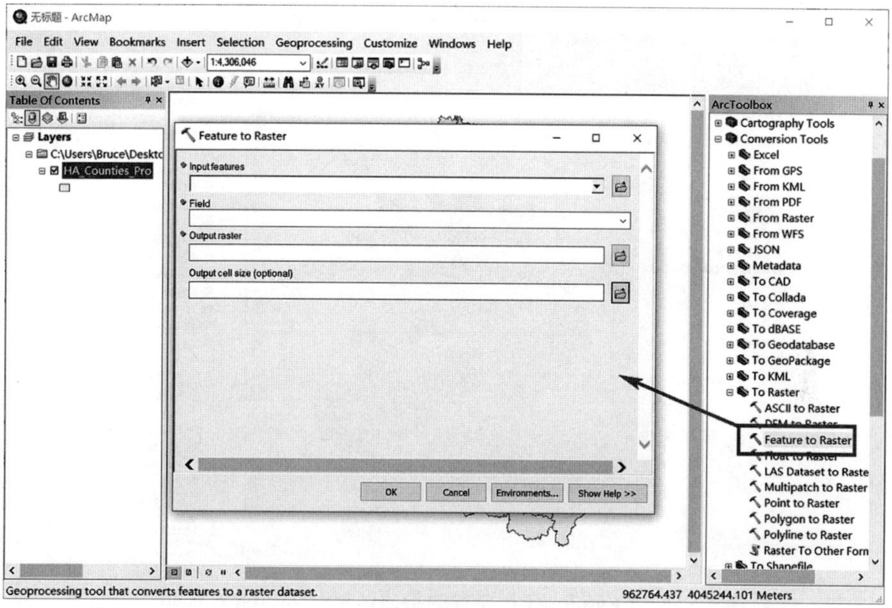

图 5-87 【Feature to Raster】工具

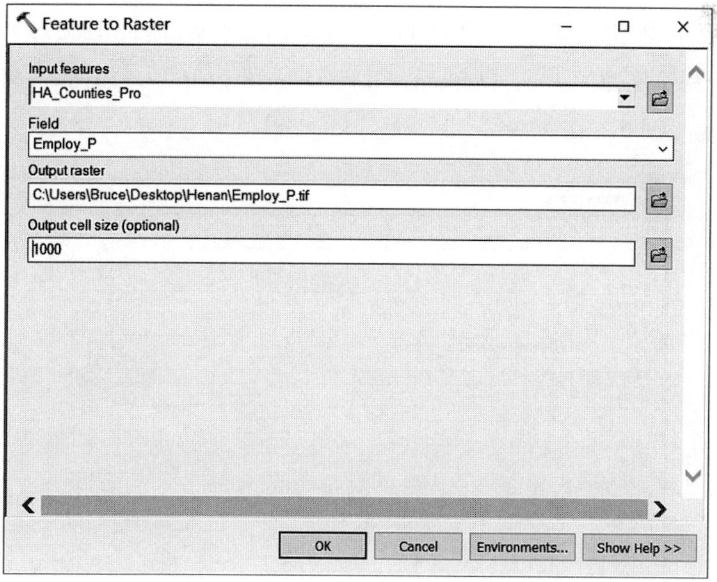

图 5-88 通过【Feature to Raster】工具输出【Employ_P】字段

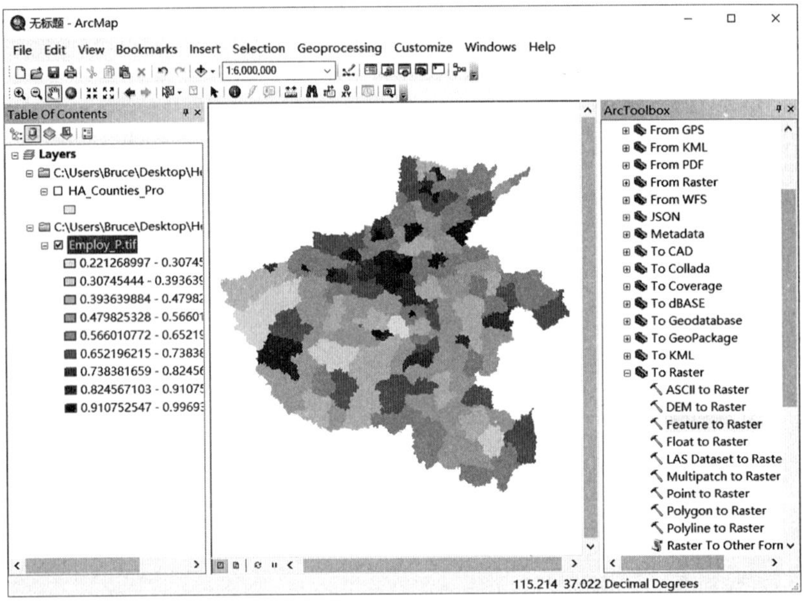

图 5－89 【Employ_P】字段的输出结果：“Employ_P. tif”

同理，将数据“HA_Counties_Pro. shp”作为输入（Input features），以【Grain_P】作为指定字段（Field），将输出文件名称自定义为“Grain_P. tif”，将输出像元大小（Output cell size）设置为1000，如图 5－90 所示。输出结果见图 5－91。

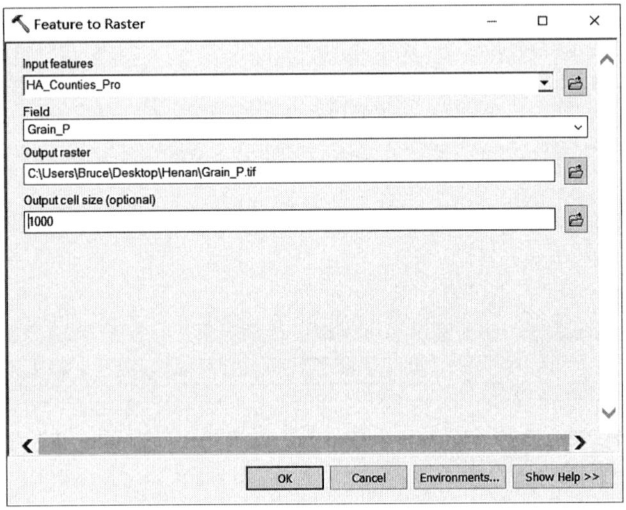

图 5－90 通过【Feature to Raster】工具输出【Grain_P】字段

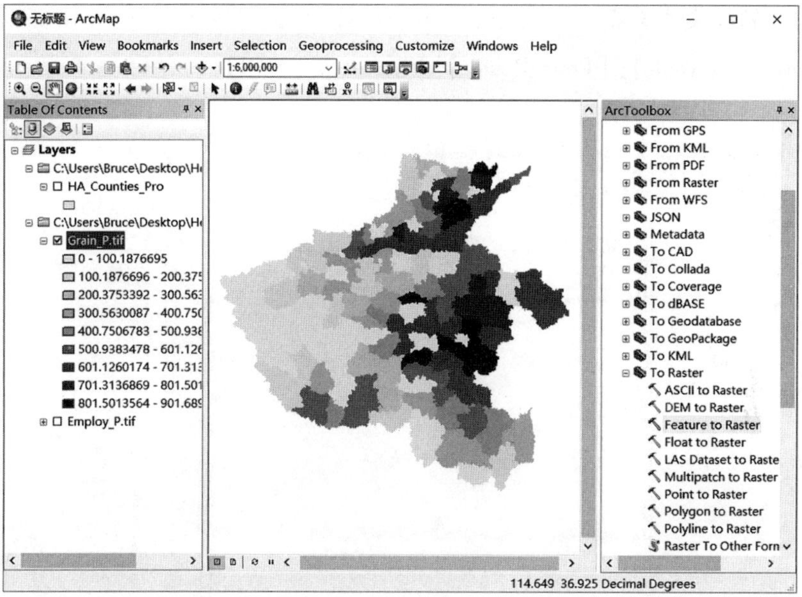

图 5－91 【Grain_P】字段的输出结果："Grain_P. tif"

5.1.8 阶段性数据验证

截至目前，对比表 5－1 "数据制备清单" 中的数据，我们已经制备完成前 3 项，如表 5－12 所示。鉴于这 3 项数据是后续数据的基础，我们需对这 3 项数据进行验证。验证的标准为：尺寸完全相同、背景值个数完全相同。

表 5－12　　当前的数据制备进度：已完成前 3 项

序号	名称	分辨率	文件名
1	河南省土地覆被地图	1km	Henan1k. tif
2	河南省非农产业从业人数比例地图（县级）	1km	Employ_P. tif
3	河南省单位面积粮食产量地图（县级）	1km	Grain_P. tif

5.1.8.1 将图像数据转换为文本

为了完成验证，我们将文件 "Henan1k. tif" "Employ_P. tif" "Grain_

P. tif”转换文本数据。方法如下：在 ArcGIS 中，打开工具【ArcToolbox】|【Conversion Tools】|【From Raster】|【Raster to ASCII】，如图 5－92 所示。

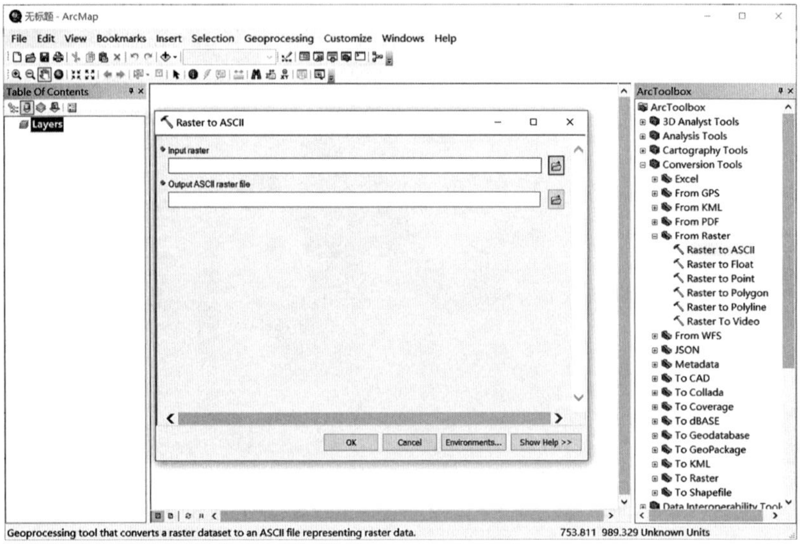

图 5－92　在 ArcGIS 中打开【Raster to ASCII】工具

在【Raster to ASCII】窗口中，将文件“Henan1k. tif”作为输入栅格（Input raster），将输出文件的名称修改为“Henan1k. txt”，如图 5－93 所示。

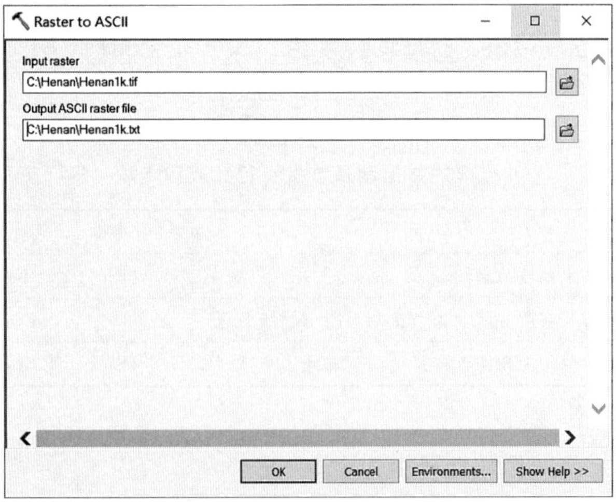

图 5－93　工具【Raster to ASCII】中的参数设置

生成的文本文件“Henan1k. txt”如图 5 - 94 所示。

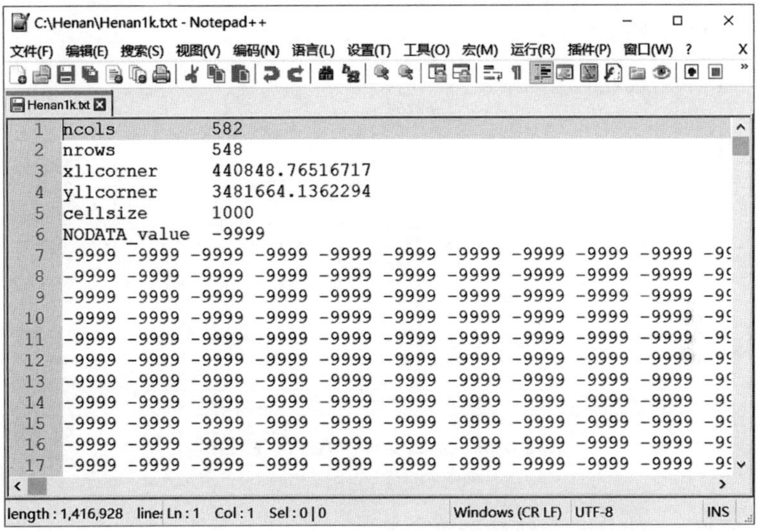

图 5 - 94 文本文件“Henan1k. txt”

同理，将文件“Employ_P. tif”输出为“Employ_P. txt”，如图 5 - 95 所示。

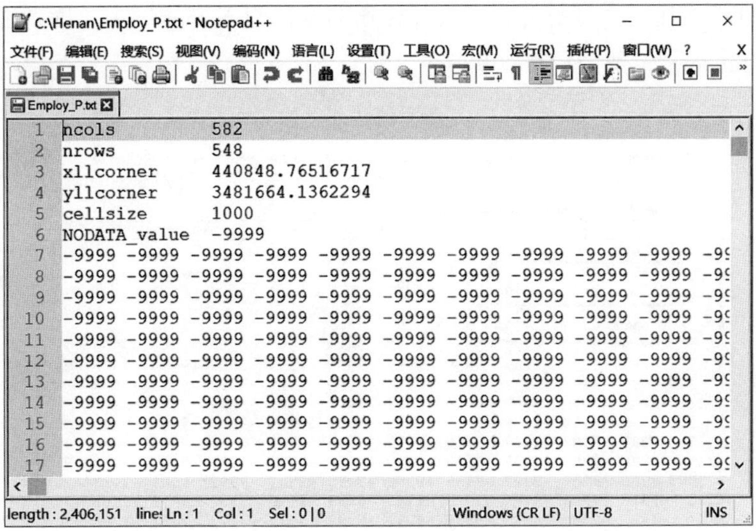

图 5 - 95 文本文件“Employ_P. txt”

将文件“Grain_P. tif”输出为“Grain_p. txt”，如图 5 - 96 所示。

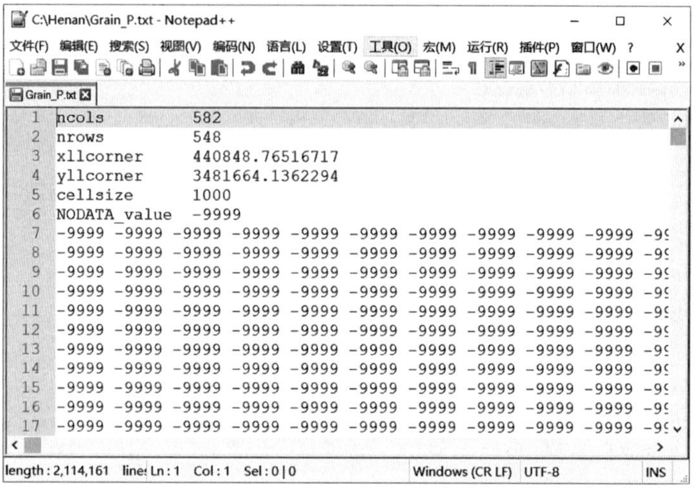

图 5－96　文本文件“Grain_P. txt”

5.1.8.2　统计行列数和背景值数

文本文件“Henan1k. txt”内容的前 6 行为头文件信息，从第 7 行起为数值矩阵。从头文件信息可以看到（图 5－97），数据矩阵的尺寸如下：行数（nrows）为 548、列数（ncols）为 582。背景值（NODATA_value）为“－9999”（注：此处打开文本文件使用的软件为 Notepad ++，读者也可以选用 Windows 系统的记事本程序）。

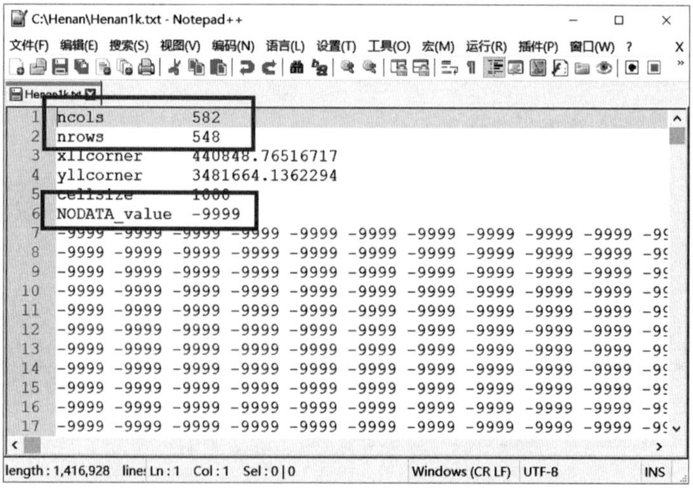

图 5－97　文本文件“Henan1k. txt”的头文件信息

在 Notepad ++ 中，选择【搜索】|【查找】，如图 5 – 98 所示。

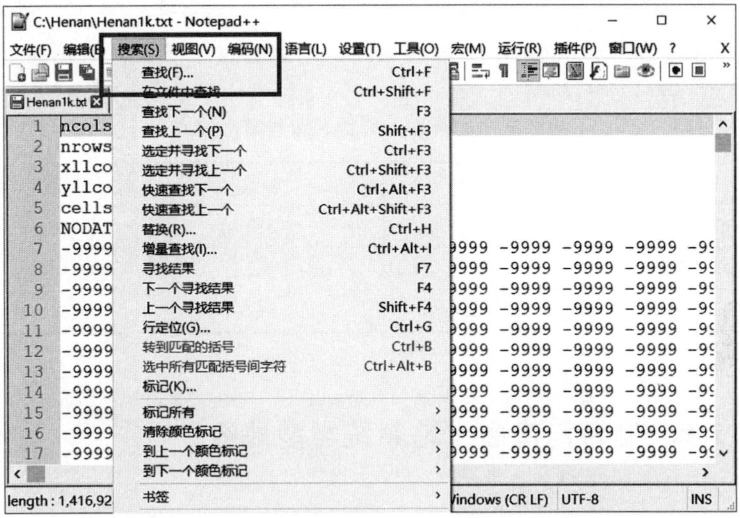

图 5 – 98　打开 Notepad ++ 中的【查找】功能

在弹出的对话框中，在【查找目标】中输入“ – 9999”（背景值），然后点击【计数】。在对话框的左下角看到“计数：152962 次匹配”，如图 5 – 99 所示。由于在文件第 6 行中，“ – 9999”额外出现 1 次，因此背景值的实际出现次数为 152961 次。

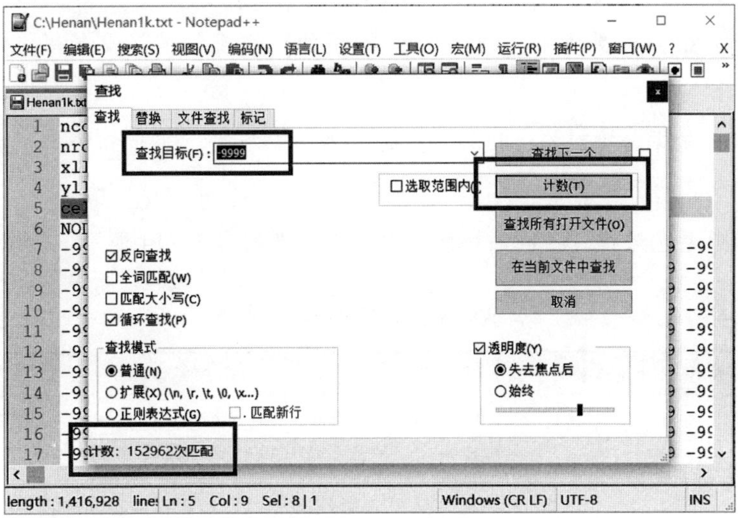

图 5 – 99　统计背景值的出现次数

同理，查看、统计文件“Employ_P. txt”和“Grain_P. txt”中的行数、列数、背景值个数。汇总信息如表 5 - 13 所示。从表 5 - 13 中可见，所有数据的行数、列数、背景值个数均相同，因此通过了阶段性数据验证。

表 5 - 13　　不同数据中的行数、列数、背景值个数对比

文件	行数	列数	背景值个数
Henan1k. txt	548	582	152961
Employ_P. txt	548	582	152961
Grain_P. txt	548	582	152961

5.1.9　制备河南省土地系统类型地图

5.1.9.1　研究制定分类标准

土地系统类型地图的制作需要完善的分类标准。建立分类标准的过程一般为：

（1）根据初步期望，从当前的土地利用/覆被图中截取出分类结果的样例若干；

（2）根据分类结果的样例，初步制定分类标准；

（3）根据分类标准，通过 ArcGIS 操作，完成分类；或书写代码，完成分类；

（4）根据分类结果，反复地迭代修改分类标准，并重新分类。直至符合期望为止。

经过上述过程，我们最终形成的分类标准如表 5 - 14 所示。

表 5 - 14　　河南省土地系统分类标准

序号	编码	土地覆被类型	判断条件
0	110	紧凑城区	c01：不透水层、绿地、水域占比之和不低于 80%，不透水层/绿地≥2.5，水域不高于 40%，耕地不高于 5%
1	120	稀疏城区	c02：不透水层、绿地、水域占比之和不低于 80%，0.3≤不透水层/绿地<2.5，水域不高于 40%，耕地不高于 5%

续表

序号	编码	土地覆被类型	判断条件
2	130	城市郊区	c03：不透水层、绿地、水域、荒地之和占比之和不低于50%，不透水层不低于10%，其余至少60%是耕地
3	210	紧凑乡镇	c04：不透水层不低于25%，其余至少60%是耕地
4	220	稀疏乡镇	c05：不透水层不低于10%，其余至少60%是耕地
5	310	高利用率耕地	c06：耕地不低于80%
6	320	中利用率耕地	c07：耕地不低于60%
7	330	低利用率耕地	c08：耕地不低于40%
8	410	林地	c09：林地不低于40%
9	420	草地	c10：草地不低于40%
*	430	灌木	c11：灌木不低于40%
*	440	湿地	c12：湿地不低于40%
10	450	水域	c13：水域不低于40%
12	510	荒地	c14：荒地不低于40%
11	460	绿地	c15：林地、草地、灌木之和不低于40%
13	520	其他	混合类型
14	-9999	背景值	

注：序号“*”表示在执行分类后，该类型被发现实际上不存在，因此未编号。绿地 = 林地 + 草地 + 灌木地带。

5.1.9.2 编写代码进行分类

为了方便、快捷地完成土地系统的分类，我们编写了 Matlab 代码，共计 7 个 m 文件，如表 5 - 15 所汇总。这些代码输出结果包括三大类：

- 土地系统分类结果（文件名为“re. txt”，由代码“ClassifyLand. m”输出）；
- 土地系统分类结果中各类型的比例统计（文件名“re_hist. txt”，由代码“Get_Hist_Txt. m”输出）；
- 土地系统分类结果中每个像素的原土地覆被信息（文件名为像素的行列号，文件类型为 jpg 图像和文本文件，由代码“ExportWindow. m”输出）。

表 5 – 15　　　　　　用于土地系统分类的代码汇总

序号	文件名	代码	说明
1	ClassifyLand. m	表 516	主文件
2	GetShare. m	表 517	计算特定土地利用/覆被类型的占比
3	ExportWindow. m	表 518	将当前滑动窗口中的内容输出成图片
4	Get_Hist_Txt. m	表 519	分析结果中各土地系统类型的占比
5	ToRGB. m	表 520	根据土地系统类型编码查找彩色数值
6	SelectColor. m	表 521	根据土地系统类型编码查找通道颜色

表 5 – 16　　　用于土地系统分类的代码 "ClassifyLand. m"

```
% 读取输入数据
im = imread('Henan10. tif');% 读取高分辨率土地覆被地图(10m)
bk = imread('Henan1k. tif');% 读取低分辨率土地覆被地图(1km)
bb = 255;% 土地覆被地图的背景值
bc = -9999;% 输出结果的背景值
ws = 100;% 滑动窗口的大小(根据输出结果分辨率确定)

% ----------------------

% 确定输出结果的尺寸
[rr,cc] = size(im);% 高分辨率数据的行列数
nr = round(rr / ws);% 输出结果的行数
nc = round(cc / ws);% 输出结果的列数
re = zeros(nr,nc);% 输出结果
r_skip = mod(rr,ws);% 跳过的行数

% 确定输出结果的数值
for r = 1:nr% 逐行循环
    for c = 1:nc% 逐列循环

        % 将数据读入滑动窗口
        tmp = zeros(ws,ws); % 创建滑动窗口
        for i = 1:ws % 逐行循环
            for j = 1:ws % 逐列循环

                tmp(i,j) = bc; % 滑动窗口内元素的默认值

                % 坐标的对应关系
                im_i = (r - 1) * ws + r_skip + i;
                im_j = (c - 1) * ws + j;
```

续表

```

            % 如果滑动窗口未出界(即在 im 的行列范围内)
            if(im_i <=rr)&&(im_j <=cc)

                % 滑动窗口内的当前元素值等于 im 中的值
                tmp(i,j) = im(im_i,im_j);

            end

        end
    end

    % 输入判断条件
    gre = GetShare(tmp,20,bb) + GetShare(tmp,30,bb) + GetShare(tmp,40,bb);
% 绿地占比
    imp = GetShare(tmp,80,bb); % 不透水层占比
    cro = GetShare(tmp,10,bb); % 耕地占比
    war = GetShare(tmp,60,bb); % 水域占比
    bar = GetShare(tmp,90,bb); % 荒地占比
    c01 = (imp + gre + war >=0.8)&&(imp / gre >=2.5)&&(war <=0.4)
&&(cro <=0.05);
    c02 = (imp + gre + war >=0.8)&&(imp / gre >=0.3)&&(imp / gre <
2.5)&&(war <=0.4)&&(cro <=0.05);
    c03 = (imp + gre + war + bar >=0.5)&&(imp >=0.1)&&(cro /(1 - imp -
gre - war - bar) >=0.6);
    c04 = (imp >=0.25)&&(cro /(1 - imp) >=0.6);
    c05 = (imp >=0.10)&&(cro /(1 - imp) >=0.6);
    c06 = (cro >=0.8);
    c07 = (cro >=0.6);
    c08 = (cro >=0.4);
    c09 = (GetShare(tmp,20,bb) >=0.4);
    c10 = (GetShare(tmp,30,bb) >=0.4);
    c11 = (GetShare(tmp,40,bb) >=0.4);
    c12 = (GetShare(tmp,50,bb) >=0.4);
    c13 = (war >=0.4);
    c14 = (bar >=0.4);
    c15 = (gre >=0.4);

    % 逐次根据各个条件判断
    if bk(r,c) == bb% 如果该数值在 bk 中是背景值
        re(r,c) = bc; % 该数值在 re 中也应是背景值

    elseif c01
```

续表

```
            re(r,c) = 110;
            ExportWindow(re(r,c),r,c,tmp); % 输出此刻的滑动窗口

        elseif c02
            re(r,c) = 120;
            ExportWindow(re(r,c),r,c,tmp); % 输出此刻的滑动窗口

        elseif c03
            re(r,c) = 130;
            ExportWindow(re(r,c),r,c,tmp); % 输出此刻的滑动窗口

        elseif c04
            re(r,c) = 210;
            ExportWindow(re(r,c),r,c,tmp); % 输出此刻的滑动窗口

        elseif c05
            re(r,c) = 220;
            ExportWindow(re(r,c),r,c,tmp); % 输出此刻的滑动窗口

        elseif c06
            re(r,c) = 310;
            ExportWindow(re(r,c),r,c,tmp); % 输出此刻的滑动窗口

        elseif c07
            re(r,c) = 320;
            ExportWindow(re(r,c),r,c,tmp); % 输出此刻的滑动窗口

        elseif c08
            re(r,c) = 330;
            ExportWindow(re(r,c),r,c,tmp); % 输出此刻的滑动窗口

        elseif c09
            re(r,c) = 410;
            ExportWindow(re(r,c),r,c,tmp); % 输出此刻的滑动窗口

        elseif c10
            re(r,c) = 420;
            ExportWindow(re(r,c),r,c,tmp); % 输出此刻的滑动窗口

        elseif c11
            re(r,c) = 430;
            ExportWindow(re(r,c),r,c,tmp); % 输出此刻的滑动窗口

```

续表

```
            elseif c12
                re(r,c) =440;
                ExportWindow(re(r,c),r,c,tmp); % 输出此刻的滑动窗口

            elseif c13
                re(r,c) =450;
                ExportWindow(re(r,c),r,c,tmp); % 输出此刻的滑动窗口

            elseif c14
                re(r,c) =510;
                ExportWindow(re(r,c),r,c,tmp); % 输出此刻的滑动窗口

            elseif c15
                re(r,c) =460;
                ExportWindow(re(r,c),r,c,tmp); % 输出此刻的滑动窗口

            else
                re(r,c) =520;
                ExportWindow(re(r,c),r,c,tmp); % 输出此刻的滑动窗口

            end

        end
end

dlmwrite('re. txt',re,'delimiter','\t'); % 输出计算结果
Get_Hist_Txt(re); % 输出直方图的统计
```

表 5-17　　用于土地系统分类的代码“GetShare. m”

```
function share = GetShare(grid,target,background)
% 计算矩阵 grid 中数值 target 的占比(除去背景值 background)

num = sum(grid(:) == target);% 目标值的个数
num_b = sum(grid(:) == background);% 背景值的个数

[r,c] = size(grid);% 查询数据的尺寸
s = r * c;% 计算数据的尺寸
share = num /(s - num_b);% 计算占比

end
```

表 5-18　　用于土地系统分类的代码 "ExportWindow. m"

```
function ExportWindow(d,r,c,tmp)
% 将当前的滑动窗口的内容输出
% d 是个数值,将转换为输出文件夹的名称
% r,c 行号和列号,将用于计算文件名
% 滑动窗口

floder = int2str(d);

% 如果目录不存在,那么则创建
if exist(floder,'dir') ==0
    mkdir(floder);
end

% 输出文本文件
f_name_txt = strcat(floder,'/',int2str(r),'_',int2str(c),'.txt');
dlmwrite(f_name_txt,tmp);

% 输出图像
f_name_jpg = strcat(floder,'/',int2str(r),'_',int2str(c),'.jpg');
rgb = ToRGB(tmp); % 转换为对应的 RGB 矩阵
rgb = uint8(rgb);% 类型转换
imwrite(rgb,f_name_jpg);

end
```

表 5-19　　用于土地系统分类的代码 "Get_Hist_Txt. m"

```
function Get_Hist_Txt(matrix)
% 分析矩阵 matrix 中不同元素的个数并输出

x = unique(matrix);% 统计矩阵 i 中的不同元素(输出结果自动从小到大排列)
count = [ ];% 先创建空矩阵

for k = 1:numel(x)% 遍历(numel 的作用是统计元素个数)
    count = [count; sum(matrix(:) == x(k,:))];% 其中的 sum(matrix(:) == x(k,:))
是在统计矩阵 matrix 中等于 x(k,:)的元素个数
end

x = double(x);% 将矩阵 x 的格式转换为 double 型,默认是 uint8,如果不转换,那么下面
合并后的 y 也将是 uint8
y = [x,count];% 将结果合并,合并后的第 1 列是元素值,第 2 列是该元素值在矩阵中出
现的次数
```

续表

```
dlmwrite('re_hist. txt',y,'delimiter','\t','precision',100)% 输出为 txt 文件,使用制表位作为间隔,有效数字设置为 100。经实验,输出的 txt 用 Windows 记事本看不出格式,用 Notepad++ 可以看出正确的格式;如果不设置有效数字,输出结果有可能是科学计数法格式

end
```

表 5-20　用于土地系统分类的代码“ToRGB. m”

```
function rgb = ToRGB(grid)
% 将数值矩阵 grid 转换成三维的矩阵

[i,j] = size(grid);% 输入数据的行列数
rgb = zeros(i,j,3);% 初始化结果

for r = 1:i
    for c = 1:j
        rgb(r,c,1) = SelectColor(grid(r,c),'r'); % 设置 R 的颜色
        rgb(r,c,2) = SelectColor(grid(r,c),'g'); % 设置 G 的颜色
        rgb(r,c,3) = SelectColor(grid(r,c),'b'); % 设置 B 的颜色
    end
end

end
```

表 5-21　用于土地系统分类的代码“SelectColor. m”

```
function v = SelectColor(n,band)
% 根据输入数值 n 返回提前设定的 R,G,B 数值
% n 是 1 个数字,表示土地利用类型的编号

switch n
    case 10
        switch band
            case 'r'
                v = 255;
            case 'g'
                v = 255;
            case 'b'
                v = 115;
        end

```

续表

```
    case 20
        switch band
            case 'r'
                v = 115;
            case 'g'
                v = 178;
            case 'b'
                v = 115;
        end

    case 30
        switch band
            case 'r'
                v = 211;
            case 'g'
                v = 255;
            case 'b'
                v = 190;
        end

    case 40
        switch band
            case 'r'
                v = 171;
            case 'g'
                v = 205;
            case 'b'
                v = 102;
        end

    case 50
        switch band
            case 'r'
                v = 190;
            case 'g'
                v = 210;
            case 'b'
                v = 255;
        end

    case 60
        switch band
            case 'r'
```

续表

```
                    v = 151;
                case 'g'
                    v = 219;
                case 'b'
                    v = 242;
            end

        case 80
            switch band
                case 'r'
                    v = 214;
                case 'g'
                    v = 133;
                case 'b'
                    v = 137;
            end

        case 90
            switch band
                case 'r'
                    v = 225;
                case 'g'
                    v = 225;
                case 'b'
                    v = 225;
            end
        otherwise
            v = 255;
    end

end
```

上述代码执行完毕后，我们将得到的文本文件“re. txt”重命名为“Land_Sys. txt”，该文件中的土地系统类型及其个数和占比如表 5 – 22 所示（来自结果文件“re_hist. txt”）。

表 5 – 22　　分类结果中的土地系统类型及其个数和占比

序号	编码	类型	像素个数	占比
0	110	紧凑城区	2742	1.65%
1	120	稀疏城区	2683	1.62%

续表

序号	编码	类型	像素个数	占比
2	130	城市郊区	5067	3.05%
3	210	紧凑乡镇	5235	3.15%
4	220	稀疏乡镇	20203	12.17%
5	310	高利用率耕地	82117	49.48%
6	320	中利用率耕地	8551	5.15%
7	330	低利用率耕地	6527	3.93%
8	410	林地	30288	18.25%
9	420	草地	752	0.45%
10	450	水域	1213	0.73%
11	460	绿地	437	0.26%
12	510	荒地	23	0.01%
13	520	其他	137	0.08%
14	-9999	背景值	152961	—

5.1.9.3 显示土地系统类型图

文件“Land_Sys. txt”无须在 ArcGIS 中显示，在后续操作中可直接使用。不过，本节将依然提供相应的方法，以满足在 ArcGIS 中可视化的需求。由于文件“Land_Sys. txt”是普通文本文件，在内容中不存在头文件信息。因此，在导入 ArcGIS 显示之前，我们首先制作一份头文件信息，然后为文件“Land_Sys. txt”添加头文件信息。

为了制作正确无误的头文件信息，我们采用这样的方法：在 ArcGIS 中，将此前制作的 1km 河南省土地覆被类型图“Henan1k. tif”输出为文本文件。打开工具【ArcToolbox】|【Conversion Tools】|【From Raster】|【Raster to ASCII】，如图 5-100 所示。

在【Raster to ASCII】窗口中，将文件“Henan1k. tif”作为输入栅格 (Input raster)，将输出文件的名称修改为“Henan1k. txt”，如图 5-101 所示。

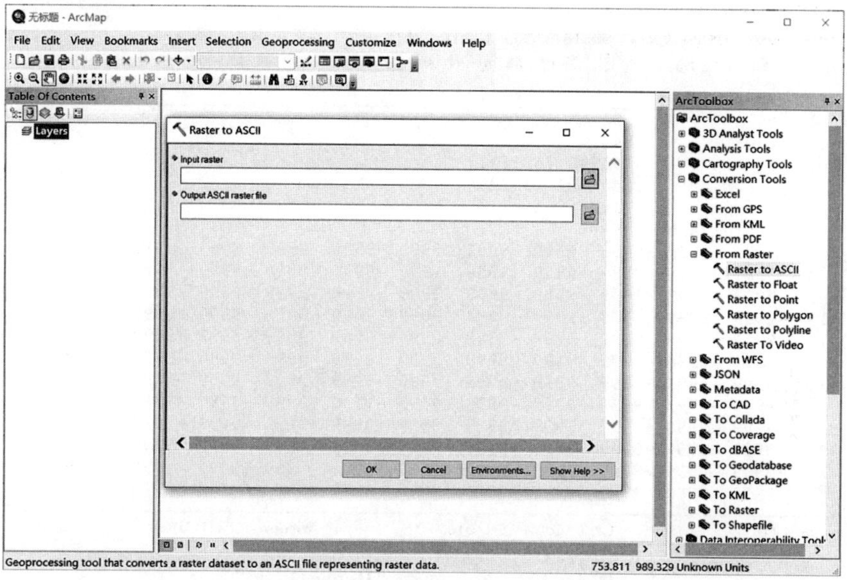

图 5 - 100 在 ArcGIS 中打开【Raster to ASCII】工具

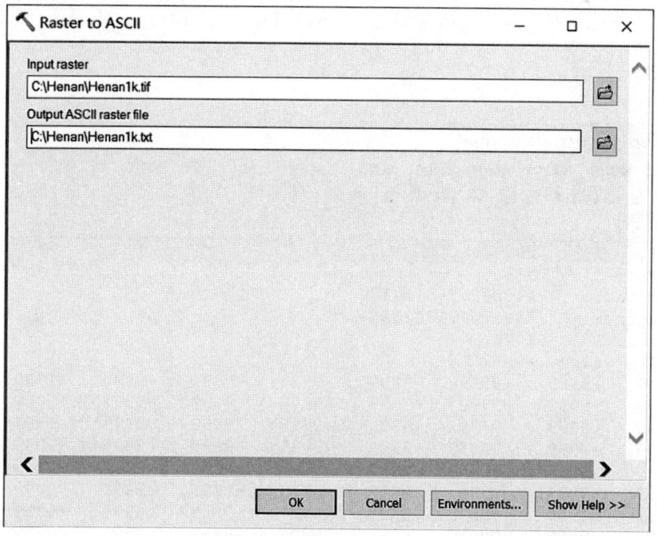

图 5 - 101 工具【Raster to ASCII】中的参数设置

生成的文本文件“Henan1k. txt”如图 5 - 94 所示。

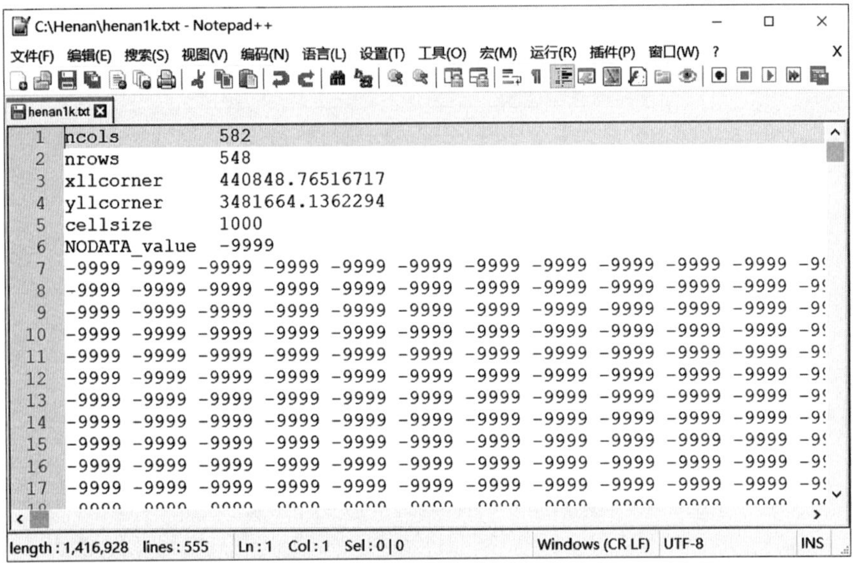

图 5 - 102　文本文件 "Henan1k. txt"

文件 "Henan1k. txt" 的前 6 行即为正确头文件信息，将其复制粘贴到文件 "Land_Sys. txt" 中。将 "Land_Sys. txt" 另存为 "Land_Sys_H. txt"，如图 5 - 103 所示。

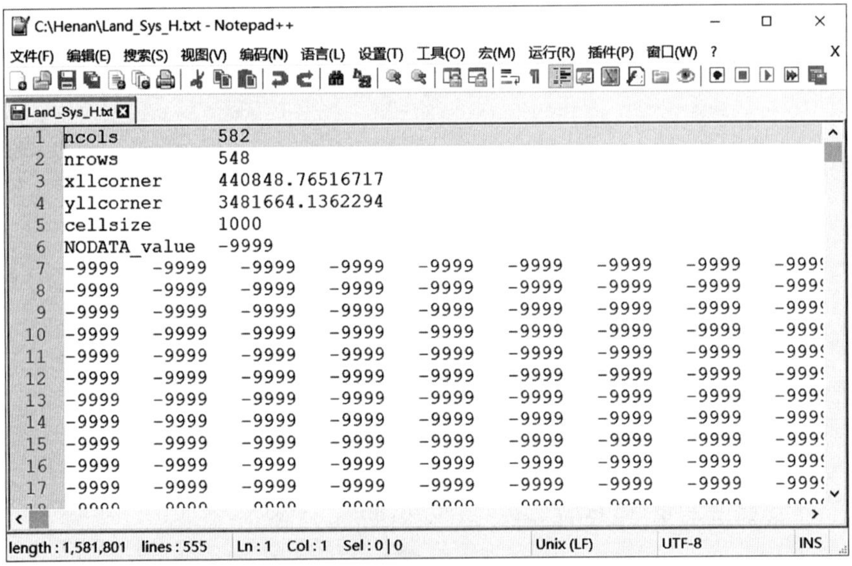

图 5 - 103　带有头文件信息的 "Land_Sys_H. txt"

打开 ArcGIS，将文件“Land_Sys_H. txt”直接拖入显示区即可打开，如图 5 - 104 所示。用户可借鉴前文中介绍的方法，对显示结果设置投影坐标系、图例、颜色等。

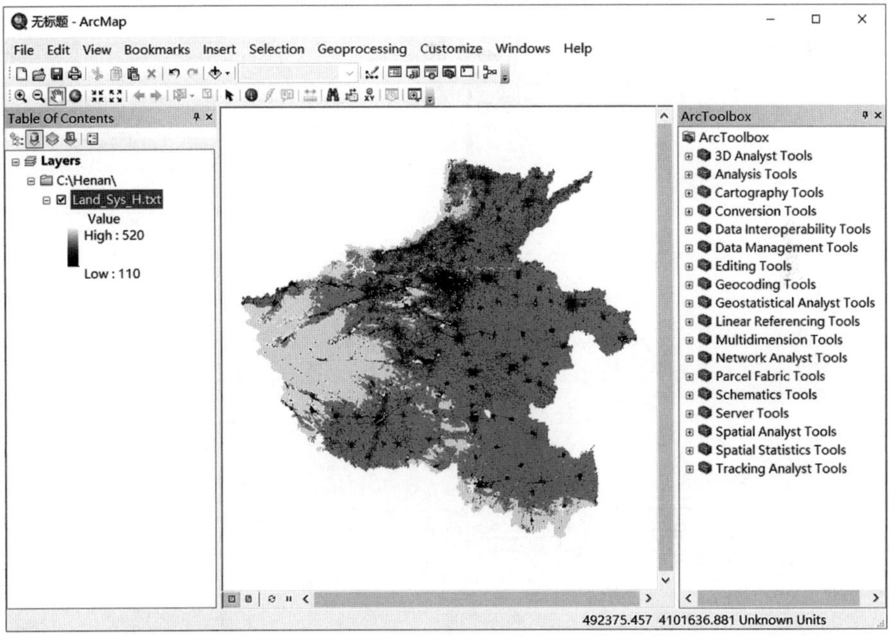

图 5 - 104 文件“Land_Sys_H. txt”在 ArcGIS 中的显示结果

5.2 制备驱动因子

综合考虑社会经济（socio - economic）和生物物理（biophysical）。本节中所制作的驱动因子共有 8 类 27 种，总结如表 5 - 23 所示。

表 5 - 23 驱动因子一览

类别	序号	驱动因子名称	结果文件名
社会经济	1	GDP 数据	gdp2015ha. tif
	2	夜间灯光数据	Light_HA. tif
	3	人口分布	Pop_HA_1k. tif

续表

类别	序号	驱动因子名称	结果文件名
可达性	4	城市可达性	access2015ha. tif
	5	河流可达性	Dis_River. tif
	6	湖泊可达性	Dis_Lake. tif
	7	铁路可达性	Dis_Rail. tif
	8	公路可达性	Dis_Road. tif
土壤性状	9	土壤容重	soil2016bd. tif
	10	土壤阳离子交换量	soil2016ce. tif
	11	土壤粘粒含量	soil2016cc. tif
	12	土壤粗碎片含量	soil2016cf. tif
	13	土壤有效含水量	soil2016da. tif
	14	土壤有机碳密度	soil2016oc. tif
	15	土壤酸碱度	soil2016ph. tif
	16	土壤含沙量	soil2016sc. tif
	17	土壤粉粒含量	soil2016si. tif
	18	土壤质地	soil2016tc. tif
植被	19	NDVI 数据	ndvi2018ha. tif
农业	20	农田生产潜力	pcrop2010ha. tif
气温	21	2 月平均气温	tmp2017w. tif
	22	8 月平均气温	tmp2017s. tif
降水	23	5 月平均降水量	pre2017s. tif
	24	9 月平均降水量	pre2017a. tif
地形	25	高程	DEM_HA. tif
	26	坡度	Slope_HA. tif
	27	坡向	Aspect_HA. tif

5.2.1 GDP 经济数据

从中国科学院地理科学与资源研究所资源环境科学数据中心下载最新的 GDP 经济数据——中国 GDP 空间分布公里网格 2015（http：//www.resdc.cn/DOI/doi.aspx？DOIid = 33），如图 5 - 105 所示。该数据的空间分辨为 1km。

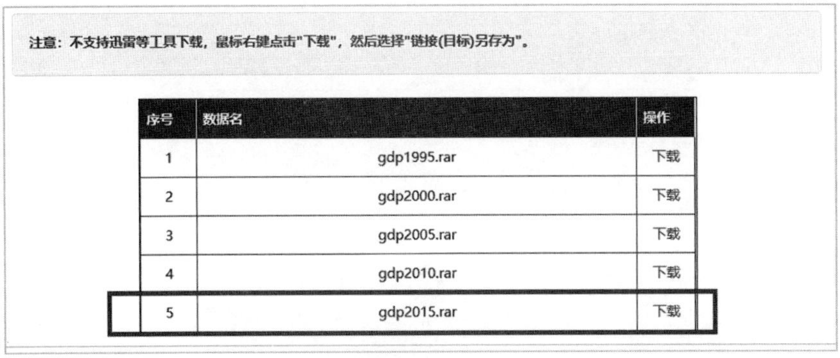

注意：不支持迅雷等工具下载，鼠标右键点击"下载"，然后选择"链接(目标)另存为"。

序号	数据名	操作
1	gdp1995.rar	下载
2	gdp2000.rar	下载
3	gdp2005.rar	下载
4	gdp2010.rar	下载
5	gdp2015.rar	下载

图 5－105　下载文件“gdp2015. rar”

下载后解压缩，把解压缩得到的文件和文件夹全部同时拖入 ArcGIS 中进行显示，结果如图 5－106 所示。接下来，我们将定义投影、裁剪范围和输出结果。

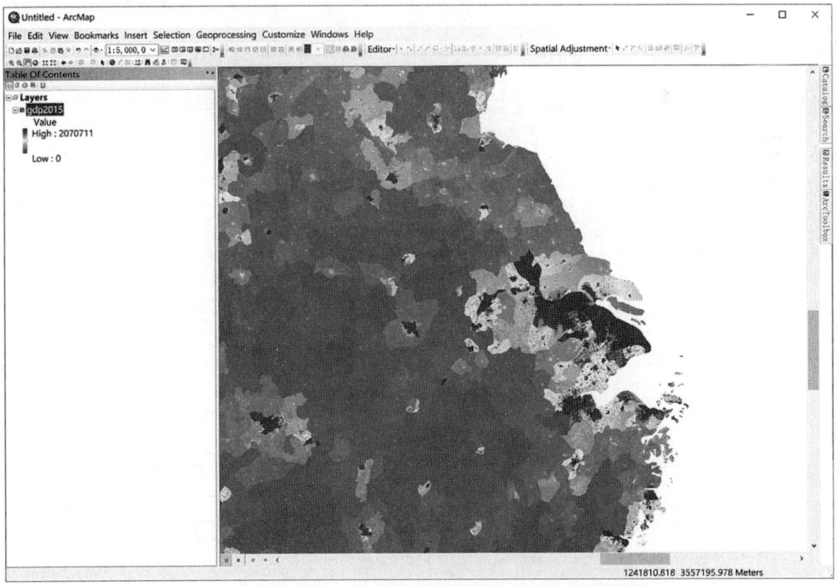

图 5－106　在 ArcGIS 中显示解压缩后的“gdp2015. rar”

在 ArcGIS 中，打开工具【ArcToolbox】|【Data Management Tools】|【Projections and Transformations】|【Define Projection】，将图层“gdp2015”作为输入图层（Input Dataset），将坐标系统（Coordinate System）设置为“New_Beijing_Gauss_Kruger_CM_111E”，如图 5－107 所示。

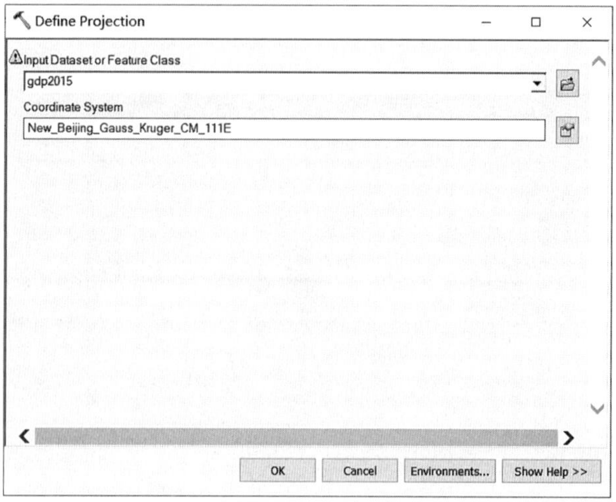

图 5－107 【Define Projection】工具的参数设置

加载此前制作的河南省行政边界数据文件“HA_Counties_Pro. shp”。打开 ArcToolbox 中的“按掩膜提取”工具，具体路径：【ArcToolbox】|【Spatial Analyst Tools】|【Extraction】|【Extract by Mask】，设置输入栅格（Input raster）为图层“gdp2015”，设置掩膜（Input raster or feature mask data）为图层“HA_Counties_Pro”，设置输出栅格（Output raster）为“gdp2015ha. tif”，如图 5－108 所示。

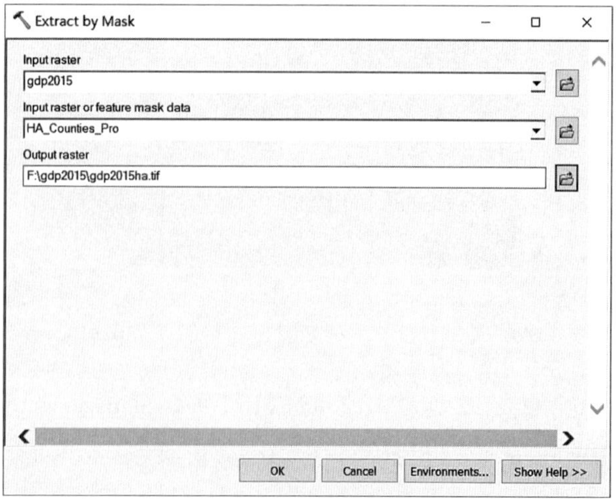

图 5－108 按掩膜提取 GDP 数据

按掩膜提取后河南省 GDP 数据如图 5－109 所示。

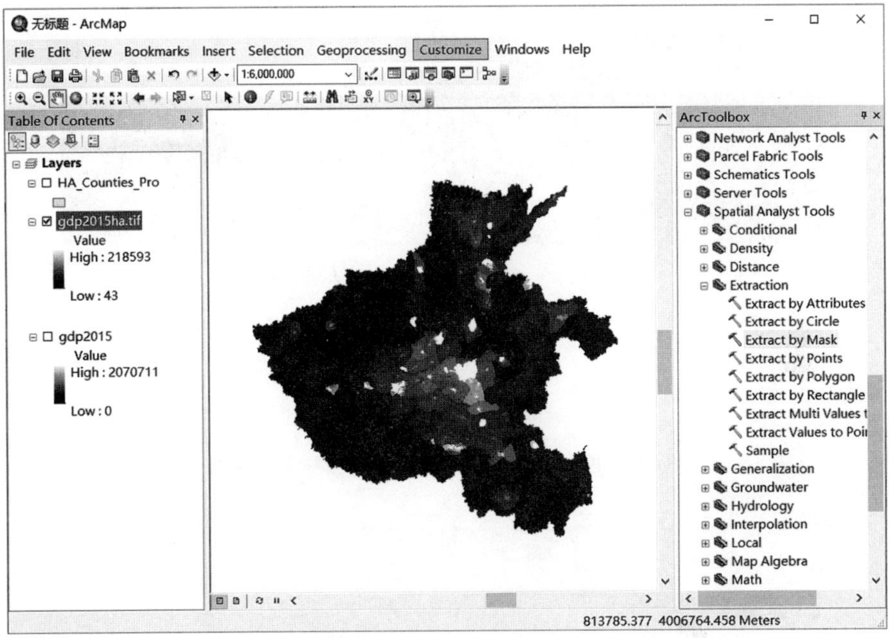

图 5－109　按掩膜提取后河南省 GDP 数据："gdp2015ha. tif"

5. 2. 2　城市可达性数据

本节中，我们将下载公开数据集 Accessibility to Cities 2015（Weiss et al.，2018），该数据集发表于 2018 年的著名期刊 Nature。数据空间分辨率为 1km。官方网站如图 5－110 所示，具体网址 https：//malariaatlas. org/research－project/accessibility_to_cities/

Accessibility to Cities 2015 数据的基础数据为 Open Street Map 和 Google roads database 中的"距离道路的距离"数据（distance－to－roads data）。其数值内容为全球各地到最近的城市中心的通行时间。数据下载链接如图 5－111 所示，具体网址如下：https：//malariaatlas. org/geoserver/ows? service＝CSW&version＝2. 0. 1&request＝DirectDownload&ResourceId＝Explorer：2015_accessibility_to_cities_v1. 0。

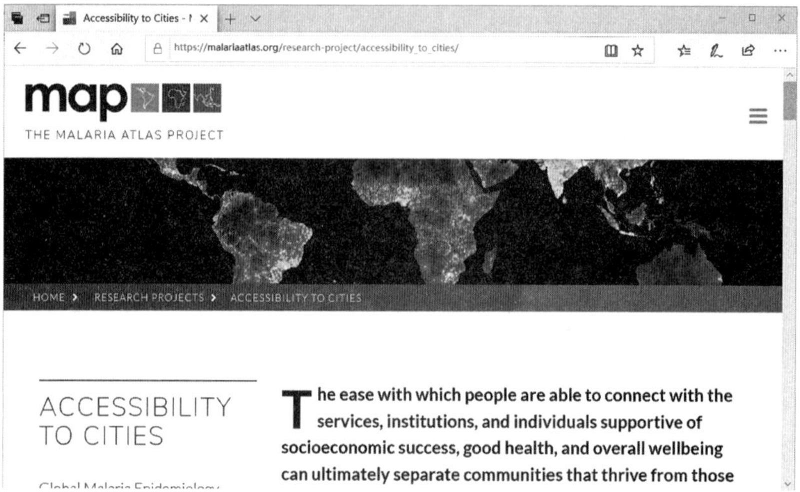

图 5－110　Accessibility to Cities 2015 数据网站

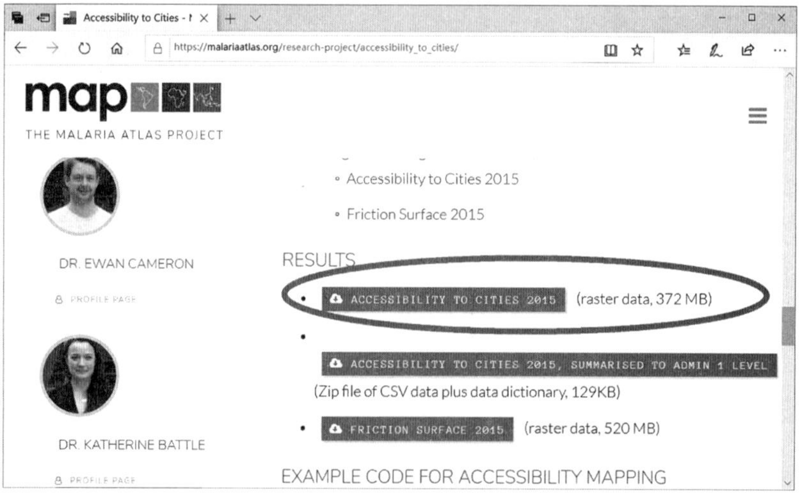

图 5－111　Accessibility to Cities 2015 数据的下载地址

数据下载后，解压缩，将其中的文件“2015_accessibility_to_cities_v1. 0. tif”拖入 ArcGIS 中显示，如图 5－112 所示。

接下来，我们对数据文件“2015_accessibility_to_cities_v1. 0. tif”进行定义投影、裁剪范围和输出结果三大步骤。首先，在 ArcGIS 中的左侧栏在【Table of Contents】中选中【Layers】，然后点击鼠标右键并选择【Properties】，打开【Data Frame Properties】对话框。在【Data Frame Properties】

对话框的【Coordinate System】选项卡中，将坐标系修改为“New_Beijing_Gauss_Kruger_CM_111E”，如图 5 - 113 所示。

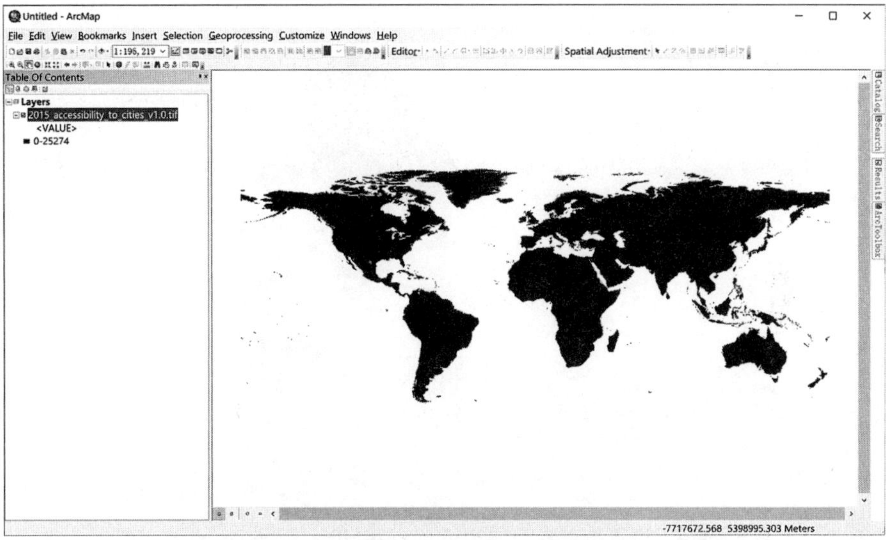

图 5 - 112　在 ArcGIS 中显示文件“2015_accessibility_to_cities_v1. 0. tif”

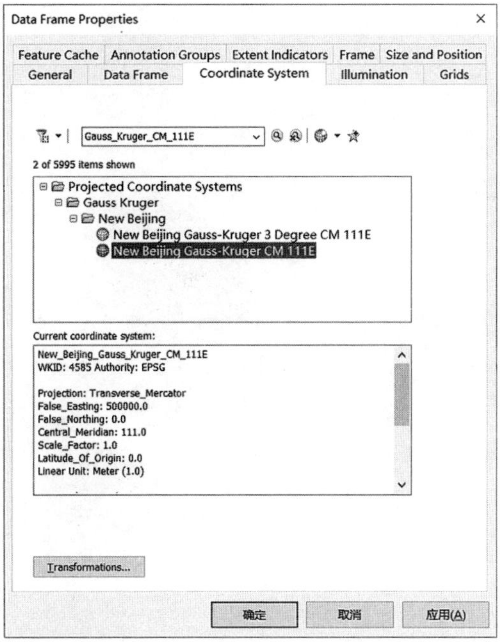

图 5 - 113　选择投影坐标系“New_Beijing_Gauss_Kruger_CM_111E”

投影操作完成后，显示结果如图 5 - 114 所示。

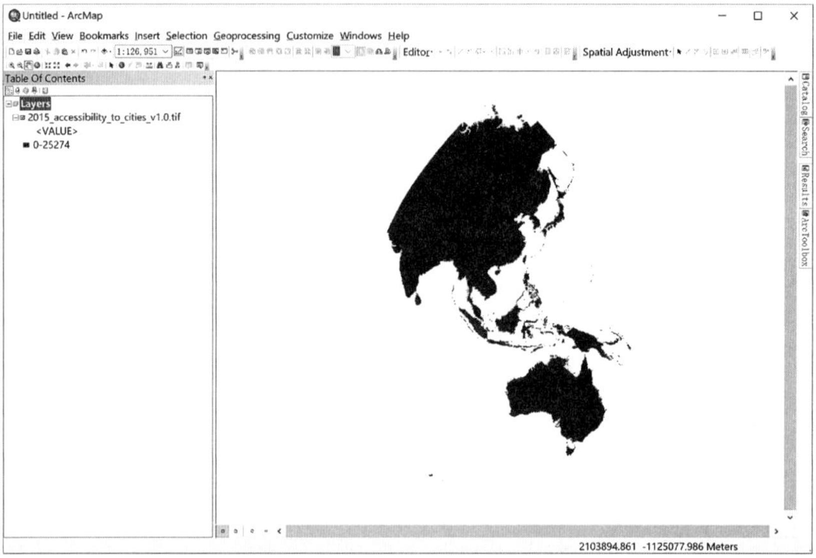

图 5 - 114　设置投影后的“2015_accessibility_to_cities_v1. 0. tif”

然后使用图层的【Data】|【Export Data】选项（图 5 - 115），将结果输出。

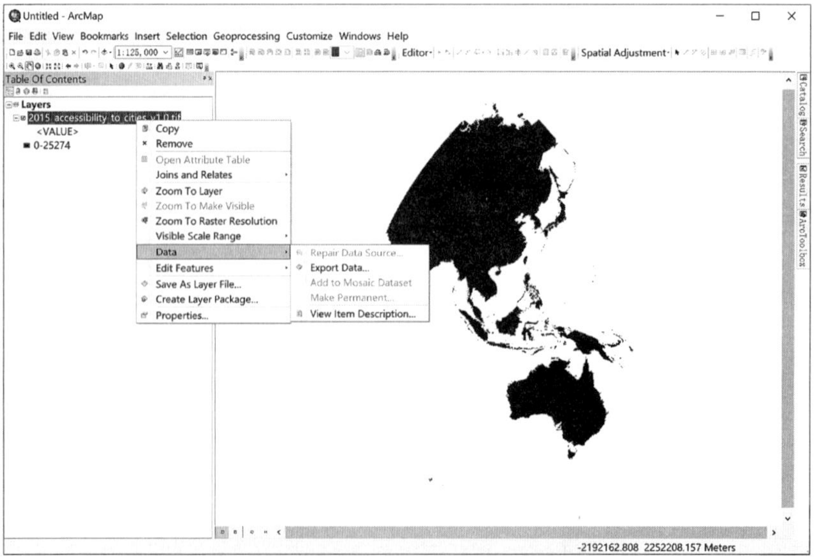

图 5 - 115　图层的【Data】|【Export Data】选项

输出时，将空间参考（Spatial Reference）修改为“Data Frame（Current）”，将细胞大小（Cell Size）修改为“1000”，如图 5－116 所示。

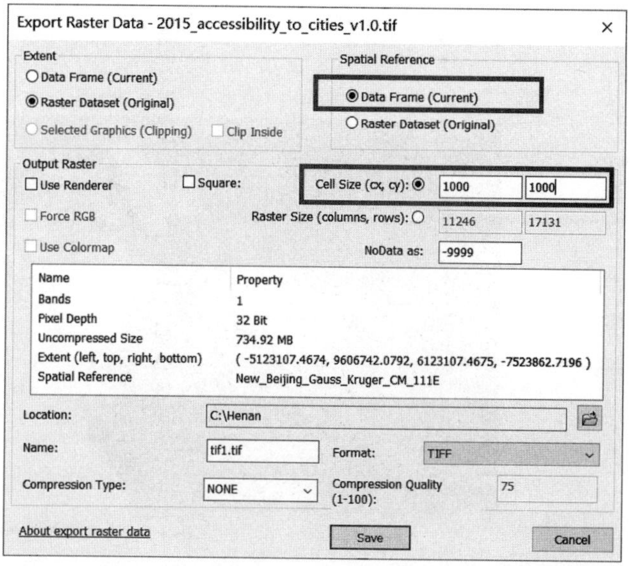

图 5－116 【Export Raster Data】对话框中的输出参数

输出结果为文件“tif1. tif”，加载到 ArcGIS 中，如图 5－117 所示。

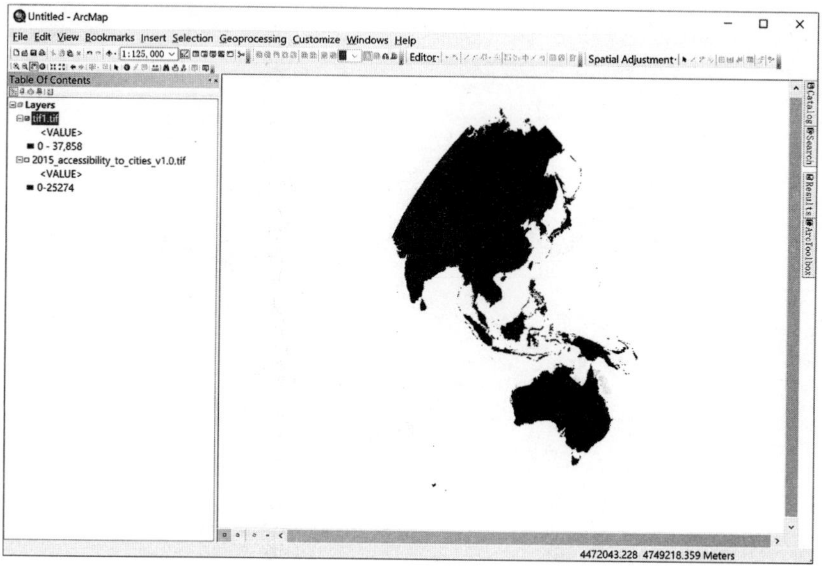

图 5－117 【Export Raster Data】对话框中的输出结果

加载此前制作的河南省行政边界数据文件“HA_Counties_Pro. shp”，可以看到，该文件和数据“tif1. tif”在空间上是重叠的，符合期望，如图 5-118 所示。

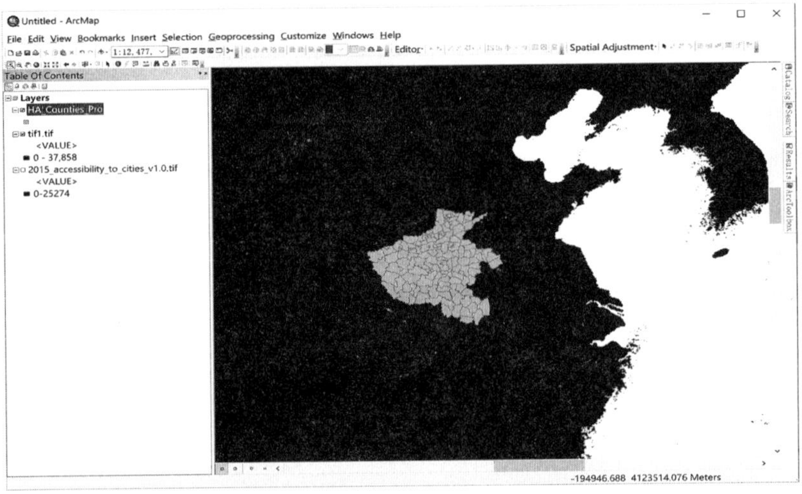

图 5-118　河南省行政边界数据文件“HA_Counties_Pro. shp”

使用文件“HA_Counties_Pro. shp”，借助 ArcGIS 工具【ArcToolbox】|【Spatial Analyst Tools】|【Extraction】|【Extract by Mask】，对文件“tif1. tif”进行裁剪，如图 5-119 所示。

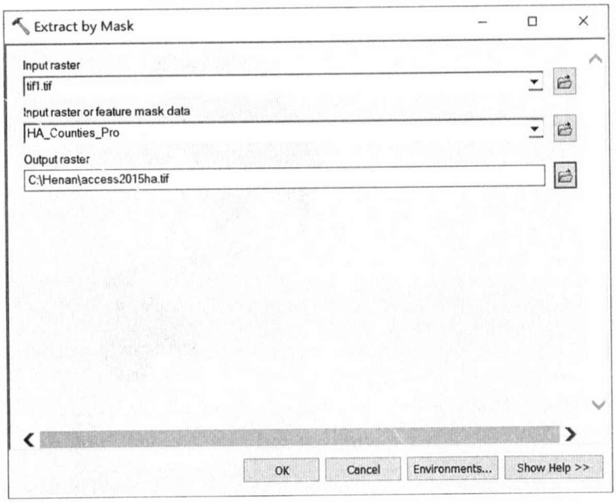

图 5-119　【Extract by Mask】工具的参数设置

裁剪完成后得到结果文件“access2015ha. tif”，结果如图 5-120 所示。

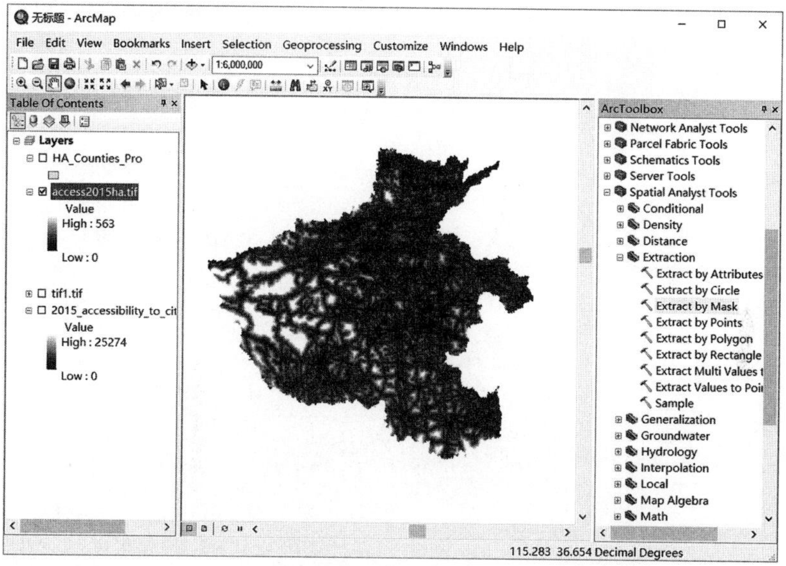

图 5-120 裁剪后的数据文件“access2015ha. tif”

5.2.3 土壤性状数据

本实践中采用的土壤性状（soil properties）数据均来自文献（Hengl et al., 2017）。该文献中发表了名为“SoilGrids250m”的数据集，其空间分辨率为 250 米，数据时间为 2016 年。“SoilGrids250m”数据集可从国际土壤参考资料中心（International Soil Reference and Information Centre）的数据页面（https://data. isric. org/）中检索并下载。

本节中，我们从国际土壤参考资料中心的数据页面中共下载了 10 种土壤性状数据，如表 5-24 所示。所有数据均为深度为 5 厘米处的土壤性状信息。

这些土壤性状数据均具有特定的含义，感兴趣的读者可参考专业资料。例如土壤 pH 值是土壤酸碱性（简称土壤酸度）的重要衡量指标。根据浸提剂的不同，土壤 pH 值的测定方法通常分为两种：氯化钾（KCl）、水（H_2O）。土壤容重（soil bulk density）是指自然状态下的单位体积原状土壤中含有的干土质量，用于表达原状土壤的松紧度及空隙状况。一般而言，土壤有机质的含量越高，容重越小。

表 5－24　采用“SoilGrids250m”的数据集中的 10 种土壤性状数据

序号	土壤性状	英文名	下载链接*
1	容重	Bulk density	https：//files. isric. org/soilgrids/data/recent/ **BLDFIE_M_sl2_250m_ll. tif**
2	阳离子交换量	Cation exchange capacity	https：//files. isric. org/soilgrids/data/recent/ **CECSOL_M_sl2_250m_ll. tif**
3	粘粒含量	Clay content	https：//files. isric. org/soilgrids/data/recent/ **CLYPPT_M_sl2_250m_ll. tif**
4	粗碎片含量	Coarse fragments volumetric	https：//files. isric. org/soilgrids/data/recent/ **CRFVOL_M_sl2_250m_ll. tif**
5	有效含水量	Derived available soil water capacity	https：//files. isric. org/soilgrids/data/recent/ **AWCh2_M_sl2_250m_ll. tif**
6	有机碳密度	Organic carbon density	https：//files. isric. org/soilgrids/data/recent/ **OCDENS_M_sl2_250m_ll. tif**
7	酸碱度	pH in H_2O	https：//files. isric. org/soilgrids/data/recent/ **PHIHOX_M_sl2_250m_ll. tif**
8	含沙量	Sand content	https：//files. isric. org/soilgrids/data/recent/ **SNDPPT_M_sl2_250m_ll. tif**
9	粉粒含量	Silt content	https：//files. isric. org/soilgrids/data/recent/ **SLTPPT_M_sl2_250m_ll. tif**
10	质地	Texture class	https：//files. isric. org/soilgrids/data/recent/ **TEXMHT_M_sl2_250m_ll. tif**

* 注：加粗显示的为数据文件名称（均为 tif 格式）。

下载完成后，我们共得到 10 个 tif 格式的数据文件，文件名与表 5－24 所示一致。接下来，我们以阳离子交换量数据文件“CECSOL_M_sl2_250m_ll. tif”为例，演示通过数据处理得到驱动因子文件的全过程。

接下来，我们对数据文件“CECSOL_M_sl2_250m_ll. tif”进行定义投影、裁剪范围和输出结果三大步骤。首先，在 ArcGIS 中的左侧栏在【Table of Contents】中选中【Layers】，然后点击鼠标右键并选择【Properties】，打开【Data Frame Properties】对话框。在【Data Frame Properties】对话框的【Coordinate System】选项卡中，将坐标系修改为“New_Beijing_Gauss_Kruger_CM_111E”。

使用图层的【Data】|【Export Data】选项，将结果输出。输出时将空间参考（Spatial Reference）修改为“Data Frame（Current）”，将像元大小

（Cell Size）修改为“1000”，将背景值（NoData as）修改为“-9999”，如图 5-121 所示。

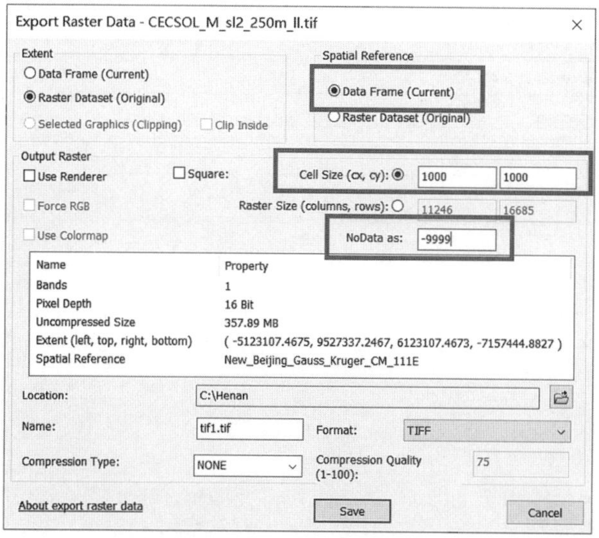

图 5-121 输出数据时的参数设置

输出完成后，得到文件“tif1. tif”。加载此前制作的河南省行政边界数据文件“HA_Counties_Pro. shp”（图 5-122）。

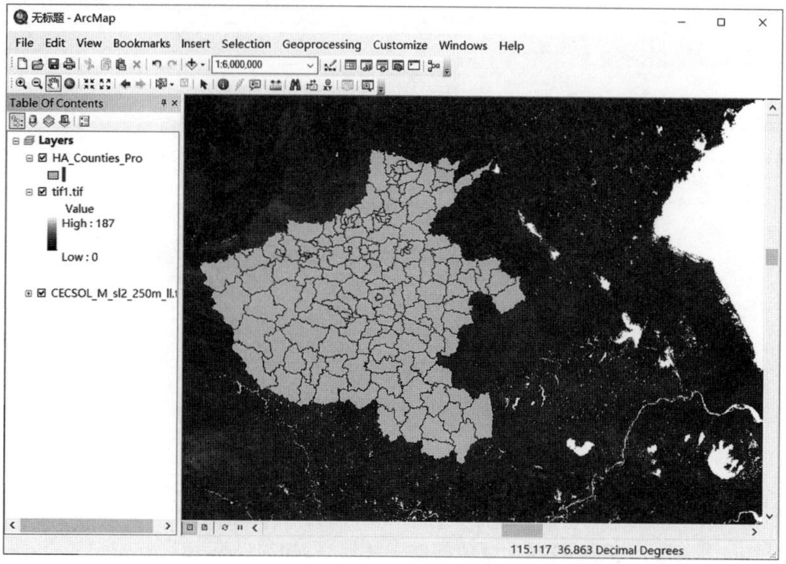

图 5-122 河南省行政边界数据文件“HA_Counties_Pro. shp”

使用 ArcGIS 工具【ArcToolbox】|【Spatial Analyst Tools】|【Extraction】|【Extract by Mask】，以“HA_Counties_Pro. shp”为掩膜，对文件“tif1. tif”进行裁剪，将输出结果文件命名为“soil2016ce. tif”（图 5 - 123）。

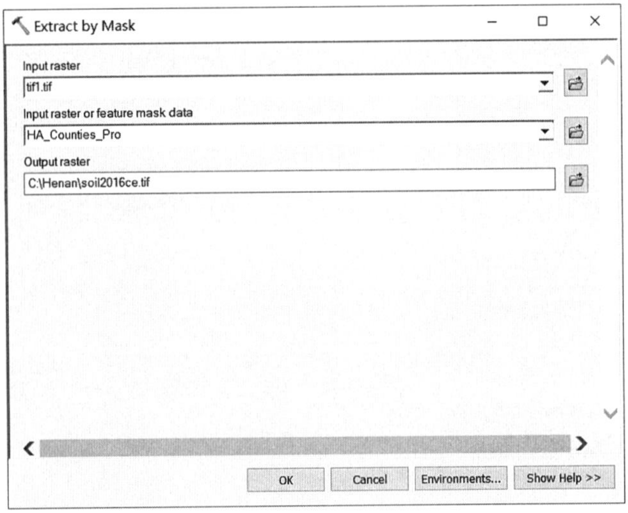

图 5 - 123 【Extract by Mask】工具的参数设置

裁剪结果即为驱动因子文件（soil2016ce. tif），如图 5 - 124 所示。

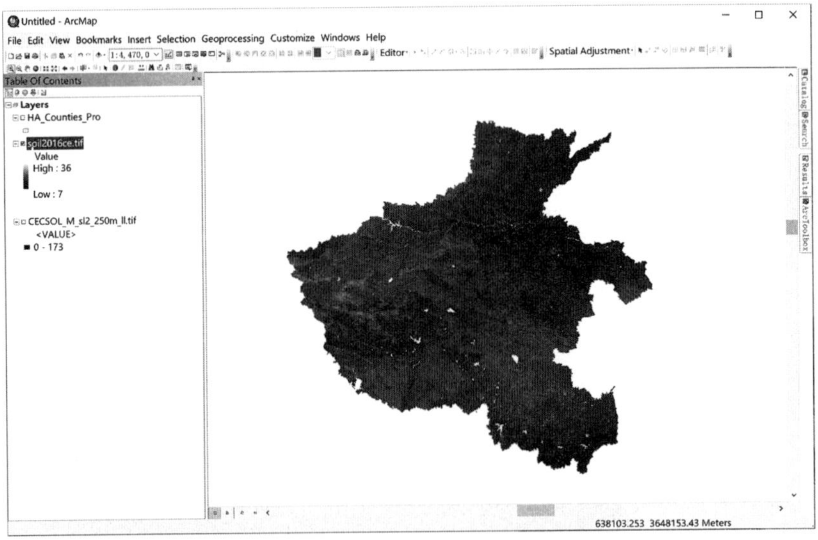

图 5 - 124 裁剪结果：文件“soil2016ce. tif”

针对其余 9 个土壤性状数据文件，重复上述操作过程。本节操作完成后，共得到 10 个驱动因子文件，文件名及其与土壤性状的对应关系如表 5 - 25 所示。

表 5 - 25　　各土壤性状对应的驱动因子的文件

序号	土壤性状	英文名	驱动因子文件
1	容重	Bulk density	soil2016bd. tif
2	阳离子交换量	Cation exchange capacity	soil2016ce. tif
3	粘粒含量	Clay content	soil2016cc. tif
4	粗碎片含量	Coarse fragments volumetric	soil2016cf. tif
5	有效含水量	Derived available soil water capacity	soil2016da. tif
6	有机碳密度	Organic carbon density	soil2016oc. tif
7	酸碱度	pH in H_2O	soil2016ph. tif
8	含沙量	Sand content	soil2016sc. tif
9	粉粒含量	Silt content	soil2016si. tif
10	质地	Texture class	soil2016tc. tif

5.2.4 植被指数数据

从中国科学院地理科学与资源研究所资源环境科学数据中心网站（http://www. re sdc. cn/）下载 2018 年的“中国年度植被指数（NDVI）空间分布数据集”，如图 5 - 125、图 5 - 126 所示，具体网址：http：//www. resdc. cn/DOI/DOI. aspx？DOIid = 49。

图 5 - 125　下载植被指数数据（截图 1）

16	2013.rar	下载
17	2014.rar	下载
18	2015.rar	下载
19	2016.rar	下载
20	2017.rar	下载
21	2018.rar	下载

图 5－126　下载植被指数数据（截图 2）

下载后解压缩，把解压缩得到的文件和文件夹全部同时拖入 ArcGIS 中进行显示。在 ArcGIS 中的左侧栏在【Table of Contents】中选中【Layers】，然后点击鼠标右键并选择【Properties】，打开【Data Frame Properties】对话框。在该对话框的【Coordinate System】选项卡中，将坐标系修改为“New_Beijing_Gauss_Kruger_CM_111E”。

然后使用当前图层的【Data】|【Export Data】选项，将结果输出。输出时的参数设置如图 5－127 所示，输出后得到文件“ndvi2018a1. tif”。

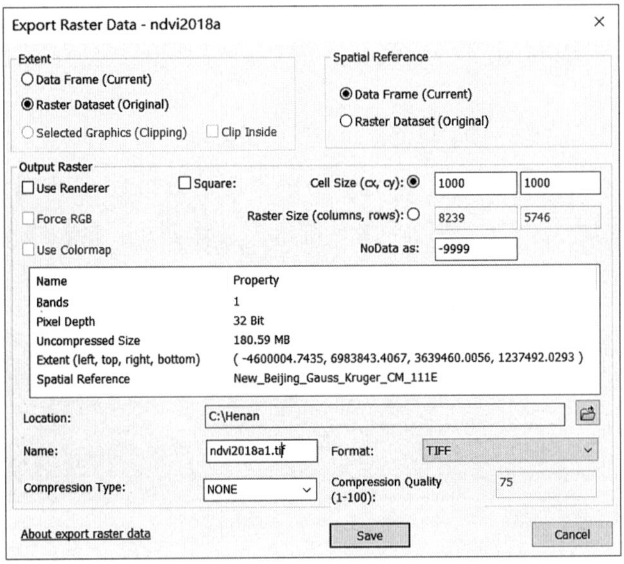

图 5－127　【Export Raster Data】对话框中的输出参数

加载此前制作的河南省行政边界数据文件“HA_Counties_Pro. shp”，然后打开 ArcGIS 工具【ArcToolbox】|【Spatial Analyst Tools】|【Extraction】|

【Extract by Mask】。以文件“HA_Counties_Pro. shp”作为掩膜，对文件“ndvi2018a1. tif”进行裁剪，如图 5－128 所示。裁剪结果为“ndvi2018ha. tif”，如图 5－129 所示。

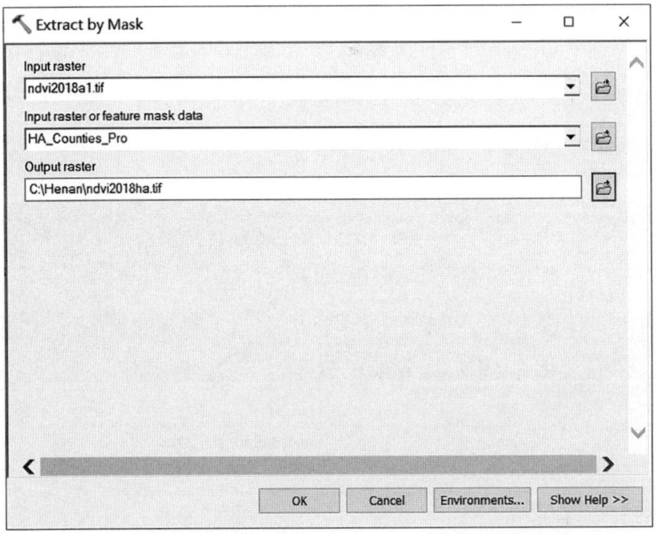

图 5－128 【Extract by Mask】工具的参数设置

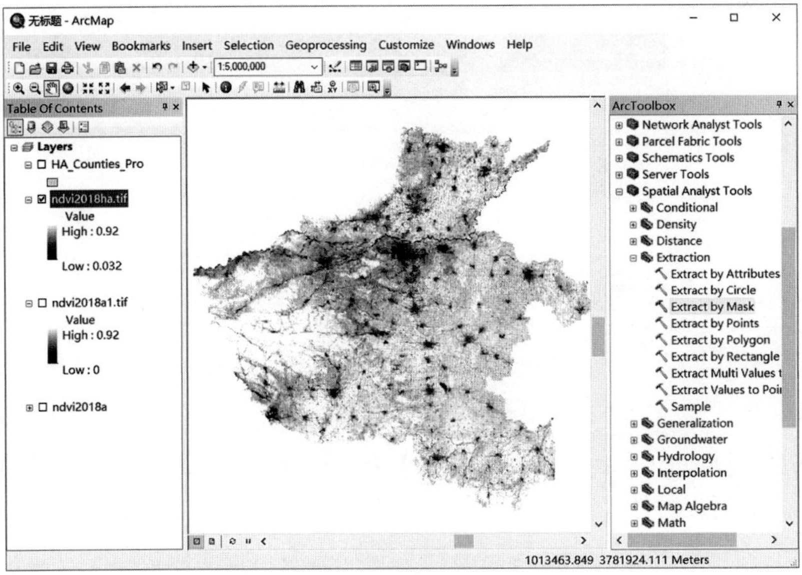

图 5－129 裁剪后的数据文件“ndvi2018ha. tif”

5.2.5 农田生产潜力

从中国科学院地理科学与资源研究所资源环境科学数据中心网站（http：//www. re sdc. cn/）下载最新版（2010 年）的“中国农田生产潜力数据集”，如图 5－130、图 5－131 所示，具体网址：http：//www. resdc. cn/DOI/doi. aspx？ DOIid＝43。

图 5－130 下载中国农田生产潜力数据集（截图 1）

序号	数据名	操作
1	Pcrop_China1970.rar	下载
2	Pcrop_China1980.rar	下载
3	Pcrop_China1990.rar	下载
4	Pcrop_China2000.rar	下载
5	Pcrop_China2010.rar	下载

图 5－131 下载中国农田生产潜力数据集（截图 2）

下载后得到文件“Pcrop_China2010. rar”解压缩，把解压缩得到的文件和文件夹全部同时拖入 ArcGIS 中进行显示。然后，在 ArcGIS 中的左侧栏在【Table of Contents】中选中【Layers】，然后点击鼠标右键并选择【Properties】，打开【Data Frame Properties】对话框。在【Data Frame Properties】对话框的【Coordinate System】选项卡中，将坐标系修改为“New_Beijing_Gauss_Kruger_CM_111E”。

然后使用当前图层的【Data】|【Export Data】将投影后的数据输出。

输出时的参数设置如图 5 - 132 所示，输出后得到文件“y20101. tif”。

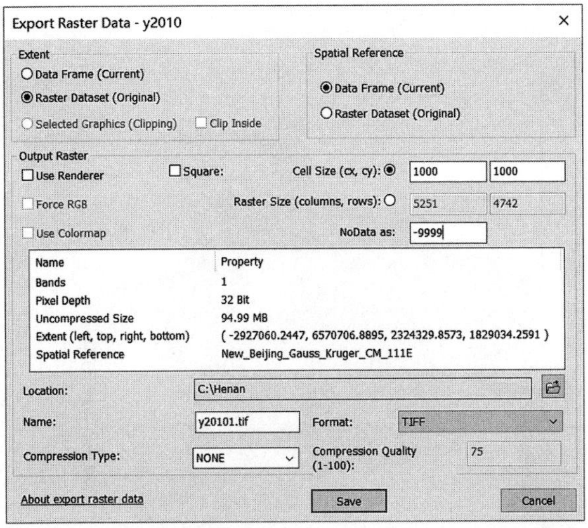

图 5 - 132 【Export Raster Data】对话框中的输出参数

加载此前制作的河南省行政边界数据文件“HA_Counties_Pro. shp”，然后打开 ArcGIS 工具【ArcToolbox】|【Spatial Analyst Tools】|【Extraction】|【Extract by Mask】。以文件“HA_Counties_Pro. shp”作为掩膜，对文件“y20101. tif”进行裁剪，如图 5 - 133 所示。裁剪结果为“pcrop2010ha. tif”，如图 5 - 134 所示。

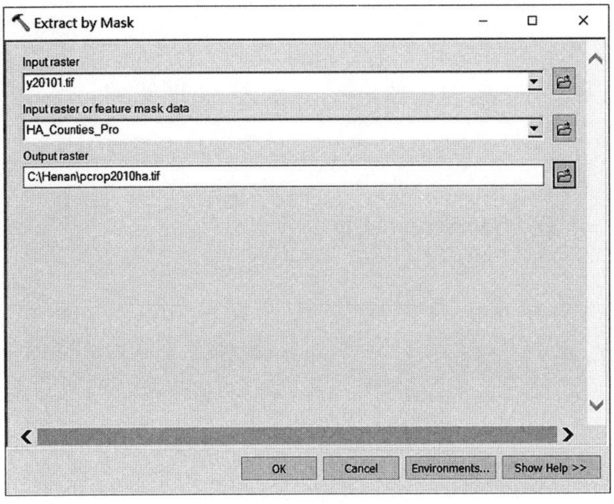

图 5 - 133 【Extract by Mask】工具的参数设置

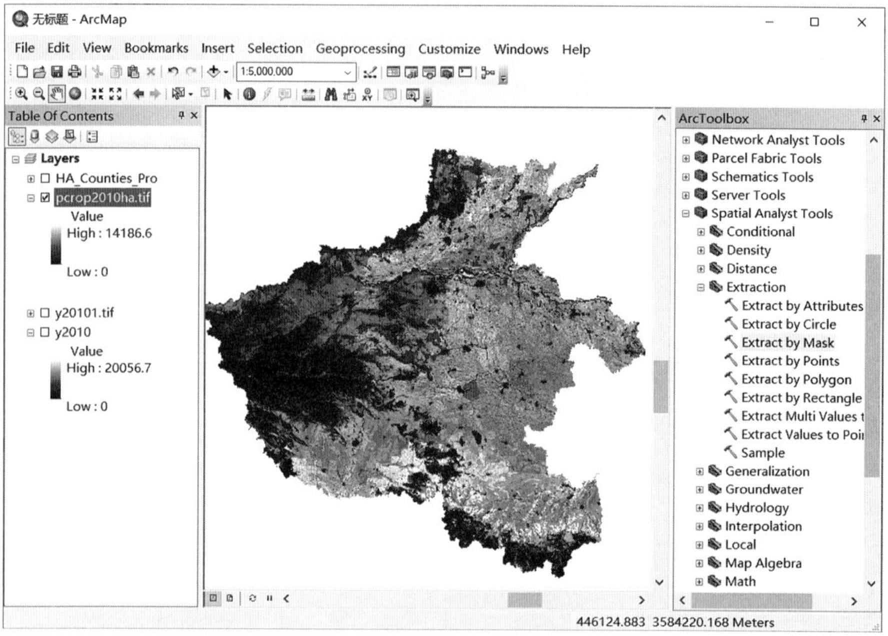

图 5－134　裁剪后的数据文件“pcrop2010ha. tif”

5. 2. 6　最近距离数据

本节中，我们首先下载 OpenStreetMap 数据。然后，我们基于 OpenStreetMap 数据制作“到河流的距离”“到湖泊的距离”“到铁路的距离”“到公路的距离”4 种产品。注意，此处的“距离”均指“最近距离”。

5. 2. 6. 1　下载 OpenStreetMap

登录 OpenStreetMap 数据的下载网站（http：//download. geofabrik. de/），如图 5－135 所示。

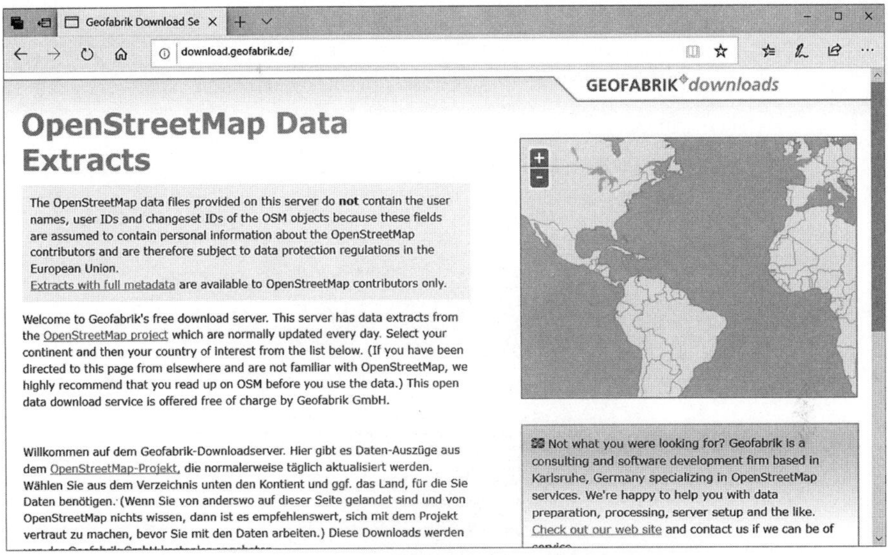

图 5－135　OpenStreetMap 数据的下载网站

下拉网页，在地区列表中找到“Asia”（亚洲），如图 5－136 所示。

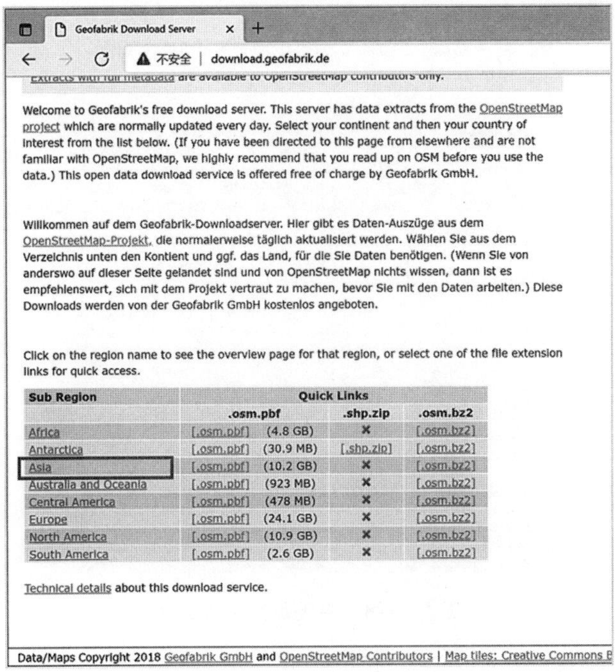

图 5－136　在地区列表中找到亚洲

随后进入亚洲的数据下载页面，如图 5－137 所示。

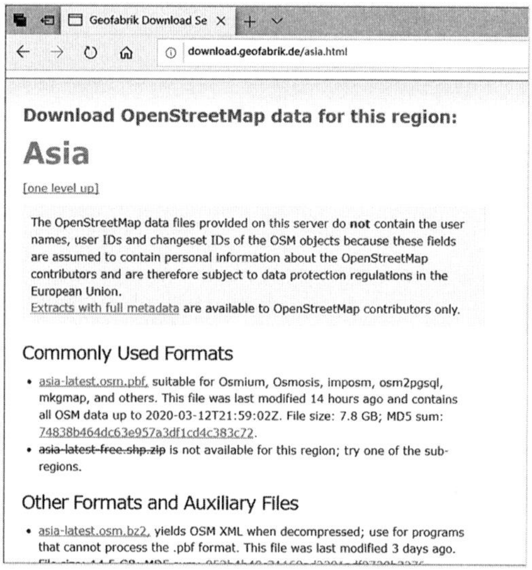

图 5－137　亚洲数据下载页面

下拉页面，找到“China”（中国），如图 5－138 所示。

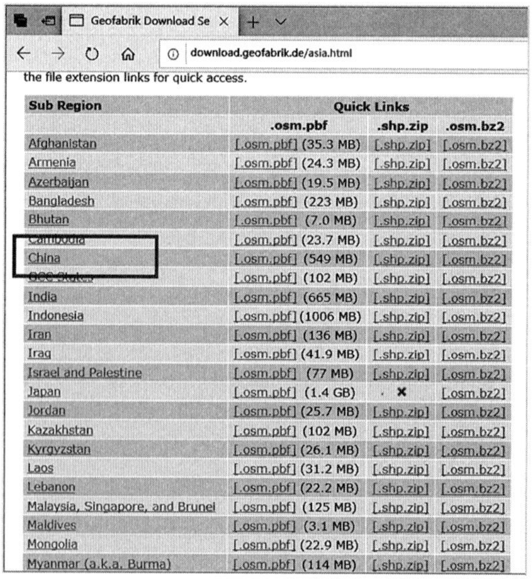

图 5－138　中国数据下载页面

进入中国数据下载页面之后，找到“china－latest－free. shp. zip”（图 5－139）并下载。该压缩包中包括系列矢量文件，为当前最新的中国地区 OpenStreetMap 数据。

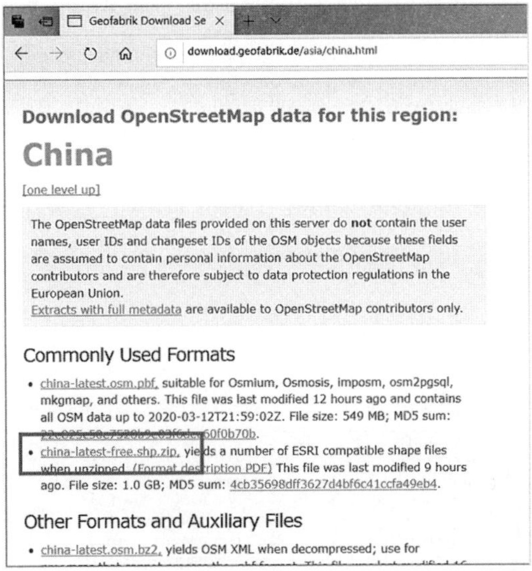

图 5－139　下载“china－latest－free. shp. zip”压缩包

压缩包“china－latest－free. shp. zip”中包含有大量的文件（图层），如图 5－140 所示。这些图层含义参见说明文件：http：//download. geofabrik. de/osm－data－in－gis－formats－free. pdf。

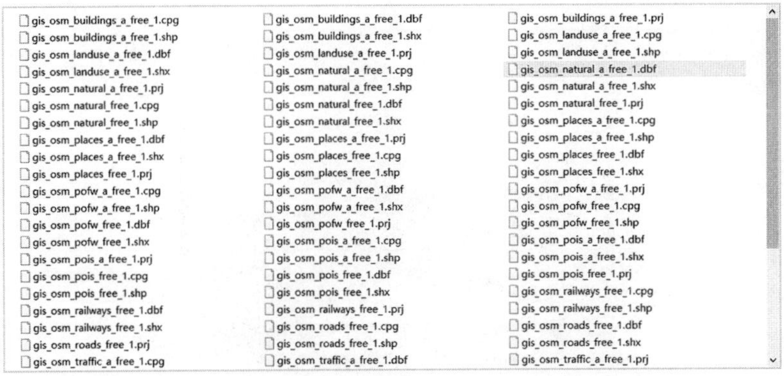

图 5－140　压缩包“china－latest－free. shp. zip”中的文件

5.2.6.2　制作 4 种最近距离数据

制备“到河流距离”“到湖泊距离”“到铁路距离”“到公路距离”4

种数据，需要分别依赖于“china - latest - free. shp. zip”压缩包中的河流（gis_osm_waterways_free_1. shp）、湖泊（gis_osm_water_a_free_1. shp）、铁路（gis_osm_railways_free_1. shp）、公路（gis_osm_roads_free_1. shp）图层。本节中，我们将演示制备“到河流距离”数据的全过程，其余三种数据的制作过程类似。

打开 ArcGIS，在“china - latest - free. shp. zip”解压缩后的文件夹中找到河流数据文件“gis_osm_waterways_free_1. shp”（图 5 - 141），将其加载（图 5 - 142）。

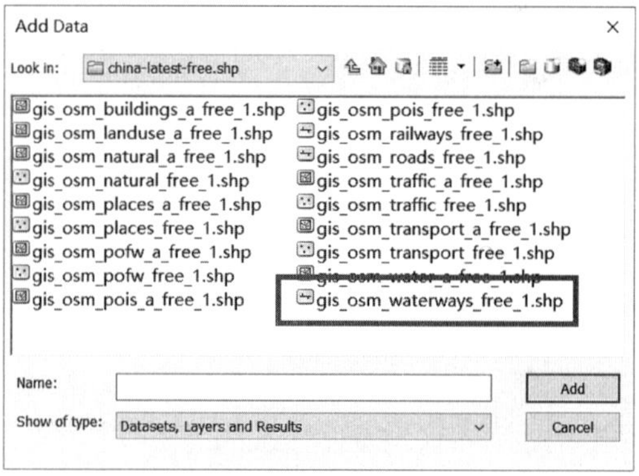

图 5 - 141　找到文件“gis_osm_waterways_free_1. shp”

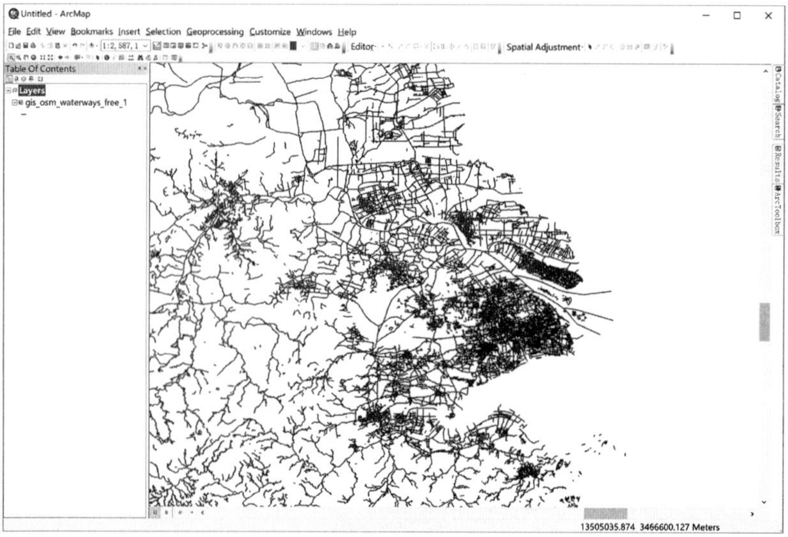

图 5 - 142　加载文件“gis_osm_waterways_free_1. shp”

在 ArcGIS 软件的左侧栏【Table Of Contents】中选择【Layers】，右击鼠标后选择【Properties】，如图 5－143 所示。

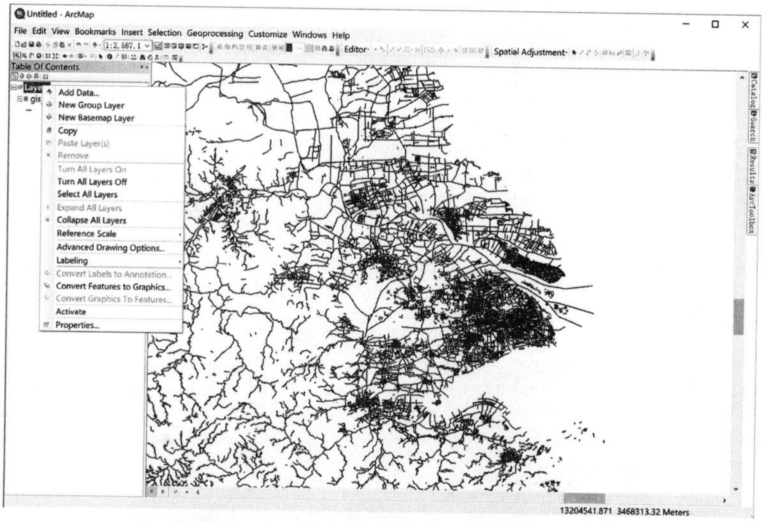

图 5－143　选择【Layers】的【Properties】选项

在弹出的【Data Frame Properties】对话框中，切换到【Coordinate System】选项卡（图 5－144），将坐标系统修改为“New_Beijing_Gauss_Kruger_CM_111E”（图 5－145）。

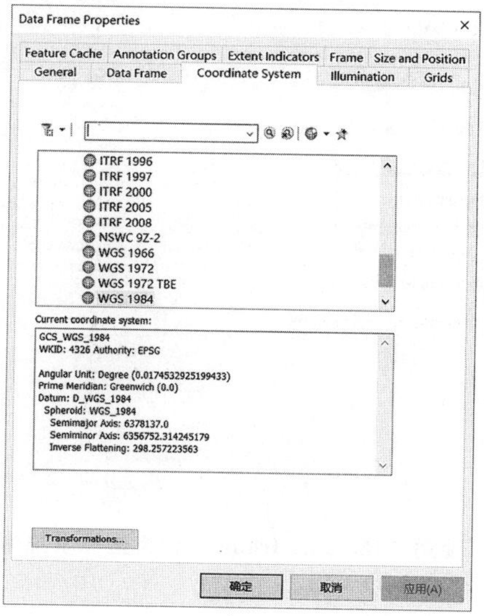

图 5－144　修改坐标系统前

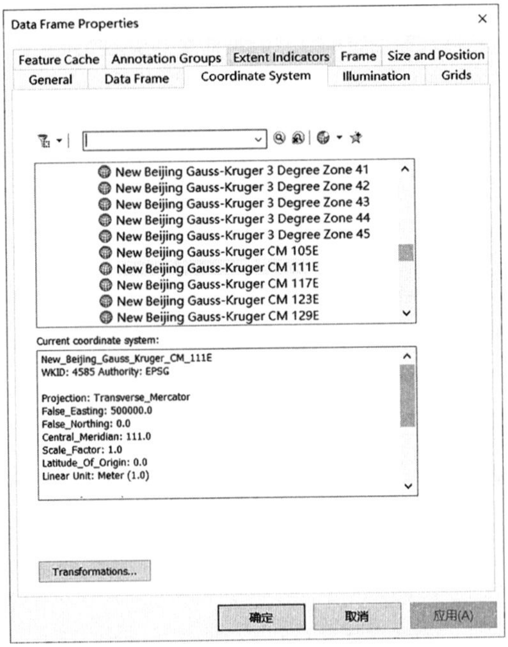

图 5－145　修改坐标系统后

然后输出当前图层，输出时使用“the data frame”作为坐标系统，如图 5－146 所示。

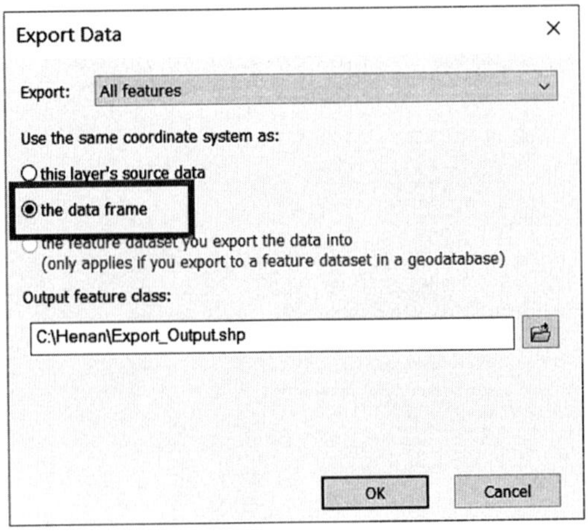

图 5－146　使用“the data frame”作为坐标系统输出当前图层

输出完成后，得到文件“Export_Output. shp”，如图 5－147 所示。

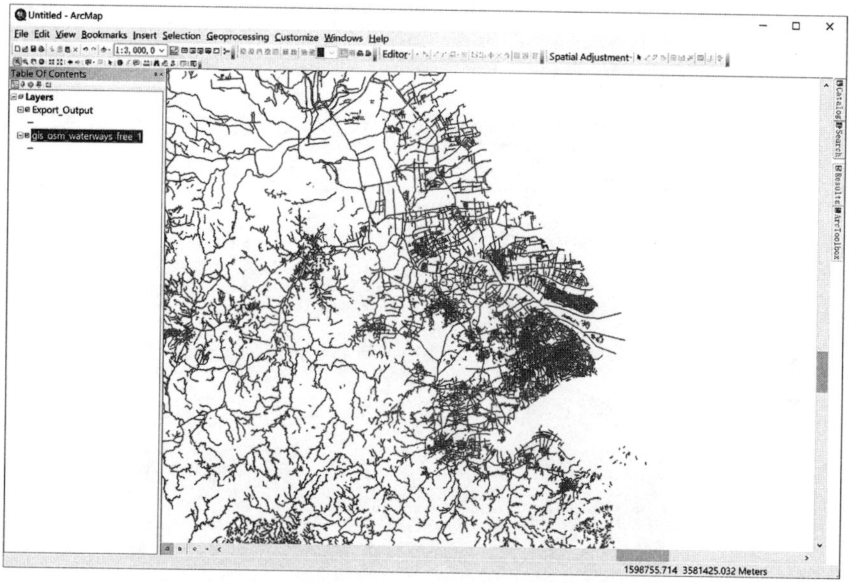

图 5 - 147　结果文件 “Export_Output. shp”

打开 ArcGIS 工具【ArcToolbox】|【Spatial Analyst Tools】|【Distance】|【Euclidean Distance】。以当前图层 “Export_Output” 作为输入数据（Input raster or feature source data），将输出栅格大小（Output cell size）设置为 “1000”，其他设置全部采用默认参数，如图 5 - 148 所示。

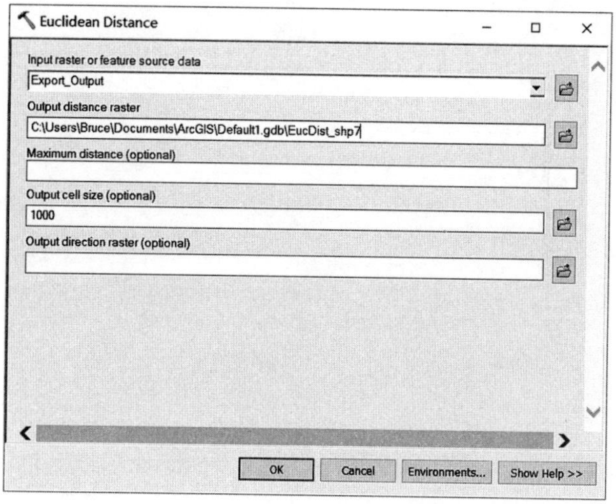

图 5 - 148　【Euclidean Distance】工具的参数设置

操作完成后得到图层“EucDist_shp7”，如图 5-149 所示。

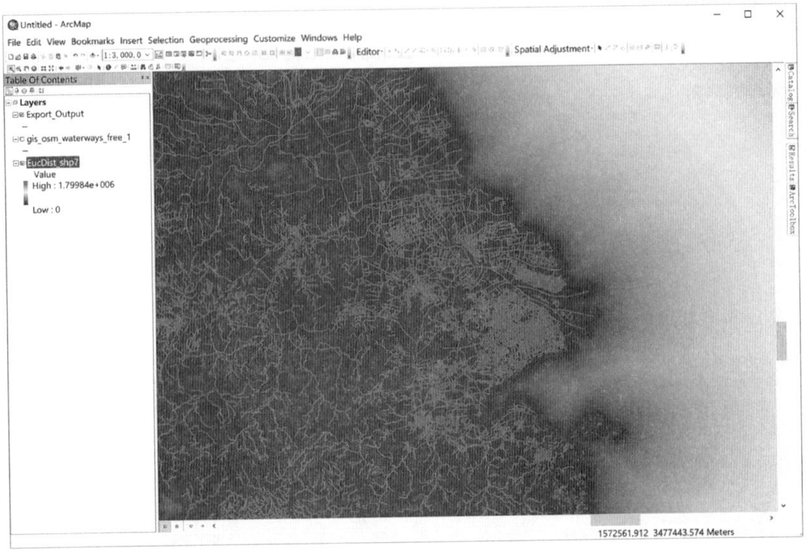

图 5-149 结果图层“EucDist_shp7”

加载此前制作的河南省行政边界数据文件“HA_Counties_Pro. shp”，然后打开 ArcGIS 工具【ArcToolbox】|【Spatial Analyst Tools】|【Extraction】|【Extract by Mask】。以文件“HA_Counties_Pro. shp”作为掩膜，对图层“EucDist_shp7”进行裁剪，其他参数采用默认设置（否则可能会报错），如图 5-150 所示。

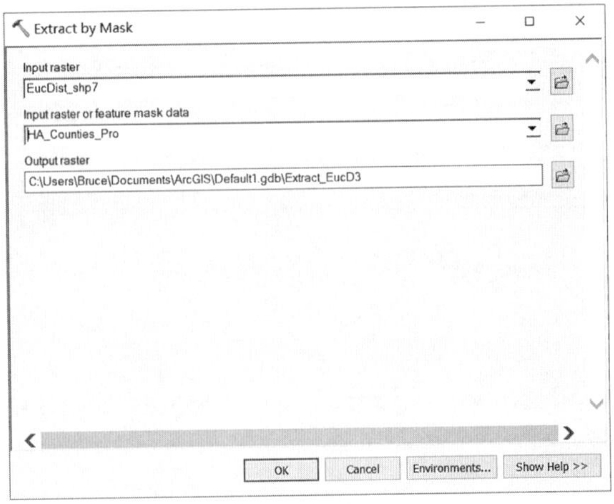

图 5-150 【Extract by Mask】工具的参数设置

操作完成后得到图层“Extract_EucD3”。然后输出图层“Extract_EucD3”，输出时将背景值（NoData as）设置为“-9999”，将输出文件名设置为“Dis_River. tif”，如图 5-151 所示。

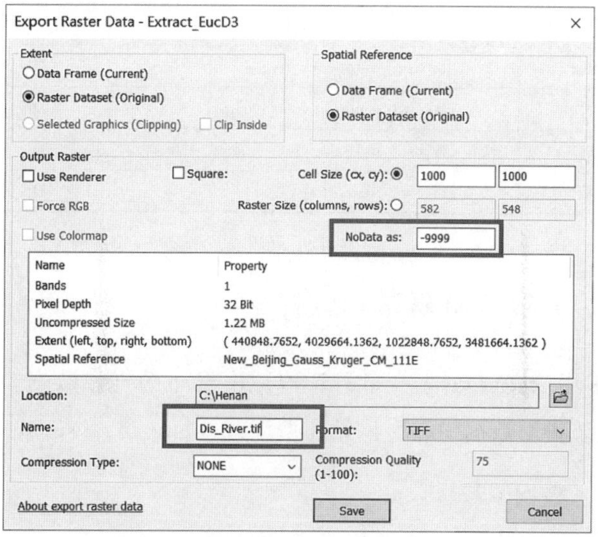

图 5-151 将图层“Extract_EucD3”输出

输出后，得到文件“Dis_River. tif”，如图 5-152 所示。

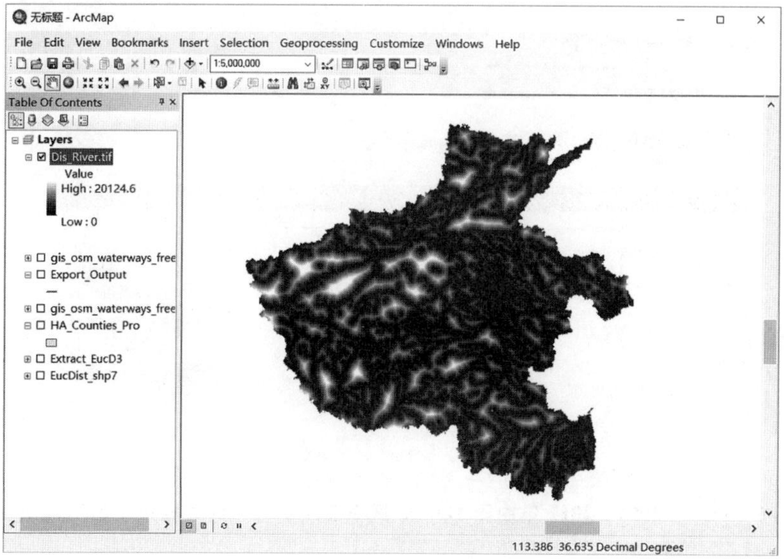

图 5-152 结果文件“Dis_River. tif”

同理，制作“到湖泊距离”“到铁路距离”“到公路距离”，文件名如表 5－26 所示。

表 5－26　　4 种基于最近距离的驱动因子

驱动因子	原始文件	结果文件
到河流距离	gis_osm_waterways_free_1. shp	Dis_River. tif
到湖泊距离	gis_osm_water_a_free_1. shp	Dis_Lake. tif
到铁路距离	gis_osm_railways_free_1. shp	Dis_Rail. tif
到公路距离	gis_osm_roads_free_1. shp	Dis_Road. tif

5. 2. 7　平均气温数据

本节中采用论文（Peng et al.，2019）中发布的气温数据。数据可通过“国家地球系统科学数据中心”网站免费下载（http：//www. geodata. cn/）。

5. 2. 7. 1　数据下载

在国家地球系统科学数据共享服务平台中搜索得到“1901—2017 年中国 1km 分辨率逐月平均气温数据集”的页面①，如图 5－153 所示。注册账号并登录。

图 5－153　“1901—2017 年中国 1km 分辨率逐月平均气温数据集”的下载页面

① http：//loess. geodata. cn/data/datadetails. html? dataguid＝164304785536614&docid＝3。

下拉页面，找到【加入数据订单】按钮，如图 5－154 所示。

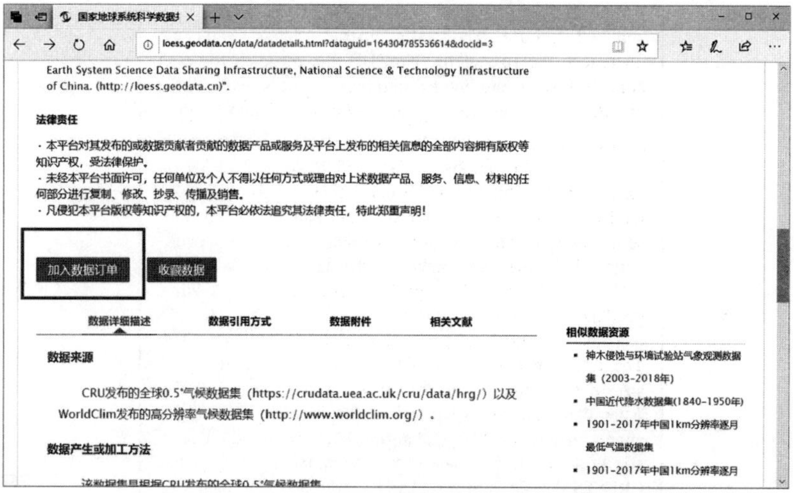

图 5－154　找到【加入数据订单】按钮

进入数据下载页面后，发现数据文件每三年 1 个，如图 5－155 所示。

图 5－155　数据下载页面

于是我们仔细阅读论文（Peng et al.，2019），探究其数据格式。论文中的相关阐述如图 5－156 所示。论文作者制作了从 1901 年至 2017 年的逐月数据，但为了方便发布，将每三年（即每 36 个月）的数据制作成 1 个 NetCDF 格式的数据，并压缩。数据文件的命名规则为“data type_beginning year_ending year. nc”。

> and 73.5–135.0° E. The total number of grids is 13 808 747. To reduce the size of the NetCDF file, the data for each climatic variable are divided into intervals of 3 years. TMPs and PRE are expressed to precision of 0.1 °C and 0.1 mm, respectively, and stored using the int16 format. Thus, each file contains 36 months of data and requires 2.42 GB of storage space. This file size is convenient for processing by modern computers, and subparagraph storage in the time series can satisfy the need for quick data access for a specific period. Each file name indicates the data contained in the file, in the format “data type”_“beginning year”_“ending year”.nc. For example, the file named tmn_1901_1903.nc contains minimum temperature data from 1901 to 1903. The total number of NetCDF files is 156, and the total size of the dataset in nc format is approximately 378 GB. After compression in zip format, the size of each file is approximately 300 MB, which translates into a total dataset size of 47.8 GB. This dataset will be updated yearly, as the CRU TS dataset is also updated yearly, and new data will become available for download from the website identified above.

图 5 - 156　论文（Peng et al.，2019）中对数据格式的描述

本节中，我们下载时间最新的平均气温数据，根据文件的命名规则应下载数据“tmp_2015_2017. rar”，如图 5 - 157 所示。

图 5 - 157　下载数据“tmp_2015_2017. rar”

将该数据加入订单后，填写网站需要的资料（见图 5 - 158），然后下载。

图 5 - 158 填写网站需要的资料

下载完成后得到文件“tmp_2015_2017. rar”，解压缩后得到文件“tmp_2015_2017. nc”。注意，“. nc”是 NetCDF 格式数据的后缀。

5.2.7.2 数据显示

使用 ArcGIS 中的工具可以读取 NetCDF 格式的数据。选择 ArcGIS 工具【ArcToolbox】|【Multidimension Tools】|【Make NetCDF Raster Layer】，如图 5 - 159 所示。

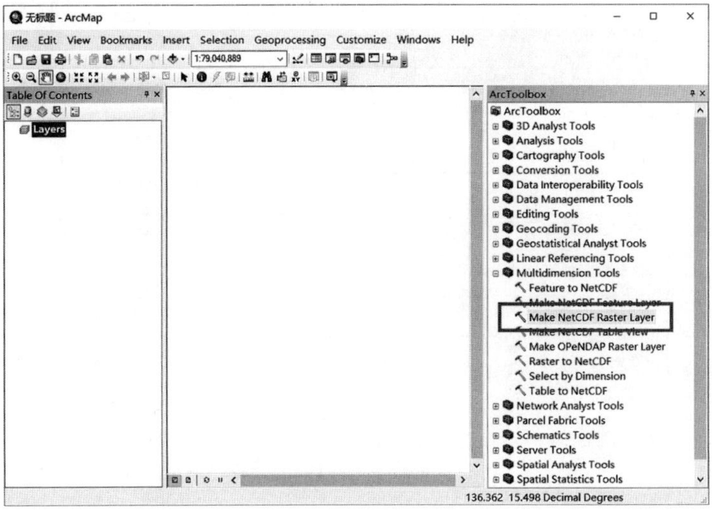

图 5 - 159 选择【Make NetCDF Raster Layer】工具

打开之后，弹出【Make NetCDF Raster Layer】对话框，如图 5-160 所示。

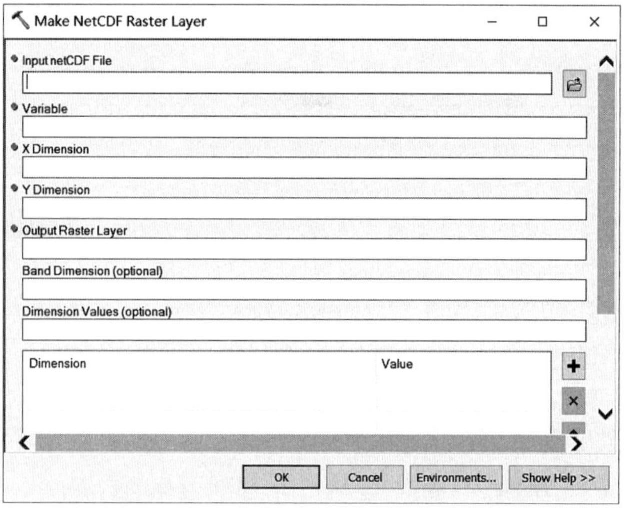

图 5-160 【Make NetCDF Raster Layer】对话框

在【Make NetCDF Raster Layer】对话框中，将输入文件（Input netCDF-file）设置为"tmp_2015_2017. nc"，其他参数采取默认设置，如图 5-161 所示。

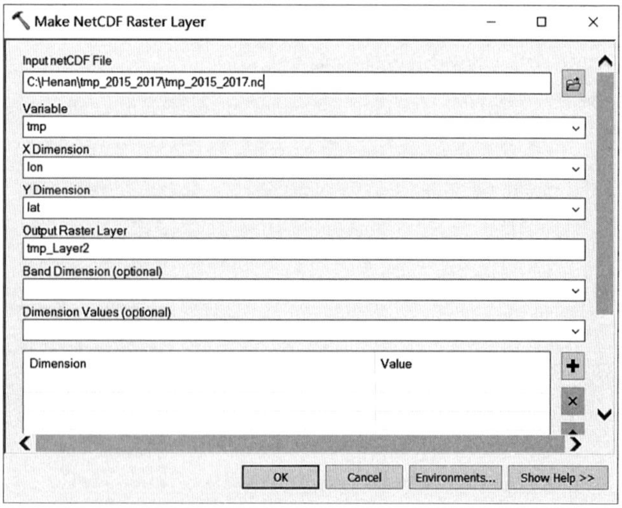

图 5-161 【Make NetCDF Raster Layer】对话框中的参数设置

点击【OK】后，数据即打开。选择查看当前图层的属性信息，如图 5 - 162 所示。

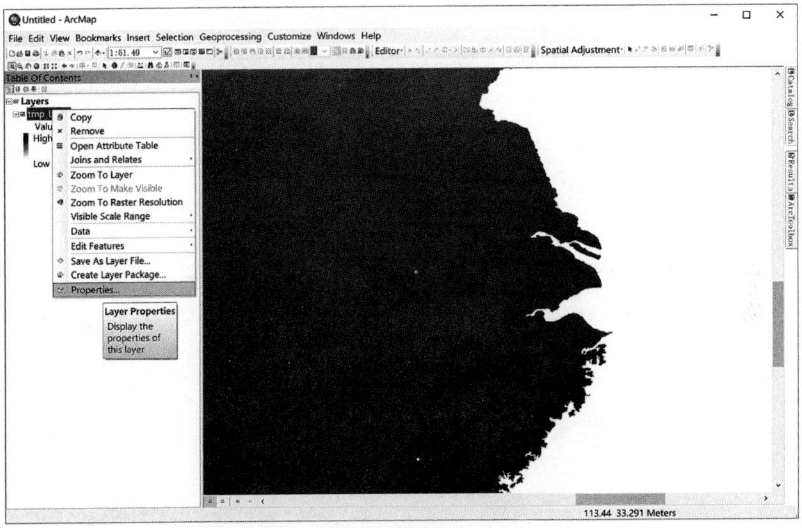

图 5 - 162　查看当前图层的属性

打开属性对话框后，切换到【NetCDF】选项卡，如图 5 - 163 所示。

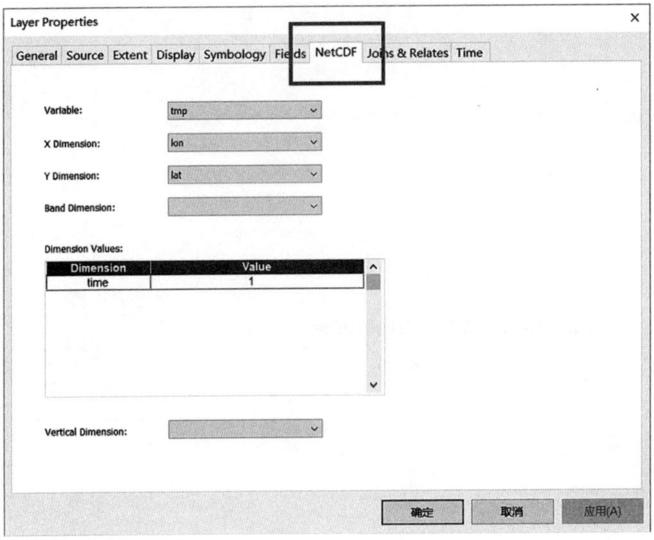

图 5 - 163　切换到【NetCDF】选项卡

在此时的对话框中，可以选择不同的【Dimension Values】来显示不同的月份，如图 5－164 所示。对于当前文件"tmp_2015_2017. nc"而言，共有 36 个数值可选，代表 36 个月份。

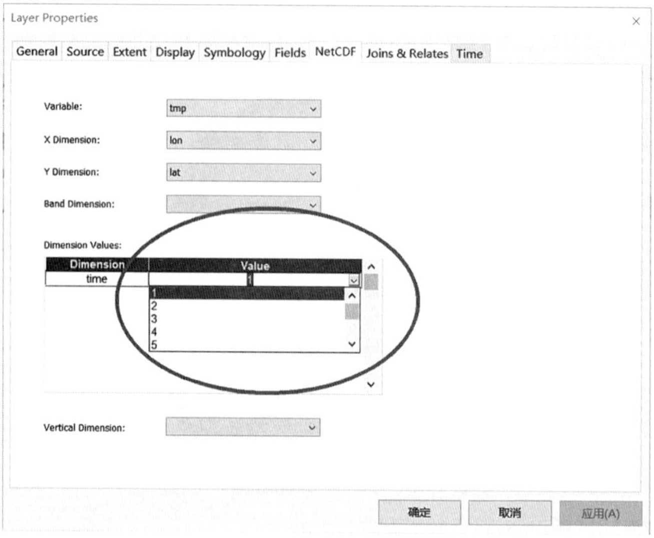

图 5－164　通过选择不同的【Dimension Values】来显示不同的月份

例如，我们将【Dimension Values】设置为 5（表示 2015 年 5 月），如图 5－165 所示。

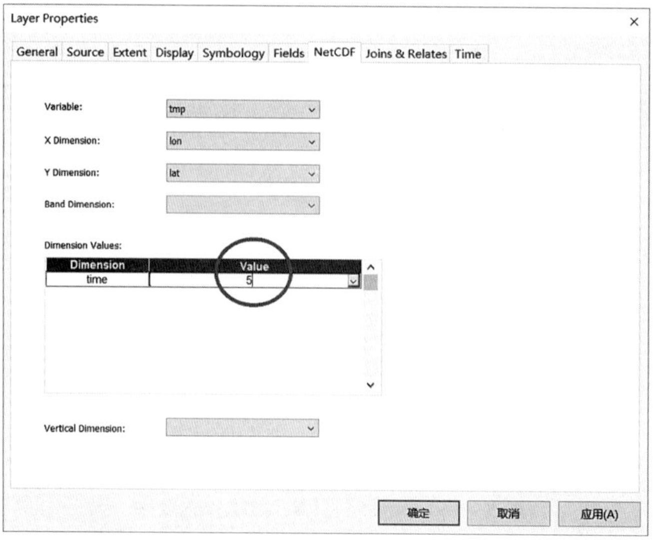

图 5－165　将【Dimension Values】设置为 5

5.2.7.3 数据输出

在本实践中，我们计划制备两个时间点的河南省平均气温数据：2017年2月和8月，分别代表冬天和夏天的月度平均气温。因此，我们将【Dimension Values】设置为26（表示2017年2月）。

在此时的当前图层上点击鼠标右键，选择【Data】|【Export Data】，如图5－166所示。

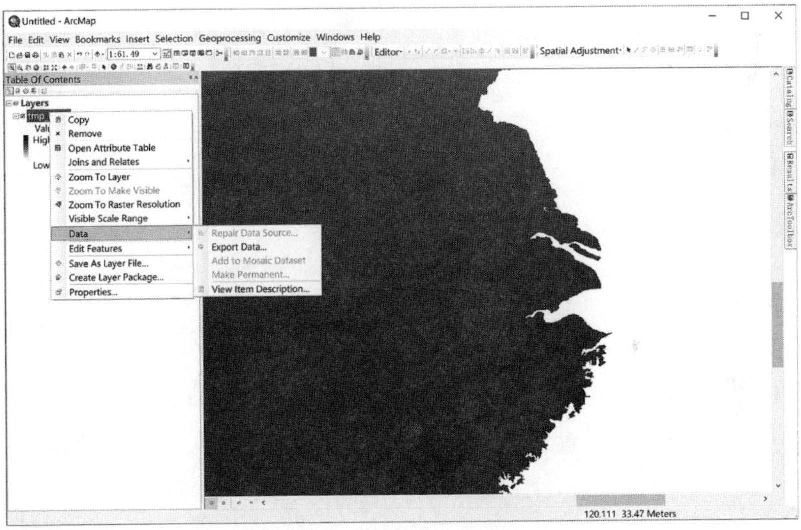

图5－166 准备输出当前图层

使用默认参数，将当前图层输出，得到文件“tmp_Layer1. tif”。同样地，再将【Dimension Values】设置为32（表示2017年8月），并将此时的图层输出（全部使用默认参数），得到文件“tmp_Layer2. tif”。

5.2.7.4 数据裁剪

由于图层“tmp_Layer1. tif”和“tmp_Layer2. tif”均未定义地理坐标系（文件“tmp_2015_2017. nc”也未定义），因此在进行接下来的操作之前，我们先定义地理坐标系。根据数据说明①，地理坐标系可采用

① http：//img. data. ac. cn/geores/M00/04/2B/n－JvbF4AGK6AAKPmAADgAD4Rl2c566. doc。

WGS84 系统。

在 ArcGIS 中，打开工具【ArcToolbox】|【Data Management Tools】|【Projections and Transformations】|【Define Projection】，如图 5－167 所示。

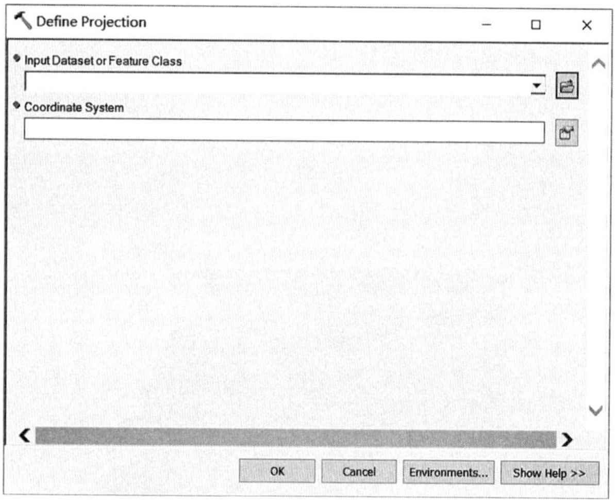

图 5－167 【Define Projection】工具

将图层“tmp_Layer1.tif”作为输入图层（Input Dataset），将坐标系统（Coordinate System）设置为“GCS_WGS_1984”（从列表中选取），如图 5－168 所示。对图层“tmp_Layer2.tif”执行同样的操作，如图 5－169 所示。

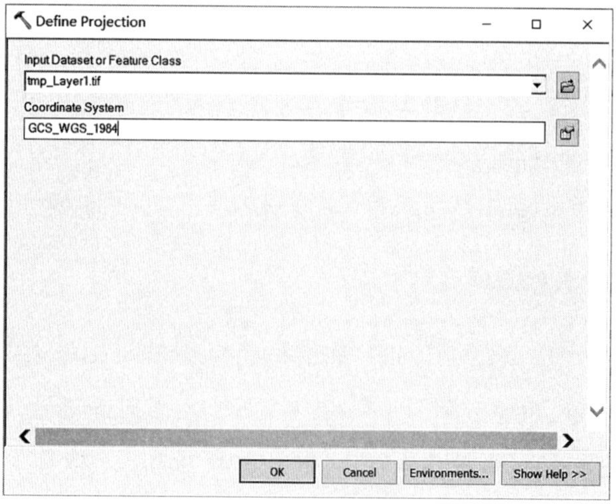

图 5－168 为图层“tmp_Layer1.tif”设置地理坐标系

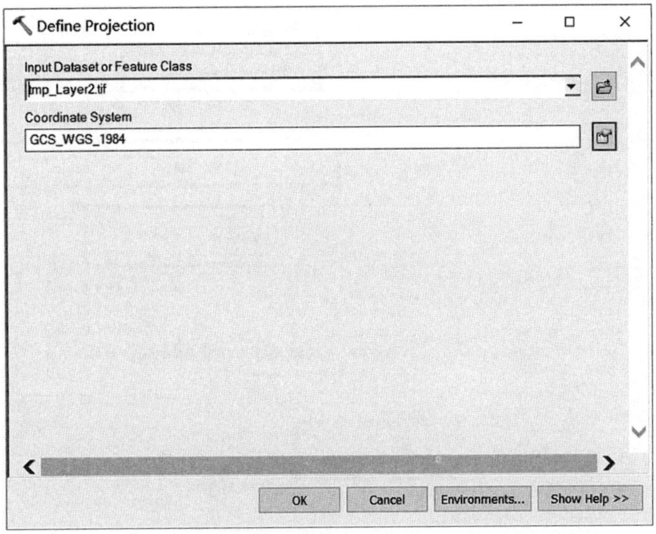

图 5－169 为图层“tmp_Layer2. tif”设置地理坐标系

然后，修改数据框架的投影坐标系，将其设置为适合河南省的投影坐标系——“New_Beijing_Gauss_Kruger_CM_111E”。

在新的数据框架下，输出图层“tmp_Layer1. tif”和“tmp_Layer2. tif”。选中图层“tmp_Layer1. tif”，右键点击鼠标后选择【Data】|【Export Data】。在弹出的【Export Raster Data】窗口中，将【Spatial Reference】修改为“Data Frame （Current）”，将【Cell Size （cx，xy）】修改为“1000”和“1000”，将【NoData as】修改为“－9999”，将输出文件名【Name】修改为“tif1. tif”，如图 5－170 所示。

同样地，选中图层“tmp_Layer2. tif”，右键点击鼠标后选择【Data】|【Export Data】。在弹出的【Export Raster Data】窗口中，将【Spatial Reference】修改为“Data Frame （Current）”，将【Cell Size （cx，xy）】修改为“1000”和“1000”，将【NoData as】修改为“－9999”，将输出文件名【Name】修改为“tif2. tif”，如图 5－171 所示。

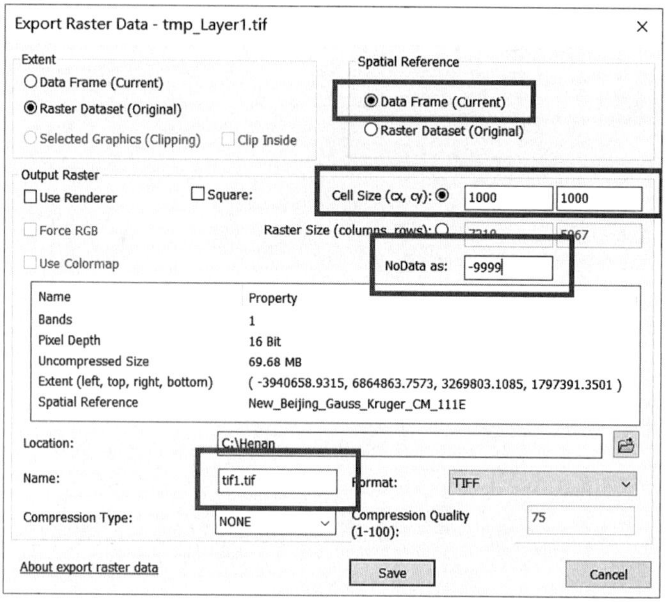

图 5－170　输出文件“tif1. tif”

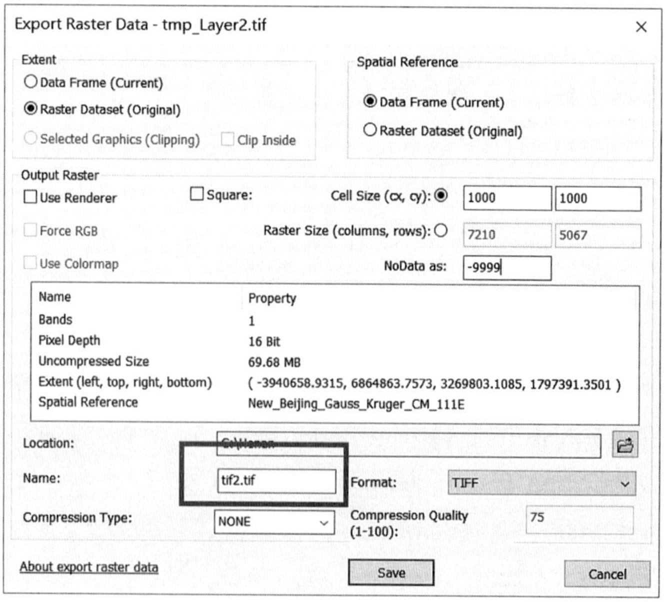

图 5－171　输出文件“tif2. tif”

然后，加载此前制作的河南省行政边界数据文件“HA_Counties_Pro. shp”。打开 ArcGIS 工具【ArcToolbox】|【Spatial Analyst Tools】|【Extraction】|【Extract by Mask】。以文件“HA_Counties_Pro. shp”作为掩膜，对文件“tif1. tif”进行裁剪，如图 5－172 所示。裁剪结果为“tmp2017w. tif”（其中，字母“tmp”代表“temperature”温度，字母“w”表示“winter”冬天），如图 5－173 所示。

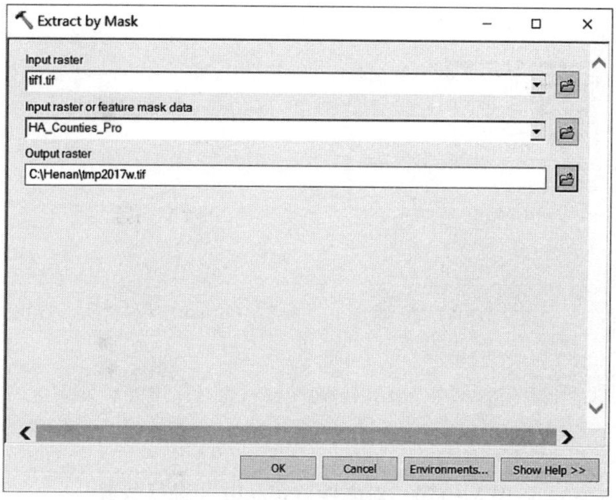

图 5－172　对文件“tif1. tif”进行裁剪

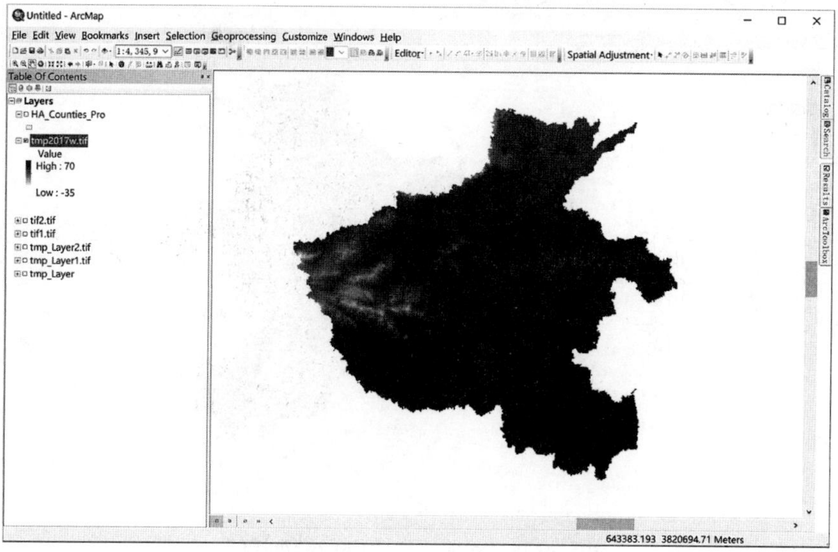

图 5－173　裁剪结果“tmp2017w. tif”

同样地，在【Extract by Mask】工具中，以文件“HA_Counties_Pro.

shp”作为掩膜，对文件“tif2. tif”进行裁剪，如图 5 - 174 所示。裁剪结果为“tmp2017s. tif”（字母“s”代表“summer”夏天），如图 5 - 175 所示。

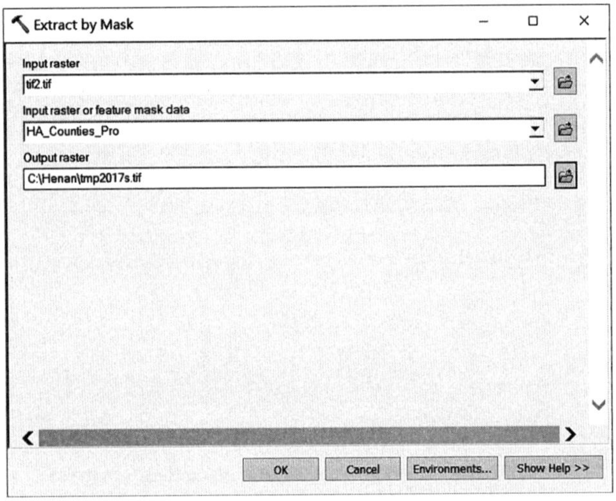

图 5 - 174　对文件“tif2. tif”进行裁剪

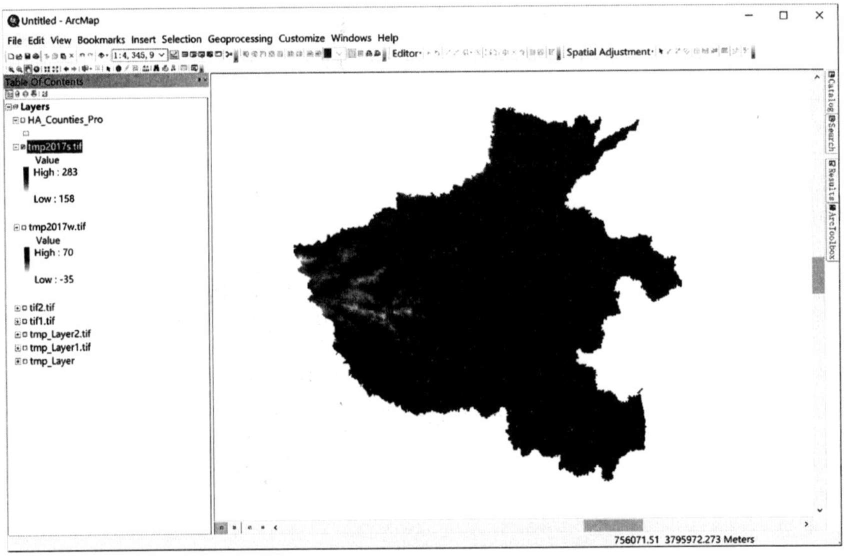

图 5 - 175　裁剪结果“tmp2017s. tif”

5.2.8 降水量数据

本节中采用论文（Peng et al.，2019）中发布的降水数据。数据可通过“国家地球系统科学数据中心”网站免费下载（http：//www. geodata. cn/）。

5.2.8.1 数据下载

在国家地球系统科学数据共享服务平台中搜索得到“1901—2017 年中国 1km 分辨率逐月降水量数据集”的页面①，如图 5－176 所示。注册账号并登录。

图 5－176 “1901—2017 年中国 1km 分辨率逐月降水量数据集”的下载页面

① http：//loess. geodata. cn/data/datadetails. html? dataguid = 192891852410344&docid = 4。

下拉页面，找到【加入数据订单】按钮，如图 5－177 所示。

图 5－177　找到【加入数据订单】按钮

进入数据下载页面后，发现数据文件每三年 1 个，如图 5－178 所示。

图 5－178　数据下载页面

本节中，我们下载时间最新的降水量数据，根据文件的命名规则应下载数据“pre_2015_2017. rar”，如图 5－179 所示。

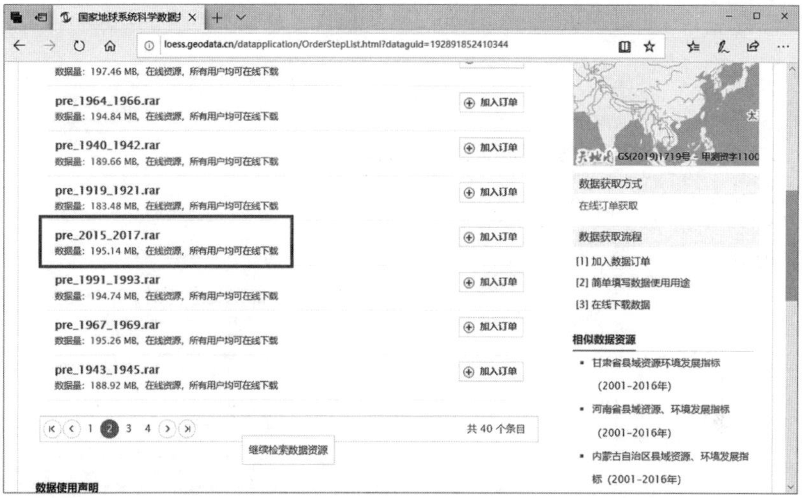

图 5－179　下载数据“pre_2015_2017. rar”

将该数据加入订单后，填写网站需要的资料（见图 5－180），然后下载。

图 5－180　填写网站需要的资料

下载完成后得到文件“pre_2015_2017. rar”，解压缩后得到文件“pre_2015_2017. nc”。注意，“. nc”是 NetCDF 格式数据的后缀。

5. 2. 8. 2　数据显示

使用 ArcGIS 中的工具可以读取 NetCDF 格式的数据。选择 ArcGIS 工

具【ArcToolbox】|【Multidimension Tools】|【Make NetCDF Raster Layer】，如图 5－181 所示。

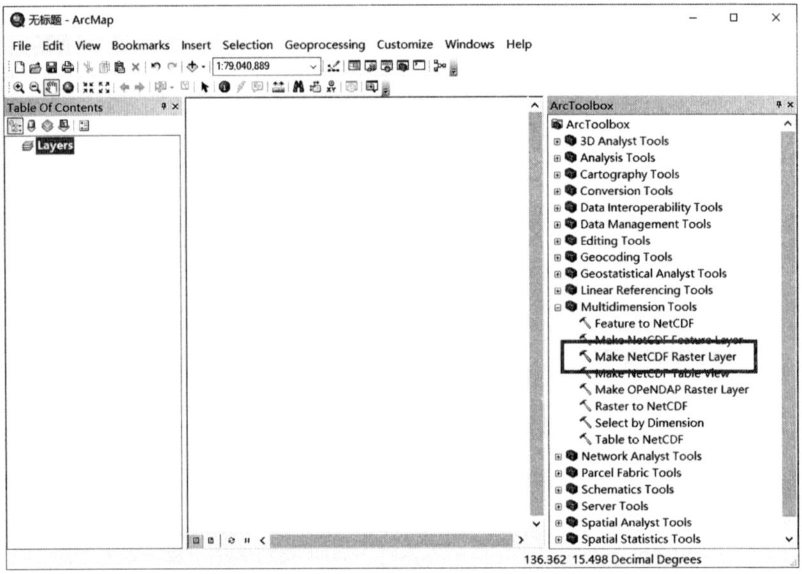

图 5－181 选择【Make NetCDF Raster Layer】工具

打开之后，弹出【Make NetCDF Raster Layer】对话框，如图 5－182 所示。

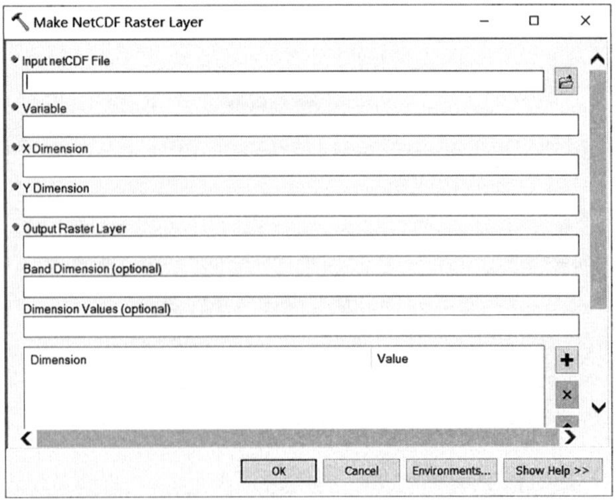

图 5－182 【Make NetCDF Raster Layer】对话框

在【Make NetCDF Raster Layer】对话框中，将输入文件（Input netCDFfile）设置为“pre_2015_2017. nc”，其他参数采取默认设置，如图 5 - 183 所示。

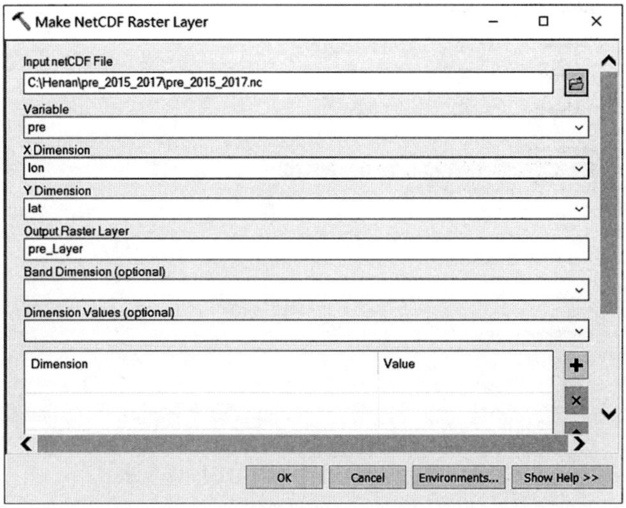

图 5 - 183 【Make NetCDF Raster Layer】对话框中的参数设置

选择查看当前图层的属性信息。打开属性对话框后，注意到数据未定义坐标系统，如图 5 - 184 所示。暂时忽略。

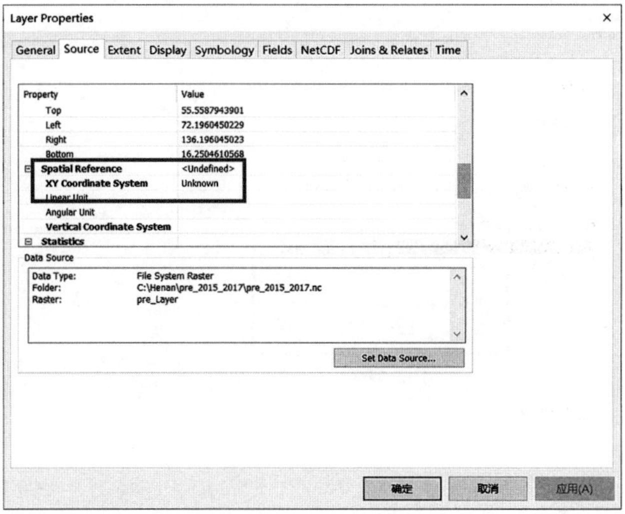

图 5 - 184 注意到数据未定义坐标系统

在属性对话框中，切换到【NetCDF】选项卡，如图 5－185 所示。

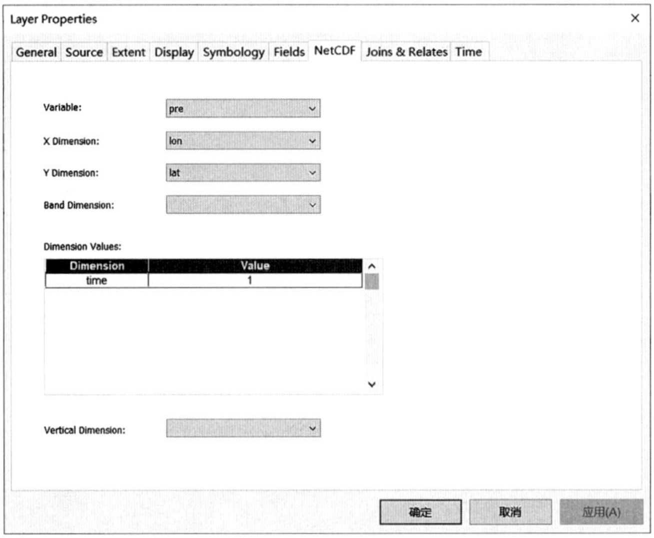

图 5－185　切换到【NetCDF】选项卡

在对话框中，可以选择不同的【Dimension Values】来显示不同的月份，如图 5－186 所示。对于当前文件“pre_2015_2017. nc”而言，共有 36 个数值可选，代表 36 个月份。

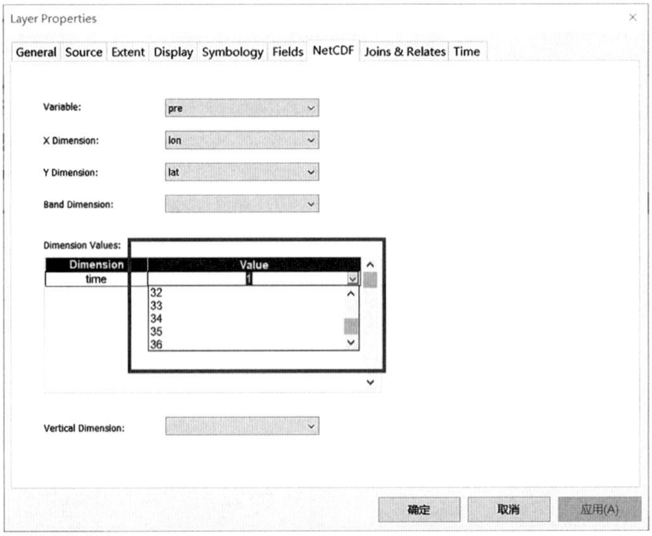

图 5－186　通过选择不同的【Dimension Values】来显示不同的月份

5.2.8.3 数据输出

在本实践中，我们计划制备两个时间点的河南省降水量数据：2017 年 5 月和 9 月，分别代表初夏和初秋的月度降水量。因此，我们将【Dimension Values】设置为 29（表示 2017 年 5 月）。

在此时的当前图层上点击鼠标右键，选择【Data】|【Export Data】，如图 5－187 所示。

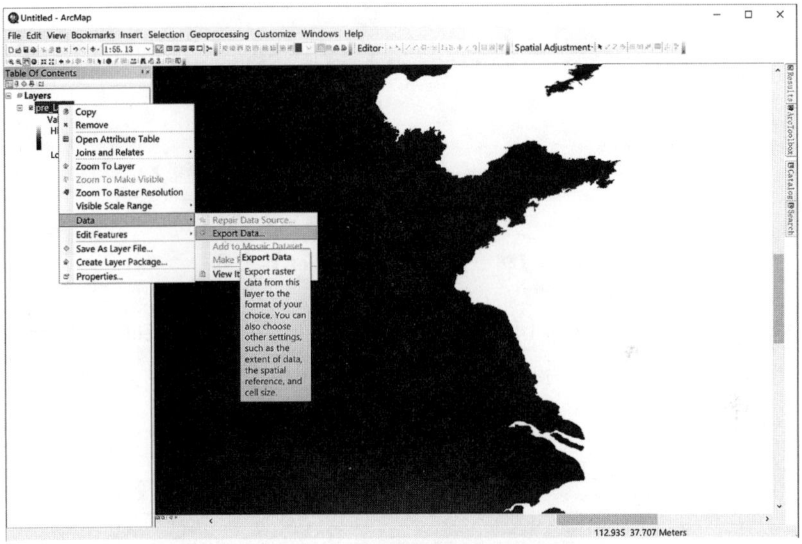

图 5－187 准备输出当前图层

使用默认参数，将当前图层输出，得到文件“pre_Layer1. tif”。同样地，再将【Dimension Values】设置为 33（表示 2017 年 9 月）。使用默认参数，将此时的图层输出，得到文件“pre_Layer2. tif”。

5.2.8.4 数据裁剪

由于图层“pre_Layer1. tif”和“pre_Layer2. tif”均未定义地理坐标系（文件“pre_2015_2017. nc”也未定义），因此在进行接下来的操作之前，我们先定义地理坐标系。根据数据说明①，地理坐标系可采用 WGS84 系统。

① http：//img. data. ac. cn/geores/M00/04/2B/n－JvbF38kpeAA3PrAADeAH8TLeM907. doc。

在 ArcGIS 中，打开工具【ArcToolbox】|【Data Management Tools】|【Projections and Transformations】|【Define Projection】，如图 5－188 所示。

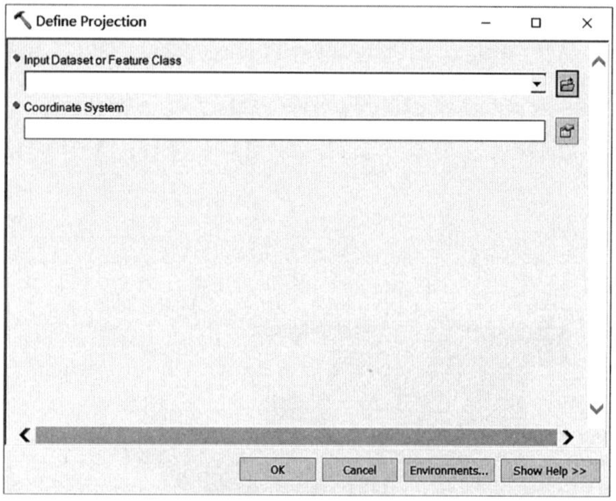

图 5－188 【Define Projection】工具

将图层"pre_Layer1. tif"作为输入图层（Input Dataset），将坐标系统（Coordinate System）设置为"GCS_WGS_1984"（从列表中选取），如图 5－189 所示。

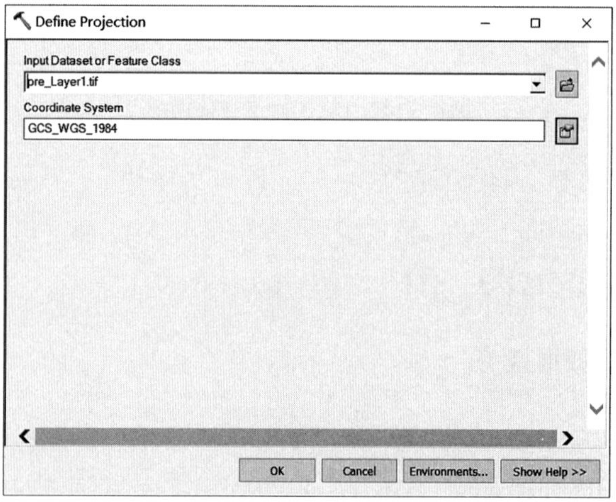

图 5－189 为图层"pre_Layer1. tif"设置地理坐标系

对图层"pre_Layer2. tif"执行同样的操作，如图 5－190 所示。

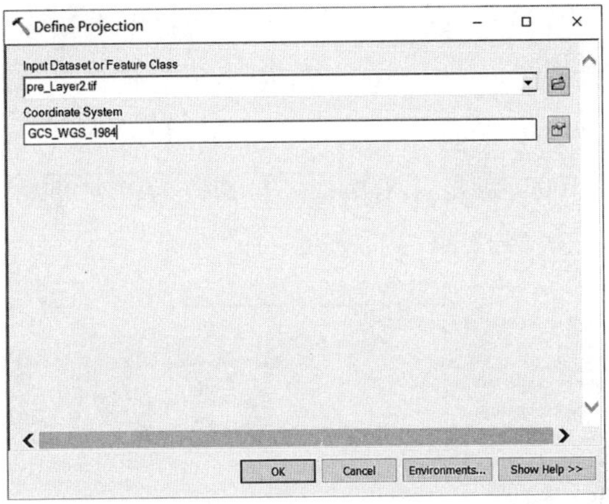

图 5-190　为图层“pre_Layer2. tif”设置地理坐标系

然后，修改当前的数据框架投影坐标系，设置为适合河南省的“New_Beijing_Gauss_ Kruger_CM_111E”。在新的数据框架下，输出图层“pre_Layer1. tif”和“pre_Layer2. tif”。

选中图层“pre_Layer1. tif”，右键点击鼠标后选择【Data】|【Export Data】。在弹出的【Export Raster Data】窗口中，将【Spatial Reference】修改为“Data Frame（Current)”，将【Cell Size（cx，xy)】修改为“1000”和“1000”，将【NoData as】修改为“-9999”，将输出文件名【Name】修改为“tif1. tif”，如图 5-191 所示。

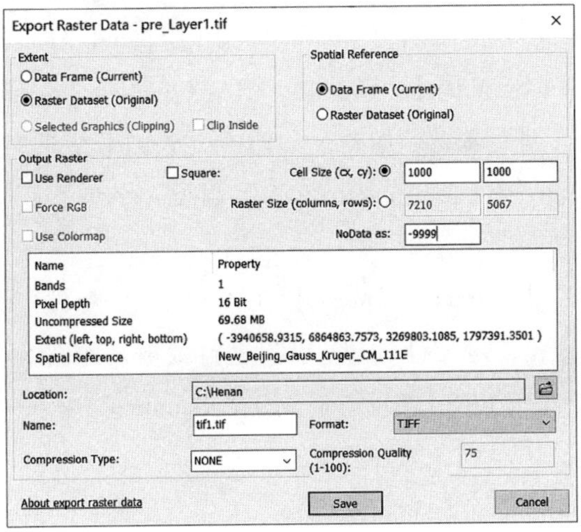

图 5-191　输出文件“tif1. tif”

同样地，选中图层“pre_Layer2. tif”，右键点击鼠标后选择【Data】|【Export Data】。在弹出的【Export Raster Data】窗口中，将【Spatial Reference】修改为“Data Frame（Current）”，将【Cell Size（cx，xy）】修改为“1000”和“1000”，将【NoData as】修改为“－9999”，将输出文件名【Name】修改为“tif2. tif”，如图 5－192 所示。

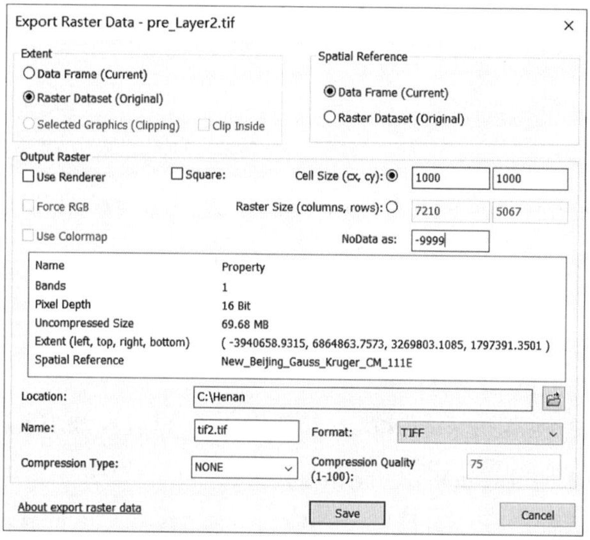

图 5－192　输出文件“tif2. tif”

然后，加载此前制作的河南省行政边界数据文件“HA_Counties_Pro. shp”。打开 ArcGIS 工具【ArcToolbox】|【Spatial Analyst Tools】|【Extraction】|【Extract by Mask】。以文件“HA_Counties_Pro. shp”作为掩膜，对文件“tif1. tif”进行裁剪，如图 5－193 所示。裁剪结果为“pre2017s. tif”（其中，字母“pre”代表“precipitation”温度，字母“s”表示“spring”春天）。

同样地，在【Extract by Mask】工具中，以文件“HA_Counties_Pro. shp”作为掩膜，对文件“tif2. tif”进行裁剪，如图 5－194 所示。裁剪结果为“pre2017a. tif”（字母“a”代表“autumn”秋天）。

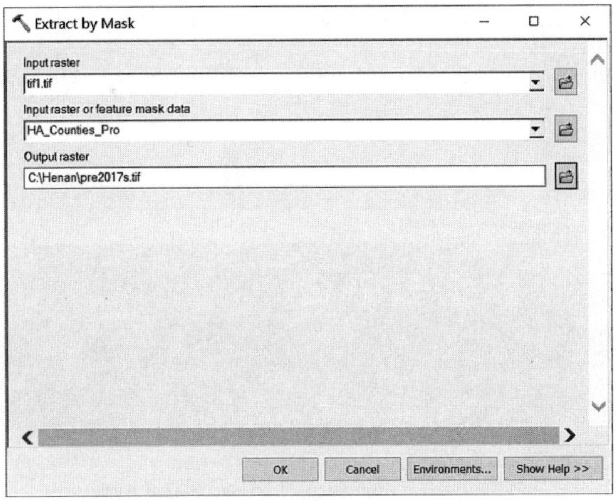

图 5-193 对文件“tif1. tif”进行裁剪

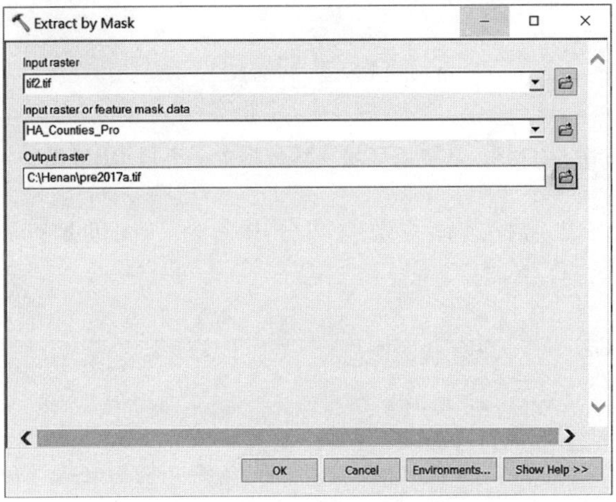

图 5-194 对文件“tif2. tif”进行裁剪

5.2.9 地形数据

本节中制作海拔、坡度、坡向三种地形数据。其中，海拔数据即数字高程模型（digital elevation model，DEM），坡度和坡向根据 DEM 数据分析而得。

5.2.9.1 下载数字高程模型

登录中国科学院地理科学与资源研究所资源环境科学数据中心网站

（http：//www. resdc. cn/），搜索得到“全国 DEM 1km、500m 和 250m 数据（SRTM 90m）”（http：//www. resdc. cn/data. aspx？DATAID = 123），如图 5 - 195 所示。

图 5 - 195　从资源环境科学数据中心下载 DEM 数据

在登录账号之后，选择下载空间分辨率为 1km 的数据，如图 5 - 196 所示。

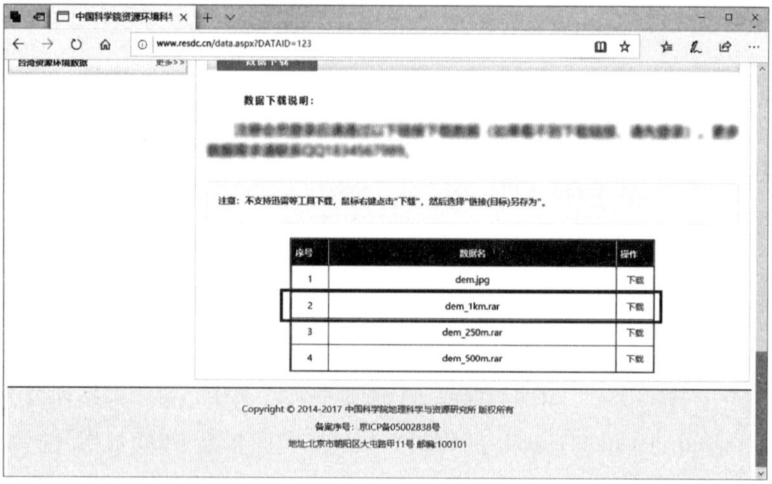

图 5 - 196　选择空间分辨率为 1km 的 DEM 数据

下载后得到压缩文件“dem_1km. rar”。

5.2.9.2 制备高程数据

对文件“dem_1km. rar”进行解压缩，将解压缩后的全部文件同时拖入 ArcGIS 中。

在 ArcGIS 的左侧栏【Table of Contents】中，选中【Layers】，然后点击鼠标右键并选择【Properties】。随后弹出【Data Frame Properties】对话框，在【Coordinate System】选项卡中，将坐标系统修改为“New_Beijing_Gauss_Kruger_CM_111E”。

然后将当前图层输出为“dem_1km. tif”文件，具体输出如图 5 - 197 所示。

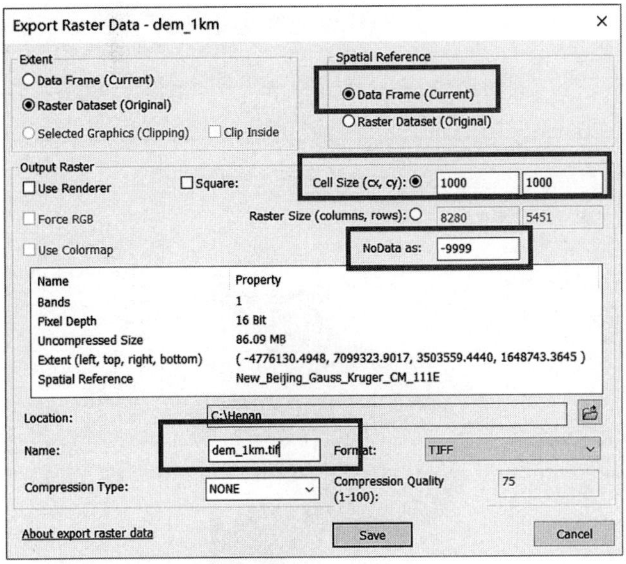

图 5 - 197 将当前图层输出为文件“dem_1km. tif”

加载此前制作的河南省行政边界数据文件“HA_Counties_Pro. shp”。打开 ArcToolbox 中的“按掩膜提取”工具，具体路径：【ArcToolbox】|【Spatial Analyst Tools】|【Extraction】|【Extract by Mask】，设置输入栅格（Input raster）为图层“dem_1km. tif”，设置掩膜（Input raster or feature mask data）为图层“HA_Counties_Pro”，设置输出栅格（Output raster）为“DEM_HA. tif”，如图 5 - 198 所示。

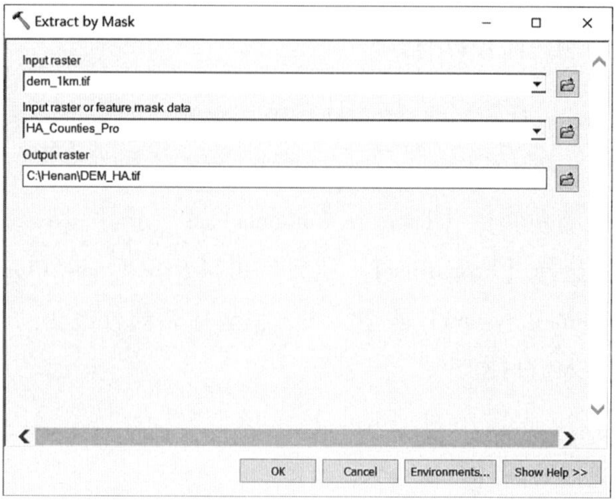

图 5－198 【Extract by Mask】工具的参数设置

提取完成后，得到文件“DEM_HA. tif”，如图 5－199 所示。

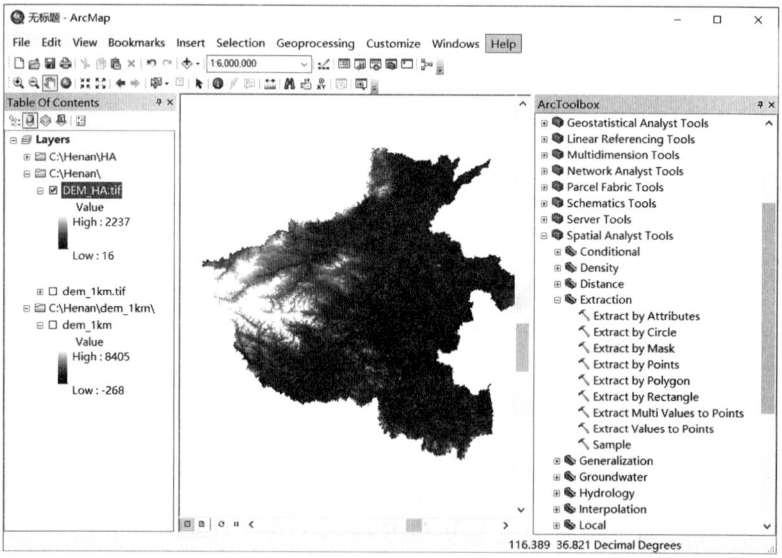

图 5－199 结果文件：“DEM_HA. tif”

5.2.9.3 制备坡度数据

打开 ArcGIS 工具【ArcToolbox】|【3D Analyst Tools】|【Raster Surface】|【Slope】，将输入栅格（Input raster）设置为“DEM_HA. tif”，将输出栅格

（Output raster）命名为“Slope_HA. tif”，其他设置保留默认参数，如图 5－200 所示。

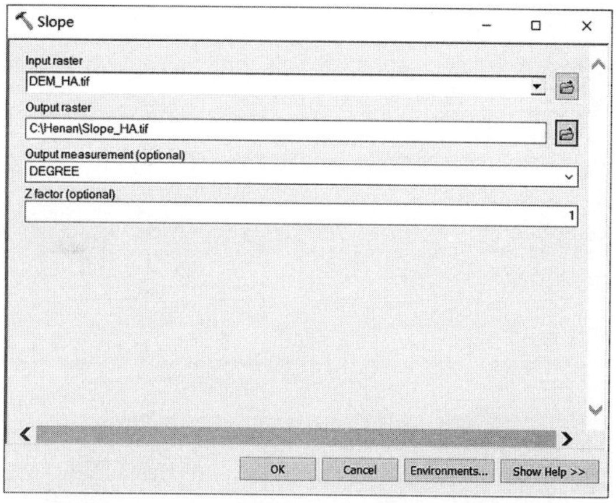

图 5－200 【Slope】工具中的参数设置

结果文件为“Slope_HA. tif”，如图 5－201 所示。

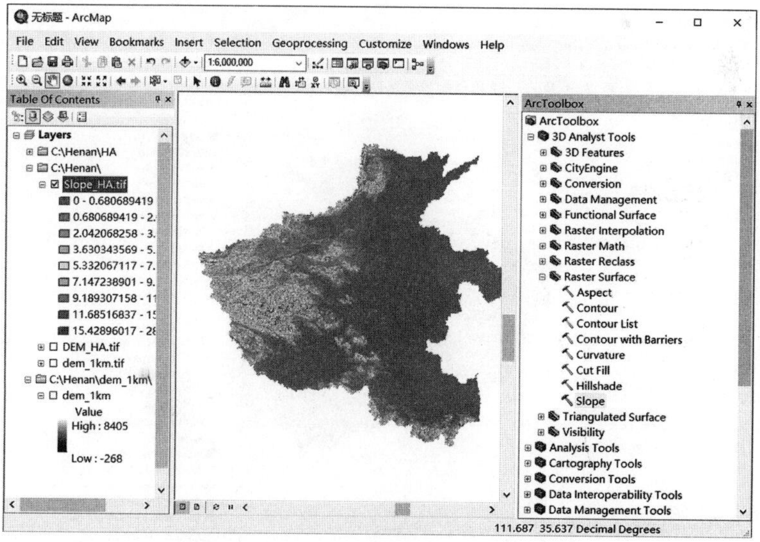

图 5－201 结果文件：“Slope_HA. tif”

5.2.9.4 制备坡向数据

打开 ArcGIS 工具【ArcToolbox】|【3D Analyst Tools】|【Raster Surface】|【Aspect】，将输入栅格（Input raster）设置为“DEM_HA. tif”，将输出栅

格（Output raster）命名为“Aspect_HA. tif”，其他设置保留默认参数，如图 5－202 所示。

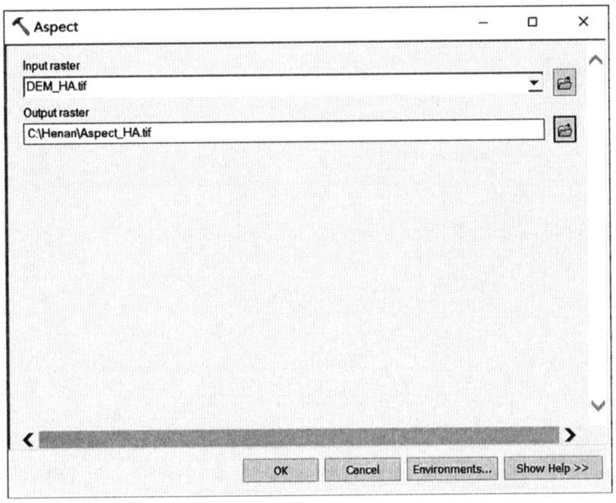

图 5－202 【Aspect】工具中的参数设置

结果文件为“Aspect_HA. tif”，如图 5－203 所示。

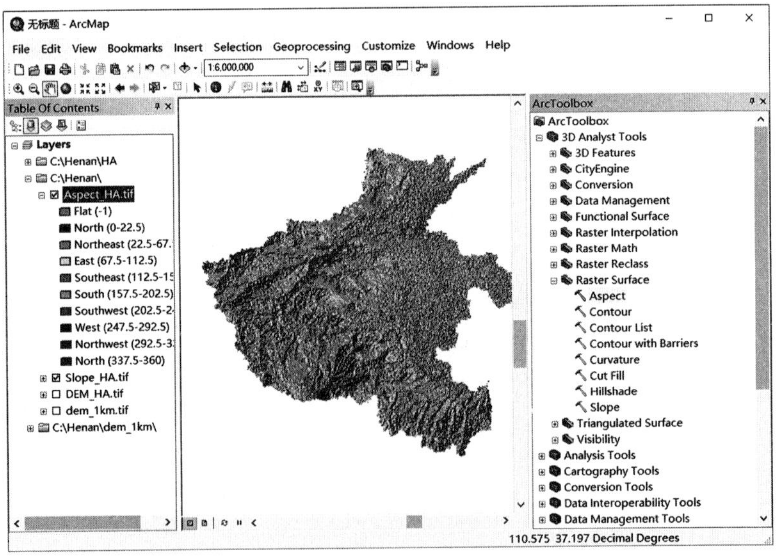

图 5－203 结果文件：“Aspect_HA. tif”

5.2.10 夜间灯光数据

登录美国国家海洋和大气管理局（National Oceanic and Atmospheric

Administration，NOAA）网站的国防气象卫星计划（Defense Meteorological Satellite Program，DMSP）数据下载页面（https：//www. ngdc. noaa. gov/eog/download. html），如图 5 - 204 所示。

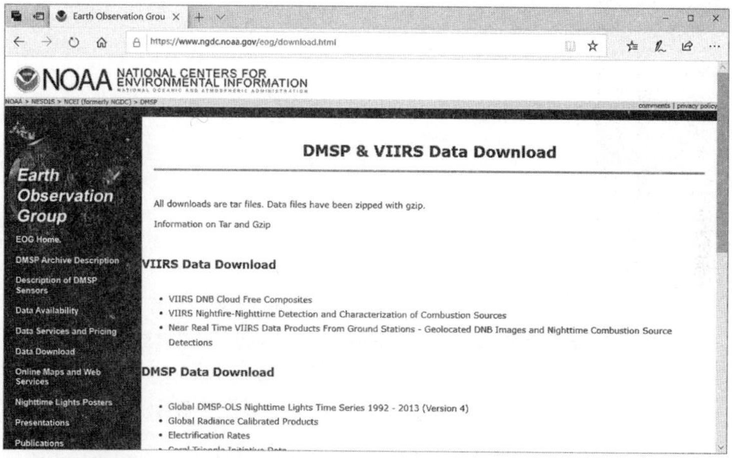

图 5 - 204　夜间灯光数据下载页面

选择其中的“VIIRS DNB Cloud Free Composites”数据，如图 5 - 205 所示。

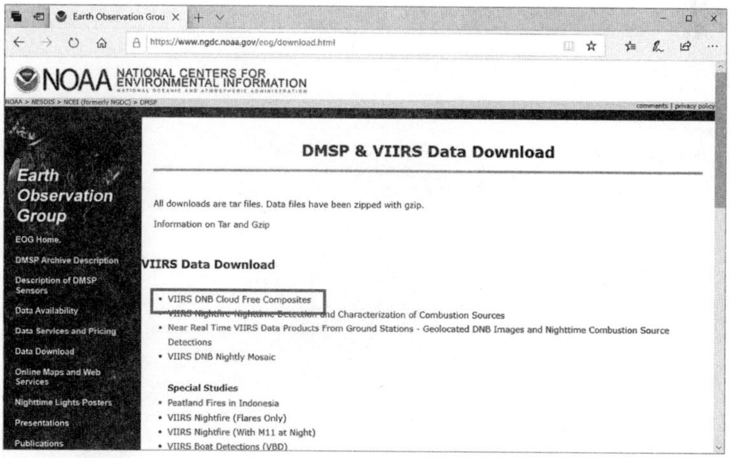

图 5 - 205　选择“VIIRS DNB Cloud Free Composites”

在随后的页面中，找到 2017 年的数据。这里选择 2017 年 6 月的数据，如图 5 - 206 所示。根据经纬度推算，选择“Tile3_75N060E”，然后选择下载“VCMSLCFG”（根据在中国地区的下载经验，建议借助迅雷软件等工具实现快速下载）。

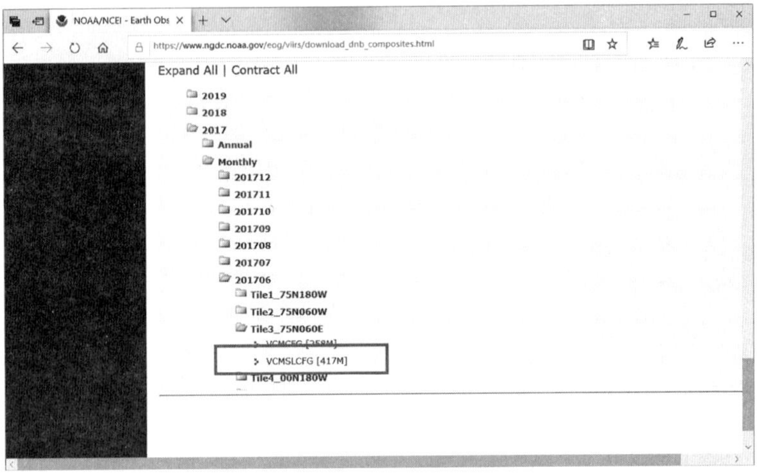

图 5－206　选择“Tile3_75N060E”、下载“VCMSLCFG”

下载完成后解压缩。将解压缩后的文件“SVDNB_npp_20170601－20170630_75N060E _vcmslcfg_v10_c201707021700. avg_rade9h. tif”加载到 ArcGIS 中。然后采用处理 DEM 数据的方法，依次执行：为数据框架定义投影坐标系、将当前图层输出、加载河南省行政边界数据文件“HA_Counties_Pro. shp”、通过“按掩膜提取”裁剪当前图层。操作完成后，得到文件“Light_HA. tif”，如图 5－207 所示。

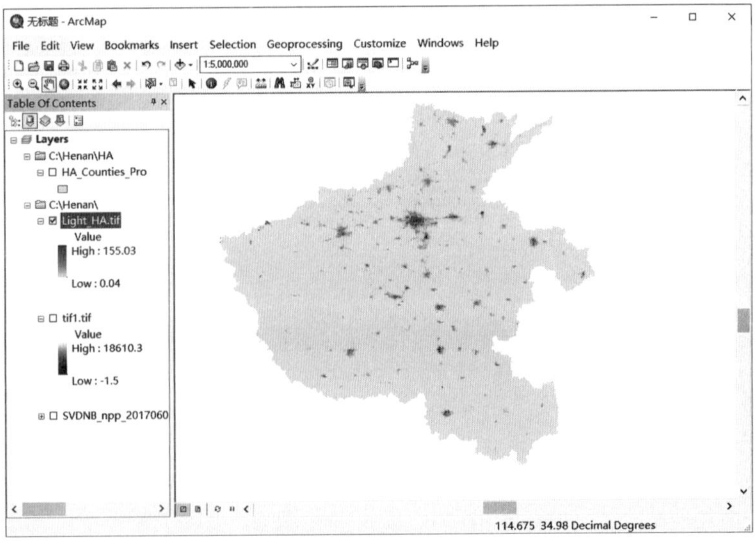

图 5－207　夜间灯光数据：“Light_HA. tif”

5.2.11 人口分布数据

获取人口分布数据的一种简单的方法是继续从统计年鉴中获得数据，并按照前文的方法进行空间化。但是，这种方法的空间分辨率仅为县级。本节中，我们使用空间分辨率更高（250 米）的人口数据“Global Human Settlement”。

从 Global Human Settlement 数据的官方页面①中（见图 5－208），进入数据的下载页面（https：//ghsl. jrc. ec. europa. eu/download. php？ ds = pop），如图 5－209 所示。

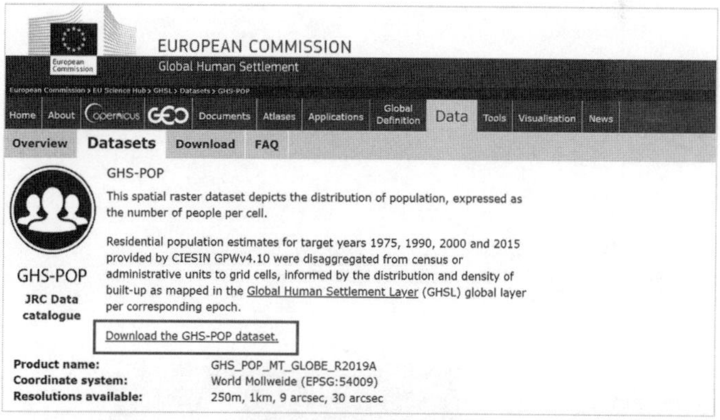

图 5－208 Global Human Settlement 数据的官方页面

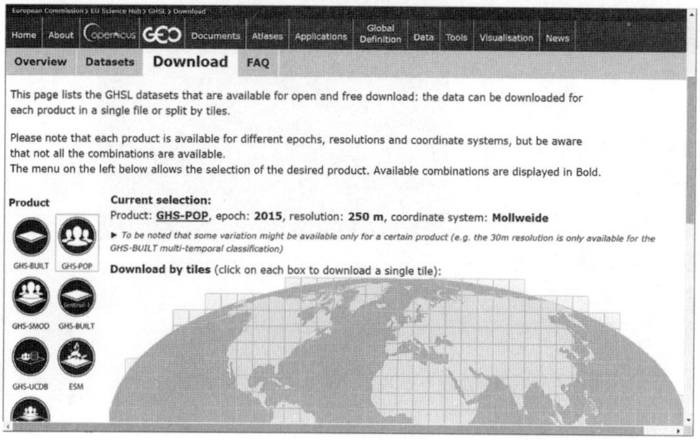

图 5－209 Global Human Settlement 数据的官方页面

① https：//ghsl. jrc. ec. europa. eu/ghs_pop2019. php。

在下载页面的地图上，选择覆盖河南省的 4 幅影像瓦片（Tile），其 ID 为“27_4”“27_5”“28_4”“28_5”，如图 5－210 所示。

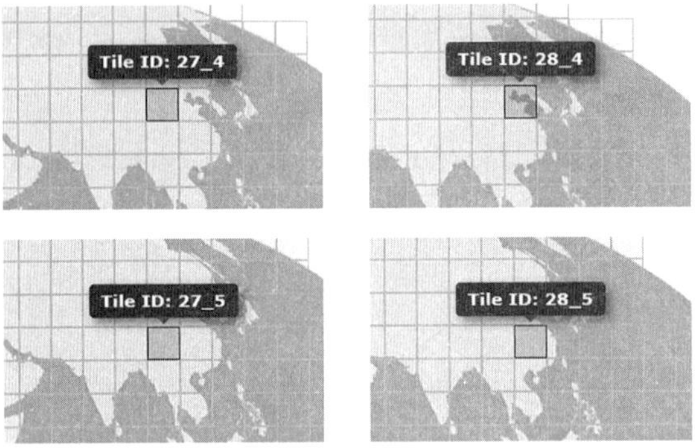

图 5－210　选择覆盖河南省的影像瓦片

下载完成后，将 4 幅影像瓦片加载到 ArcGIS 中，如图 5－211 所示。

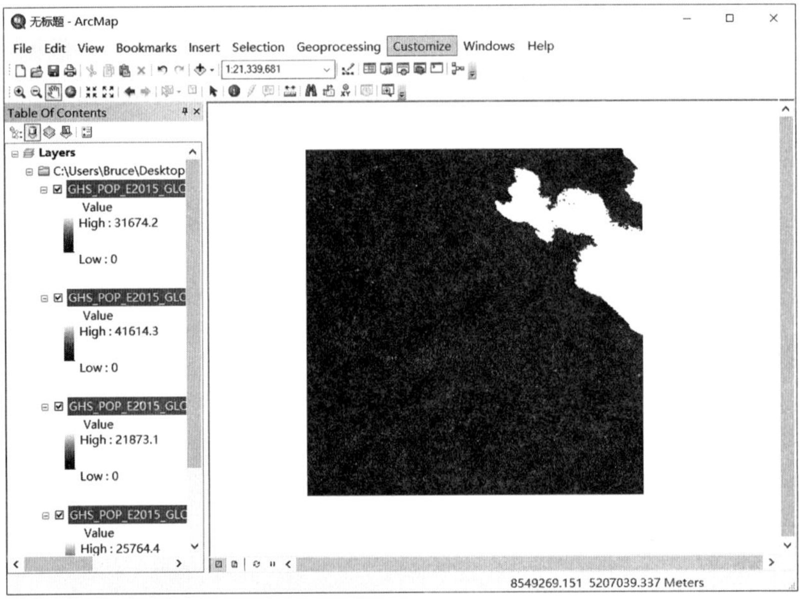

图 5－211　下载得到的 4 幅影像瓦片

接下来，我们将这些影像瓦片拼接成 1 幅影像。打开 ArcGIS 工具【ArcToolbox】|【Data Management Tools】|【Raster】|【Raster Dataset】|【Mosaic To New Raster】。以下载的 4 幅影像瓦片作为输入栅格（Input Raster），

将输出文件名称设置为“Pop_All. tif”，将投影参考（Spatial Reference for Raster）设置为“New_Beijing_Gauss_Kruger_CM_111E”，将像素类型（Pixel Type）设置为“32_BIT_FLOAT”（与原数据保持一致），将波段数（Number of Bands）设置为“1”，如图5-212、图5-213所示。

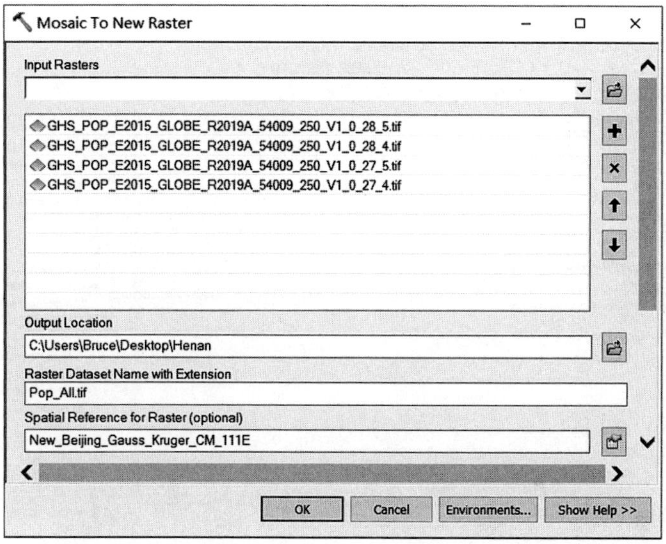

图5-212 【Mosaic To New Raster】具体设置1

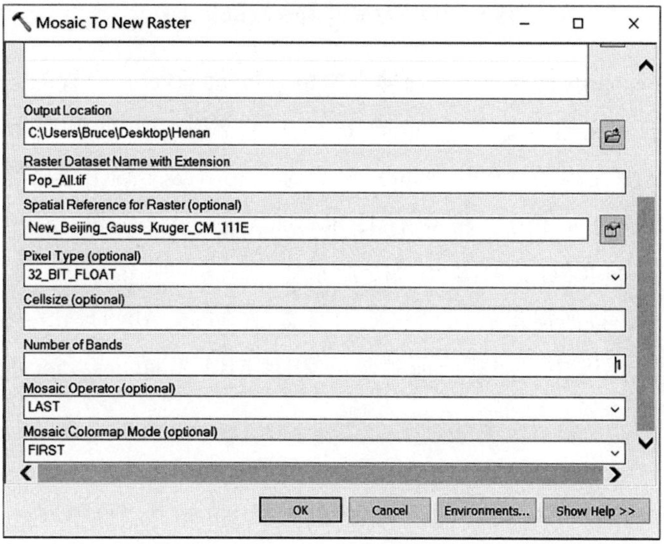

图5-213 【Mosaic To New Raster】具体设置2

执行完毕后得到文件“Pop_All. tif”，并会自动加载到 ArcGIS 中。

由于 Global Human Settlement 数据的原始空间分辨率为 250m，我们接下来将其聚合[①]为 1km（注意不是重采样）。方法：打开 ArcGIS 工具【ArcToolbox】|【Spatial Analyst Tools】|【Aggregate】，如图 5－214 所示。

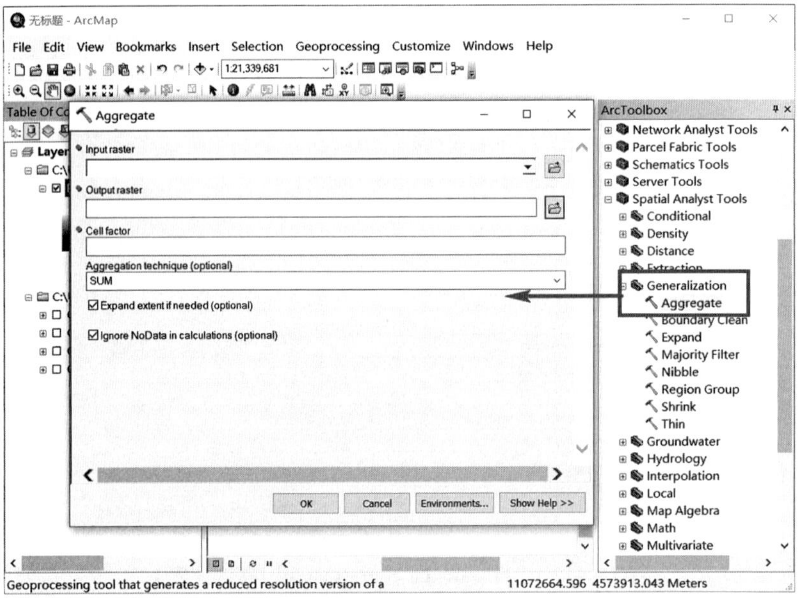

图 5－214　打开【Aggregate】工具

在【Aggregate】窗口中，将输入栅格（Input raster）设置为文件“Pop_All. tif”，自定义输出栅格（Output raster）的名称（此处设置为 Pop_All_1k. tif），将像元因子（Cell factor）设置为“4”（表示输出栅格的像元大小是输入数据的 4 倍），将聚合技术[②]（Aggregation technique）设置为“SUM”（表示求和），如图 5－215 所示。

接下来，按照河南省的行政范围对文件“Pop_All_1k. tif”进行裁剪。首先，在 ArcGIS 中，加载此前制作的文件“HA_Counties_Pro. shp”，如图 5－216 所示。

① https://desktop. arcgis. com/zh－cn/arcmap/latest/tools/spatial－analyst－toolbox/aggregate. htm。

② https://desktop. arcgis. com/zh－cn/arcmap/latest/tools/spatial－analyst－toolbox/how－aggregate－works. htm。

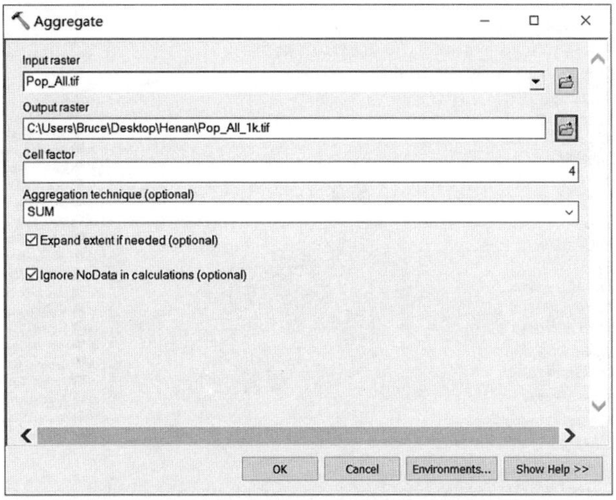

图 5-215　工具【Aggregate】的参数设置

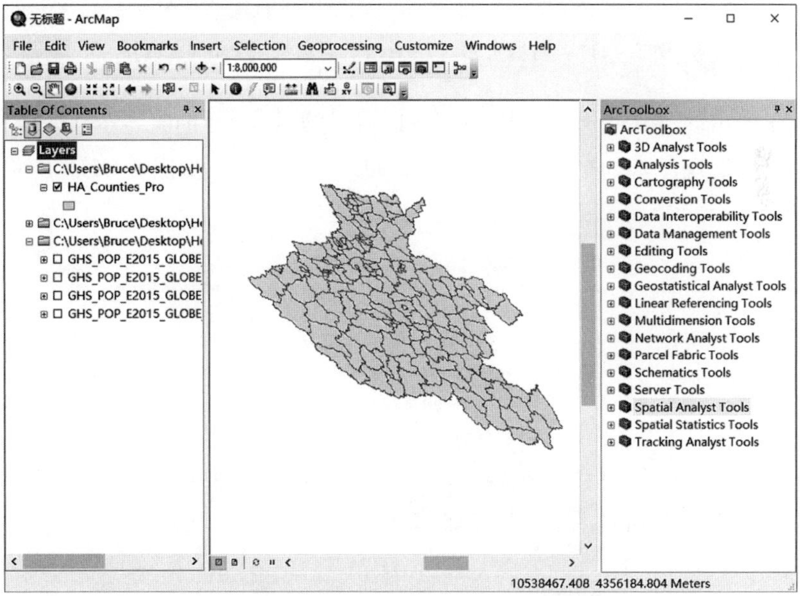

图 5-216　加载此前制作的文件"HA_Counties_Pro. shp"

但是我们发现在图 5-216 中，文件"HA_Counties_Pro. shp"与往常的投影不同。这是因为数据框架的投影设置问题，我们先修正此问题。右键点击【Layers】，选择【Properties】，如图 5-217 所示。

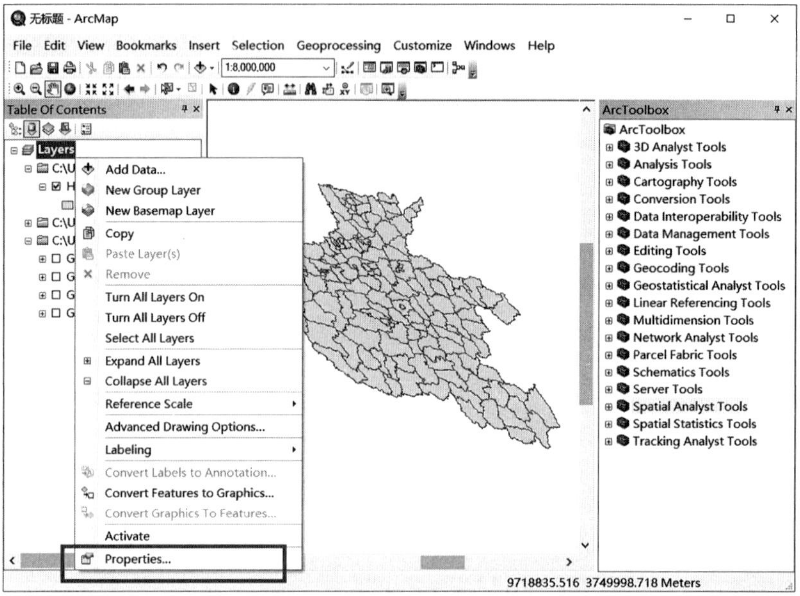

图 5-217 右键点击【Layers】后选择【Properties】

在弹出的【Data Frame Properties】窗口的【Coordinate System】选项卡中，我们发现原有的坐标系为"Mollweide（world）"，如图 5-218 所示。

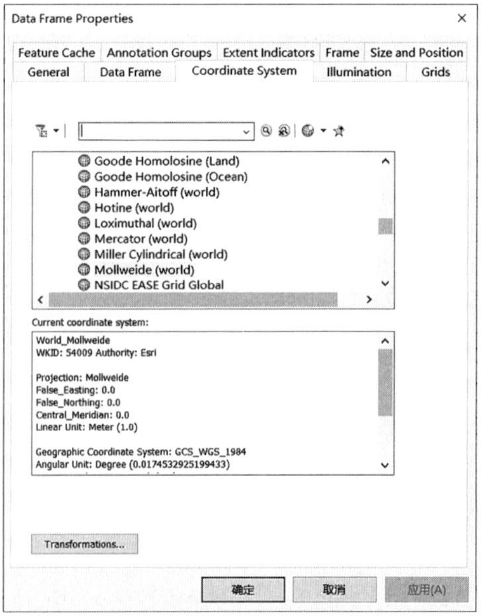

图 5-218 原有的坐标系为"Mollweide（world）"

将坐标系修改为“New_Beijing_Gauss_Kruger_CM_111E”，如图 5－219 所示。

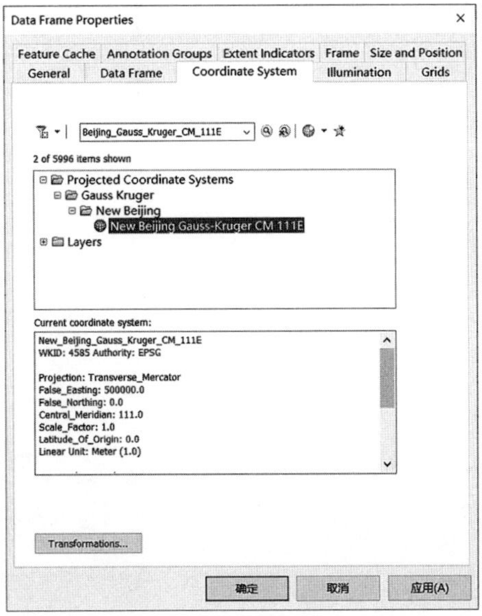

图 5－219　修改坐标系为“New_Beijing_Gauss_Kruger_CM_111E”

坐标系修改之后，结果如图 5－220 所示。

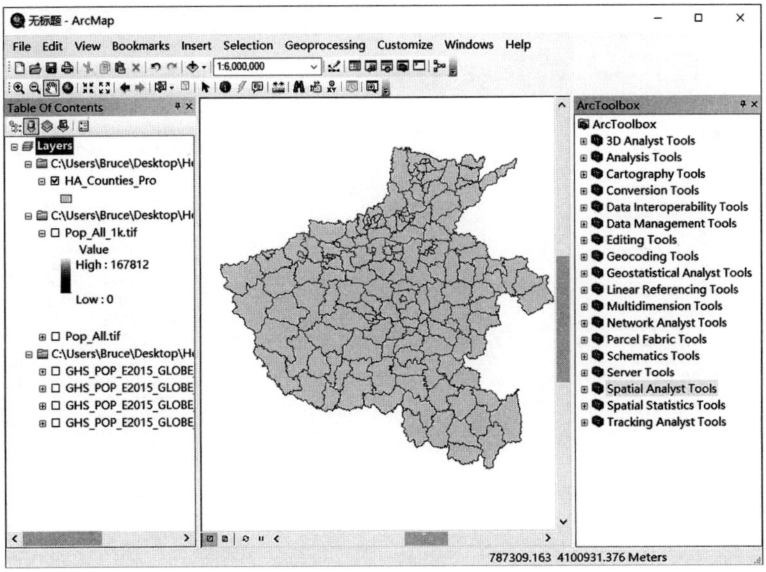

图 5－220　坐标系修改后的结果

打开 ArcGIS 中的裁剪工具【ArcToolbox】|【Spatial Analyst Tools】|【Extraction】|【Extract by Mask】，将 “Pop_All_1k. tif” 作为输入栅格（Input Raster），将 “HA_Counties_Pro. shp” 作为掩膜数据（Input raster or feature mask data），将输出文件名设置为 “Pop_HA_1k. tif”，如图 5－221 所示。

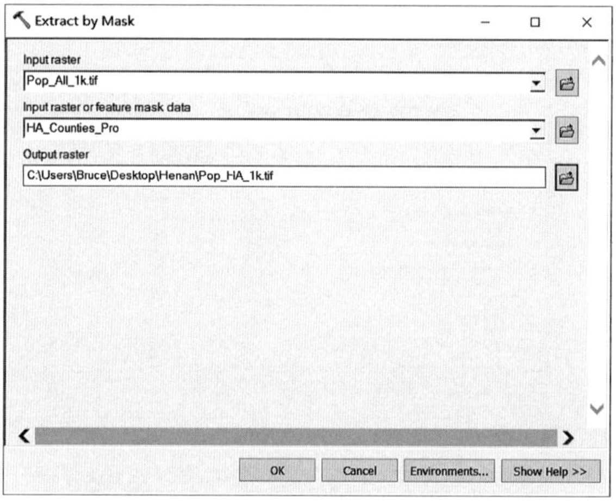

图 5－221　按掩膜提取工具中的参数设置

提取结果如图 5－222 所示。

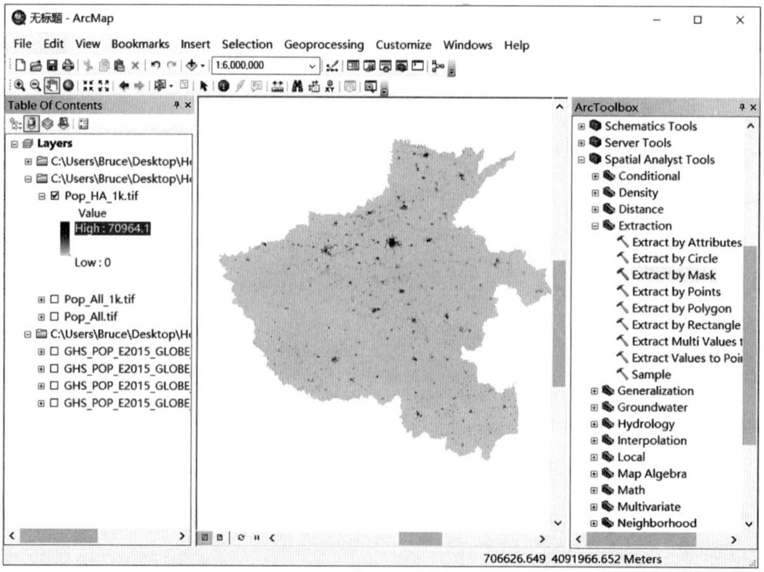

图 5－222　按掩膜提取的结果：文件 “Pop_HA_1k. tif”

5.3 量化各土地系统提供的服务

本节中，我们将计算每种土地系统承载了多少人口、提供了多少粮食。

5.3.1 量化各土地系统的人口数

基于 Matlab 实现，输入文件为“Pop_HA_1k. tif”和“Land_Sys. txt”。Matlab 代码如表 5-27 所示。

表 5-27　　用于量化各土地系统的人口数的 Matlab 代码

```
clc
clear
pop = imread('Pop_HA_1k. tif');% 读入人口数据
lan = load('Land_Sys. txt');% 读入土地系统

%% 对土地系统进行统计
sts = tabulate(lan(:));% 结果为 3 列数据
[num,tmp] = size(sts);
sts = [sts,zeros(num,1),zeros(num,1)];% 向 sts 增加第 4—6 列
% 第 4 列:当前土地系统的像素数(与第 2 列应相同)
% 第 5 列:当前土地系统的累计人口数
% 第 6 列:当前土地系统的平均人口数(人/像素)

%% 对人口数据和土地系统同时进行遍历
[nr,nc] = size(pop);
for r = 1:nr
    for c = 1:nc
        index = find(sts(:,1) == lan(r,c));
        sts(index,4) = sts(index,4) + 1;
        sts(index,5) = sts(index,5) + pop(r,c);
        sts(index,6) = sts(index,5)/ sts(index,4);
    end
end

%% 结果输出
dlmwrite('Pop_Per_Pixel. txt',sts,'\t');% 数值大时将以科学计数法输出
```

代码执行后，我们得到文本文件“Pop_Per_Pixel. txt”，如图 5－223 所示。

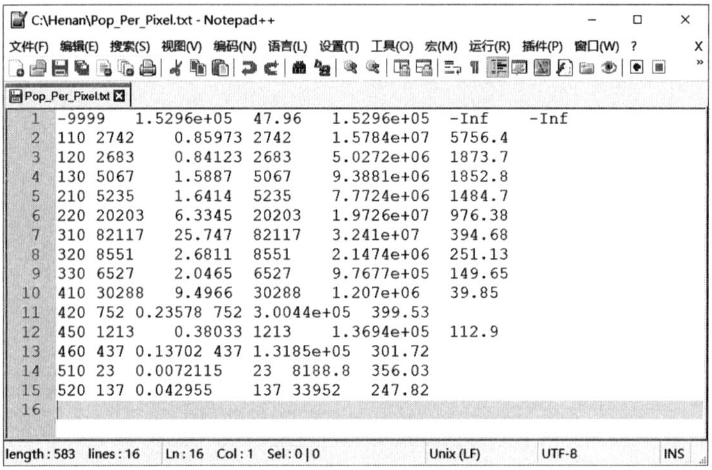

图 5－223　文本文件“Pop_Per_Pixel. txt”

为了更好地查看结果，可将文件“Pop_Per_Pixel. txt”中的内容复制到 Excel 中查看，如图 5－224 所示。此 Excel 中的第 A 列为土地系统的编码、F 列为人口数（人/像素）。

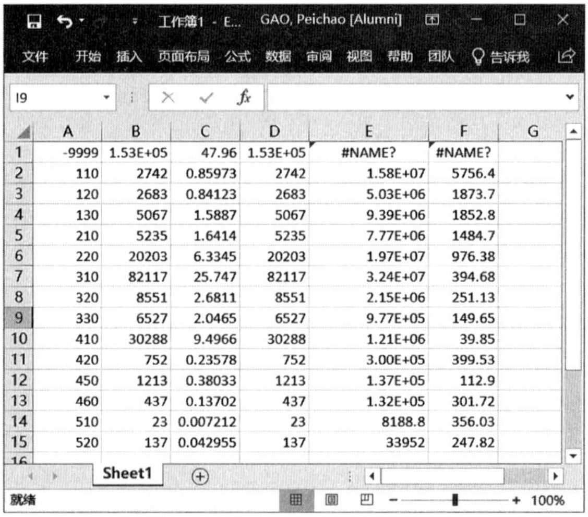

图 5－224　在 Excel 中查看“Pop_Per_Pixel. txt”的内容

此处，我们将“Pop_Per_Pixel. txt”中的内容整理至表 5－28。

表 5－28　　整理“Pop_Per_Pixel. txt”中的内容

土地系统编码	土地系统名称	像素数	人口数/万人	平方千米人口数/万人
110	紧凑城区	2742	1578.40	0.5756
120	稀疏城区	2683	502.72	0.1874
130	城市郊区	5067	938.81	0.1853
210	紧凑乡镇	5235	777.24	0.1485
220	稀疏乡镇	20203	1972.60	0.0976
310	高利用率耕地	82117	3241.00	0.0395
320	中利用率耕地	8551	214.74	0.0251
330	低利用率耕地	6527	97.68	0.0150
410	林地	30288	120.70	0.0040
420	草地	752	30.04	0.0399
450	水域	1213	13.69	0.0113
460	绿地	437	13.19	0.0302
510	荒地	23	0.82	0.0357
520	其他	137	3.40	0.0248
		合计	9505.02	

然而，经过查询河南省统计年鉴，我们得到2017年河南省的人口数为10853万人，而表5－28中的总数为9505.02万人。于是，我们使用河南省统计年鉴中的数据对表5－28中的数据进行修正。修正后的“人口数”＝原数值/9505.02×10853，并根据修正后的“人口数”数值重新计算“平方千米人口数”字段，修正结果如表5－29所示。

表 5－29　　对“Pop_Per_Pixel. txt”中的结果进行修正

土地系统编码	土地系统名称	像素数	人口数/万人	平方千米人口数/万人
110	紧凑城区	2742	1802.25	0.6573
120	稀疏城区	2683	574.01	0.2139
130	城市郊区	5067	1071.95	0.2116
210	紧凑乡镇	5235	887.47	0.1695
220	稀疏乡镇	20203	2252.35	0.1115
310	高利用率耕地	82117	3700.63	0.0451
320	中利用率耕地	8551	245.19	0.0287
330	低利用率耕地	6527	111.53	0.0171

续表

土地系统编码	土地系统名称	像素数	人口数/万人	平方千米人口数/万人
410	林地	30288	137.82	0.0046
420	草地	752	34.30	0.0456
450	水域	1213	15.63	0.0129
460	绿地	437	15.06	0.0345
510	荒地	23	0.94	0.0409
520	其他	137	3.88	0.0283
		合计	10853.00	

根据修正后的结果，我们计算了“转化顺序”（见表 5－30），以表达不同土地系统提供的“承载人口”土地利用服务时的能力。其中数值越大，表达能力越强。

表 5－30　各土地系统提供的“承载人口”服务及其转换顺序

土地系统编码	土地系统名称	平方千米人口数/人	转换顺序
110	紧凑城区	6572.76	13
120	稀疏城区	2139.43	12
130	城市郊区	2115.55	11
210	紧凑乡镇	1695.26	10
220	稀疏乡镇	1114.86	9
310	高利用率耕地	450.65	7
320	中利用率耕地	286.74	4
330	低利用率耕地	170.87	2
410	林地	45.50	0
420	草地	456.12	8
450	水域	128.94	1
460	绿地	344.39	5
510	荒地	408.70	6
520	其他	283.21	3

5.3.2　量化耕地面积和粮食产量

在本节中，我们将量化各土地系统的耕地面积（平方千米/像素）和粮食产量（吨/像素）。使用的基础数据共四样，如表 5 - 31 所示。

表 5 - 31　　用于量化耕地面积和粮食产量的基础数据

序号	数据	文件名
1	河南省高分辨率土地覆被地图（10m）	Henan10. tif
2	河南省低分辨率土地覆被地图（1km）	Henan1k. tif
3	河南省土地系统类型地图	Land_Sys. txt
4	河南省单位面积粮食产量地图	Grain_P. tif

Matlab 代码如表 5 - 32 所示。

表 5 - 32　　用于量化耕地面积和粮食产量的代码

```
%% 读入用户数据
land = load('Land_Sys. txt');% 土地系统类型地图
grain = imread('Grain_P. tif');% 单位面积粮食产量地图
ha10 = imread('Henan10. tif');% 高分辨率土地覆被图(10m);像素称为小像素
ha1k = imread('Henan1k. tif');% 低分辨率土地覆被图(1km);像素称为大像素

%% 对土地系统进行统计
sts = tabulate(land(:)); % 结果为 3 列数据,第 1 列为 land 中不同的数值(每种数值表
示 1 种土地系统类型),第 2 列为该数值的个数,第 3 列为该数值比例
[num,tmp] = size(sts); % 读取 land 中不同数值的个数(num;变量 tmp 无用)
tpp = zeros(num,1); % 创建 num 行 1 列的零值矩阵
sts = [sts,tpp,tpp,tpp,tpp,tpp];% 向 sts 增加第 4—8 列
% 第 4 列:当前土地系统类型的 像素数(计算结果将与第 2 列相同)
% 第 5 列:当前土地系统类型的 粮食产量之和
% 第 6 列:当前土地系统类型的 平均粮食产量(吨/大像素)
% 第 7 列:当前土地系统类型的 耕地小像素数之和
% 第 8 列:当前土地系统类型的 平均耕地面积(平方千米/大像素)

%% 对人口数据和粮食产量进行遍历
[nr,nc] = size(land);
for r = 1:nr
    for c = 1:nc
        index = find(sts(:,1) == land(r,c)); % 查询 land(r,c)的属性是 sts 中的第几
种土地系统类型(即索引值 index)
        sts(index,4) = sts(index,4) + 1;
        sts(index,5) = sts(index,5) + grain(r,c);
        sts(index,6) = sts(index,5)/ sts(index,4);

        % 计算 sts(index,7)
```

续表

```
        [rr,cc] = size(ha10);% 高分辨率数据的行列数
        ws = round(rr / nr); % 滑动窗口的滑动次数(此处应等于100)
        r_skip = mod(rr,ws);% 跳过的行数
        for i = 1:ws
            for j = 1:ws
                rrr = (r - 1) * ws + r_skip + i;
                ccc = (c - 1) * ws + j;
                if rrr < = rr && ccc < = cc && ha10(rrr,ccc) == 10 % 如果滑动窗口
未出界,且等于耕地的编码
                    sts(index,7) = sts(index,7) + 1;
                end
            end
        end

        sts(index,8) = sts(index,7) * 0.0001 / sts(index,4);
    end
end

%% 结果输出
dlmwrite('Grain_Area.txt',sts,'\t');% 数值大时将以科学计数法输出
```

代码执行后，我们得到文本文件“Grain_Area.txt”，如图 5－225 所示。在该文件中，第 6 列和第 8 列为所求结果。其中，第 6 列为土地系统的平均粮食产量（吨/像素），第 8 列为土地系统的平均耕地面积（平方千米/像素）。

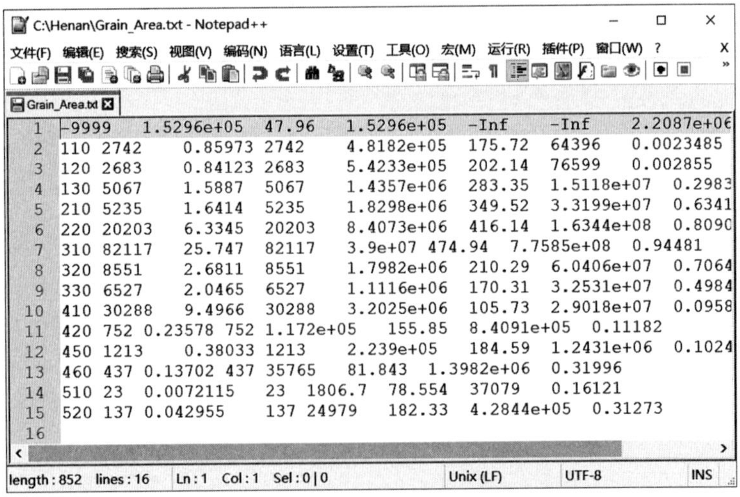

-9999	1.5296e+05	47.96	1.5296e+05	-Inf	-Inf	2.2087e+06	
110	2742	0.85973	2742	4.8182e+05	175.72	64396	0.0023485
120	2683	0.84123	2683	5.4233e+05	202.14	76599	0.002855
130	5067	1.5887	5067	1.4357e+06	283.35	1.5118e+07	0.2983
210	5235	1.6414	5235	1.8298e+06	349.52	3.3199e+07	0.6341
220	20203	6.3345	20203	8.4073e+06	416.14	1.6344e+08	0.8090
310	82117	25.747	82117	3.9e+07	474.94	7.7585e+08	0.94481
320	8551	2.6811	8551	1.7982e+06	210.29	6.0406e+07	0.7064
330	6527	2.0465	6527	1.1116e+06	170.31	3.2531e+07	0.4984
410	30288	9.4966	30288	3.2025e+06	105.73	2.9018e+07	0.0958
420	752	0.23578	752	1.172e+05	155.85	8.4091e+05	0.11182
450	1213	0.38033	1213	2.239e+05	184.59	1.2431e+06	0.1024
460	437	0.13702	437	35765	81.843	1.3982e+06	0.31996
510	23	0.0072115	23	1806.7	78.554	37079	0.16121
520	137	0.042955	137	24979	182.33	4.2844e+05	0.31273

图 5－225 文本文件“Grain_Area.txt”

此处，为方便后续使用，我们将“Grain_Area. txt”中的内容整理至表 5－33 和表 5－34 中。并计算相应的转换顺序，展示在表格中。

表 5－33　各土地系统提供的“耕地面积”服务及其转换顺序

土地系统编码	土地系统名称	耕地面积（平方千米/像素）	转换顺序
110	紧凑城区	0.0023485	0
120	稀疏城区	0.002855	1
130	城市郊区	0.29836	6
210	紧凑乡镇	0.63418	10
220	稀疏乡镇	0.80901	12
310	高利用率耕地	0.94481	13
320	中利用率耕地	0.70642	11
330	低利用率耕地	0.49841	9
410	林地	0.095807	2
420	草地	0.11182	4
450	水域	0.10248	3
460	绿地	0.31996	8
510	荒地	0.16121	5
520	其他	0.31273	7

表 5－34　各土地系统提供的“粮食产量”服务及其转换顺序

土地系统编码	土地系统名称	粮食产量（吨/像素）	转换顺序
110	紧凑城区	175.72	5
120	稀疏城区	202.14	8
130	城市郊区	283.35	10
210	紧凑乡镇	349.52	11
220	稀疏乡镇	416.14	12
310	高利用率耕地	474.94	13
320	中利用率耕地	210.29	9
330	低利用率耕地	170.31	4
410	林地	105.73	2
420	草地	155.85	3
450	水域	184.59	7
460	绿地	81.843	1
510	荒地	78.554	0
520	其他	182.33	6

5.4 土地利用情景的设定

参考论文（Wang et al.，2019）中的做法，设置 2 种人口增长预期与 3 种耕地政策交互下的 6 种土地利用情景，如表 5－35 所示。其中，2 种人口增长预期分别是现有趋势的外推和政策规划增长量，3 种耕地政策：无耕地政策、耕地面积不减、粮食产量不减。

表 5－35　　土地利用情景

	无耕地政策	耕地面积不减	粮食产量不减
人口按趋势增长	情景 1	情景 2	情景 3
人口按调控增长	情景 4	情景 5	情景 6

5.4.1 历年人口数据查询

本节中，我们查询 2017 年前的河南省的人口数据。登录“中国经济社会大数据研究平台”的【统计资料】页面（http：//data. cnki. net/Yearbook），如图 5－226 所示。

图 5－226　“中国经济社会大数据研究平台”的【统计资料】页面

在【统计资料】页面中选择【河南统计年鉴】（见图 5 - 227），结果如图 5 - 228 所示。

图 5 - 227　选择【河南统计年鉴】

图 5 - 228　进入【河南统计年鉴】

选择 2018 年（内含 2017 年的信息）的统计年鉴，并选择第 3.1 节，如图 5 - 229 所示。

图 5－229　选择 2018 年统计年鉴的第 3.1 节

随后选择【Excel 格式文件下载】，如图 5－230 所示。

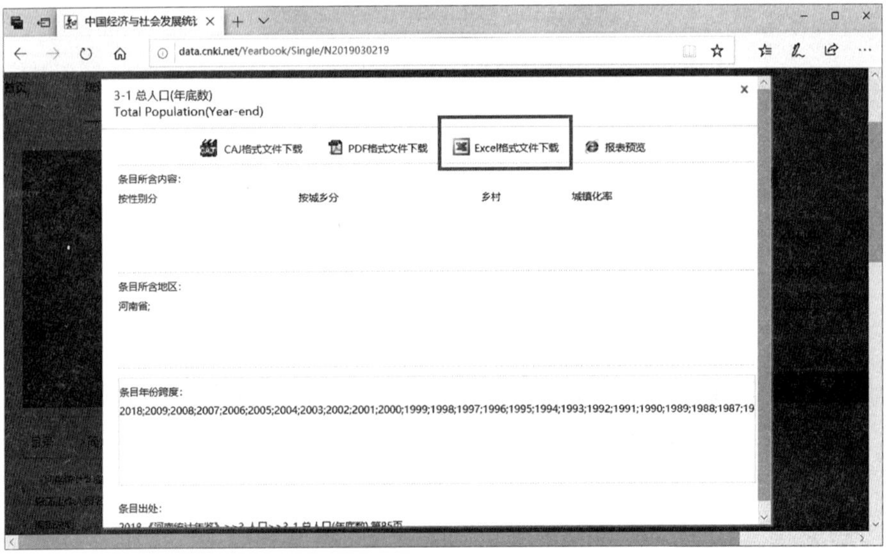

图 5－230　选择【Excel 格式文件下载】

打开下载的 Excel 文件，如图 5－231 所示。

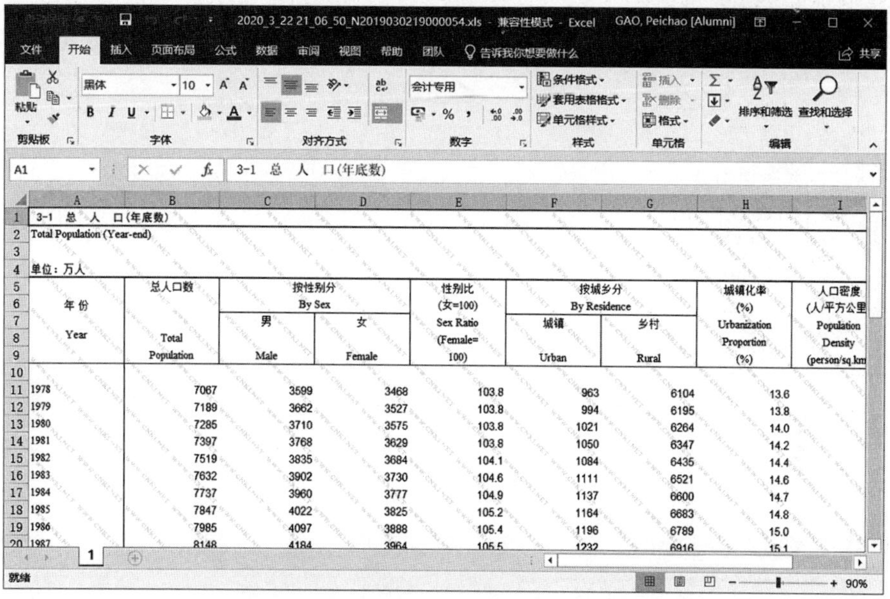

3-1 总 人 口(年底数)
Total Population (Year-end)

单位：万人

年份 Year	总人口数 Total Population	按性别分 By Sex 男 Male	女 Female	性别比 (女=100) Sex Ratio (Female=100)	按城乡分 By Residence 城镇 Urban	乡村 Rural	城镇化率 (%) Urbanization Proportion (%)	人口密度 (人/平方公里) Population Density (person/sq.km)
1978	7067	3599	3468	103.8	963	6104	13.6	
1979	7189	3662	3527	103.8	994	6195	13.8	
1980	7285	3710	3575	103.8	1021	6264	14.0	
1981	7397	3768	3629	103.8	1050	6347	14.2	
1982	7519	3835	3684	104.1	1084	6435	14.4	
1983	7632	3902	3730	104.6	1111	6521	14.6	
1984	7737	3960	3777	104.9	1137	6600	14.7	
1985	7847	4022	3825	105.2	1164	6683	14.8	
1986	7985	4097	3888	105.4	1196	6789	15.0	
1987	8148	4184	3964	105.5	1232	6916	15.1	

图 5-231 从统计年鉴中下载得到的 Excel 文件

从 Excel 文件中提取 2010 年以来每年的河南省人口数，如表 5-36 所示。

表 5-36 河南省 2010—2017 年的人口数

年份	人口（万人）
2010	10437
2011	10489
2012	10543
2013	10601
2014	10662
2015	10722
2016	10788
2017	10853

将这些数据复制到一张新的 Excel 表格中，并绘制成散点图，如图 5-232 所示。

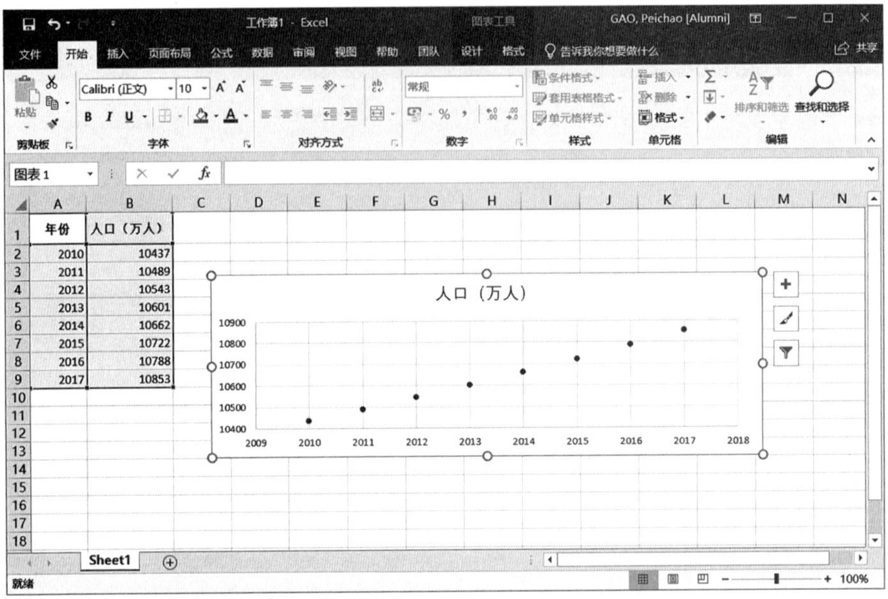

图 5－232　在 Excel 中绘制人口逐年变化的散点图

在散点图中，选中散点后点击鼠标右键，选择【添加趋势线】，如图 5－233 所示。

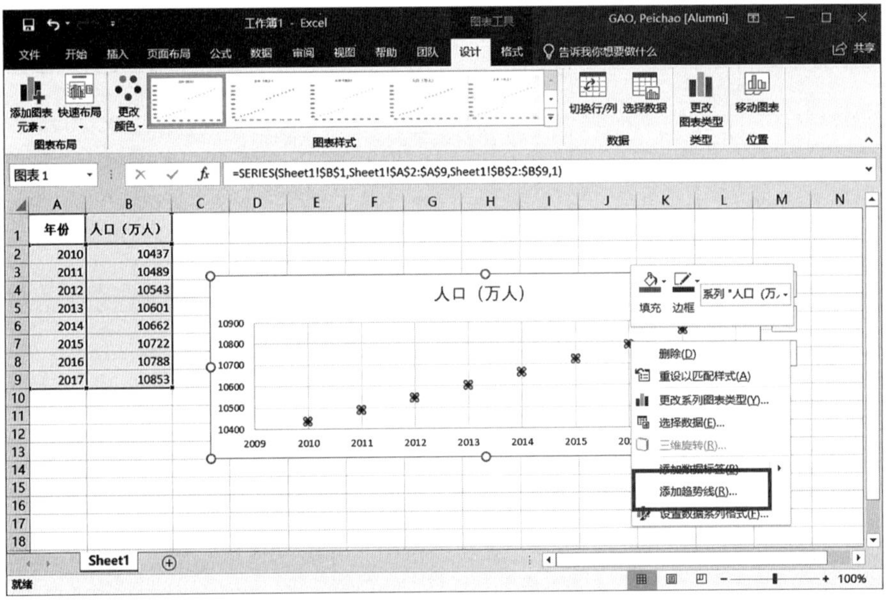

图 5－233　在散点图中添加趋势线

随后会自动地弹出【设置趋势线格式】的侧栏。根据目视判别趋势线的形态，选择合适的【趋势线选项】。此处，选择【线性】，如图5－234所示。

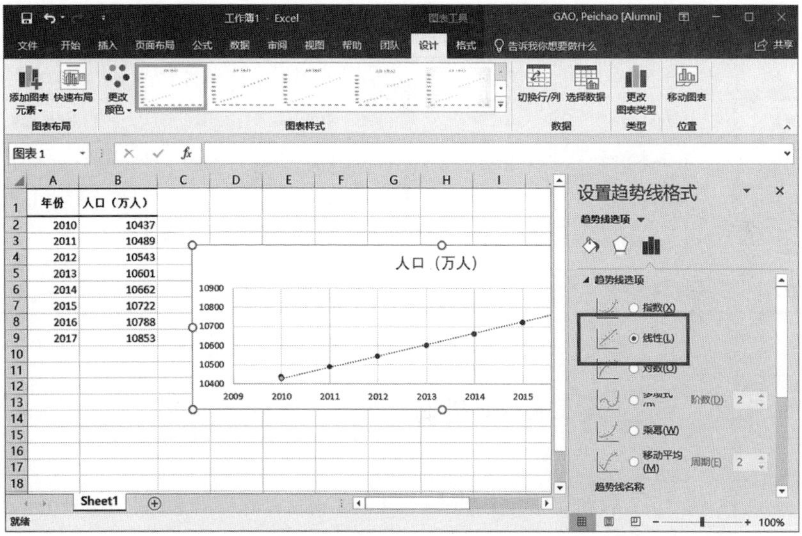

图5－234 在【趋势线选项】中选择【线性】

随后，依然在【设置趋势线格式】的侧栏中，选择【显示公式】，如图5－235所示。得到趋势线的公式为 $y = 59.583x - 109334$。

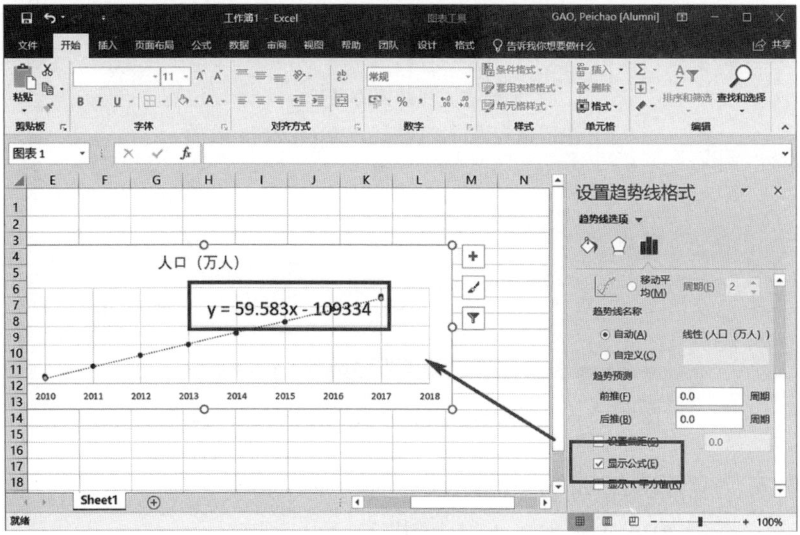

图5－235 选择【显示公式】

根据趋势线的公式，得到未来 13 年河南省的人口变化预测，如表 5－37 所示。

表 5－37　　河南省 2018—2030 年人口预测

年份	人口（万人）	年份	人口（万人）	年份	人口（万人）
2018	10904.494	2023	11202.409	2028	11500.324
2019	10964.077	2024	11261.992	2029	11559.907
2020	11023.660	2025	11321.575	2030	11619.490
2021	11083.243	2026	11381.158		
2022	11142.826	2027	11440.741		

5.4.2　调控人口数据查询

从河南省人民政府网站中找到《河南省人口发展规划（2016—2030 年）》（https：//www.henan.gov.cn/2017/05－25/248952.html），如图 5－236 所示。

图 5－236　河南省人口发展规划（2016—2030 年）

在该人口发展规划文件中，有以下三句重要信息：

- “全省 2015 年年末总人口为 10722 万人”；
- “2020 年全省总人口在 1.115 亿人左右，2016—2020 年年均人口自然增长率在7.8‰左右”；

• “2030年全省总人口在1.15亿人左右，2021—2030年年均人口自然增长率在3‰左右”。

因此，我们以2015年的数据为基准，基于给定增长率计算从2016—2030年的规划人口数，如表5－38所示。

表5－38　河南省人口发展规划（2016—2030年）

年份	较上年增长率	年末总人口（万人）
2015	—	10722
2016	7.8‰	10805.632
2017	7.8‰	10889.916
2018	7.8‰	10974.857
2019	7.8‰	11060.461
2020	7.8‰	11146.732
2021	3‰	11180.173
2022	3‰	11213.713
2023	3‰	11247.354
2024	3‰	11281.096
2025	3‰	11314.940
2026	3‰	11348.884
2027	3‰	11382.931
2028	3‰	11417.080
2029	3‰	11451.331

5.4.3 耕地与粮食现状查询

本节中，需查询2017年河南省的耕地面积和粮食产量。首先查询耕地面积。根据表5－5，在河南省土地覆被类型图（10米）中，耕地像素的个数为1115861896。因此，耕地的面积为1115861896×100平方米或111586.1896平方千米。

然后，查询粮食产量。在ArcGIS中，加载此前制作的河南省县级行政边界数据（“HA_Counties_Pro.shp”），并打开其属性表，选择其中的

“Grain” 字段，如图 5－237 所示。

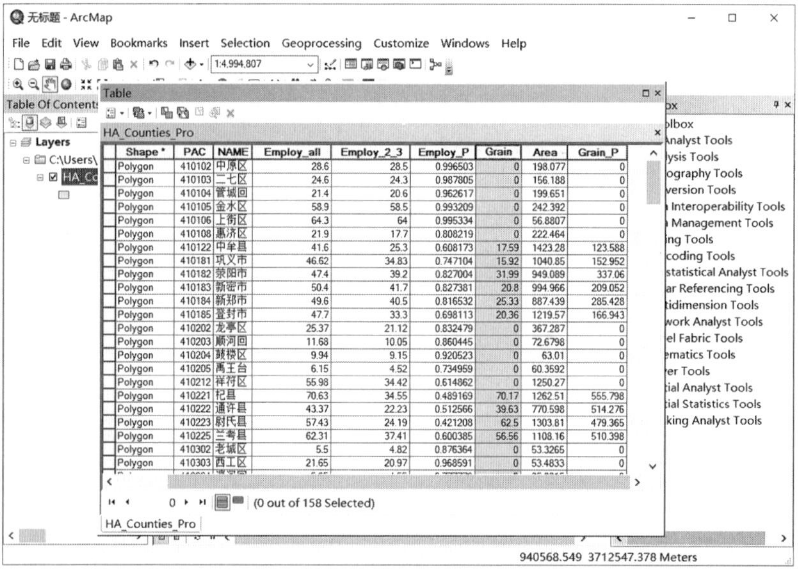

图 5－237　数据“HA_Counties_Pro. shp”属性表中的“Grain”字段

然后在“Grain”字段的名称上点击鼠标右键，选择【Statistics】，如图 5－238 所示。

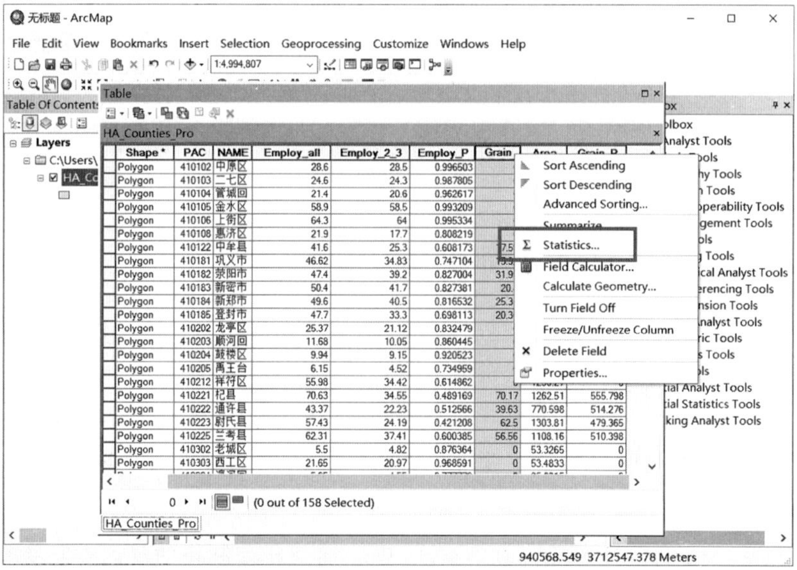

图 5－238　选择【Statistics】选项

结果如图 5－239 所示，可以看到其总和为“5821.01”（万吨），以此为粮食产量。

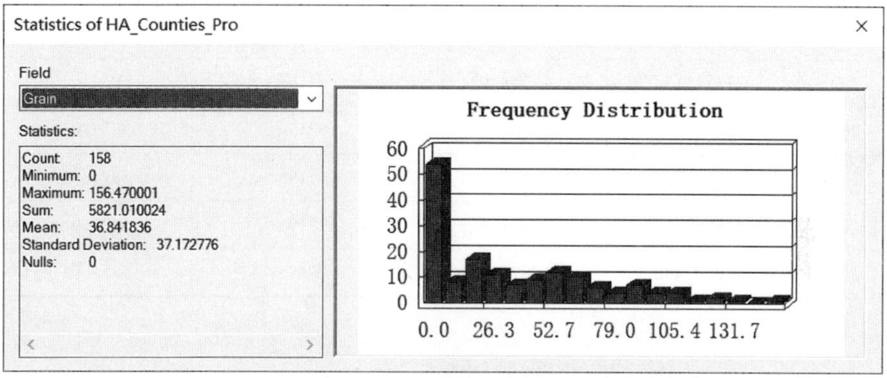

图 5－239　字段“Grain”的统计结果

5.4.4　各情景中的具体数值

本节中，我们计算出各土地利用情景下，从 2018—2030 年的具体参数值，如表 5－39 所示。这里，具体的参数是指对给定土地利用服务的需求量。

表 5－39　　各土地利用情景中的具体数值

	人口数（情景 1～3）	人口数（情景 4～6）	耕地面积/平方千米（情景 2 和 5）	粮食产量/万吨（情景 3 和 6）
2017	10853.00	10853.00	97195	5821.01
2018	10904.494	10974.857	97195	5821.01
2019	10964.077	11060.461	97195	5821.01
2020	11023.660	11146.732	97195	5821.01
2021	11083.243	11180.173	97195	5821.01
2022	11142.826	11213.713	97195	5821.01
2023	11202.409	11247.354	97195	5821.01
2024	11261.992	11281.096	97195	5821.01

续表

	人口数 （情景 1～3）	人口数 （情景 4～6）	耕地面积/平方千米 （情景 2 和 5）	粮食产量/万吨 （情景 3 和 6）
2025	11321.575	11314.940	97195	5821.01
2026	11381.158	11348.884	97195	5821.01
2027	11440.741	11382.931	97195	5821.01
2028	11500.324	11417.080	97195	5821.01
2029	11559.907	11451.331	97195	5821.01
2030	11619.490	10974.857	97195	5821.01

5.5 基于 CLUMondo 的情景模拟

5.5.1 数据预处理

在前面的章节中，我们已经完成了 CLUMondo 所需的全部数据文件的制备。在使用 CLUMondo 之前，我们还需要将其转换为 CLUMondo 可直接读取的格式以及容易排错的格式。根据我们制备的数据情况，我们执行了如下转换操作。

5.5.1.1 初始土地利用地图

使用文件“Land_Sys_H. txt”作为初始土地利用地图，并进行文件名和内容两项修改。在文件名方面，将该文件的文件名（包括后缀）修改为“cov_all. 0. asc”。在内容上，将文件中的土地利用类型编码修改为从数值“0”开始的顺次编码，如图 5－240 所示。

实现该修改操作，有两种途径可选：（1）使用记事本软件（或 Notepad＋＋）的替换功能；（2）在 ArcGIS 中使用重分类功能。

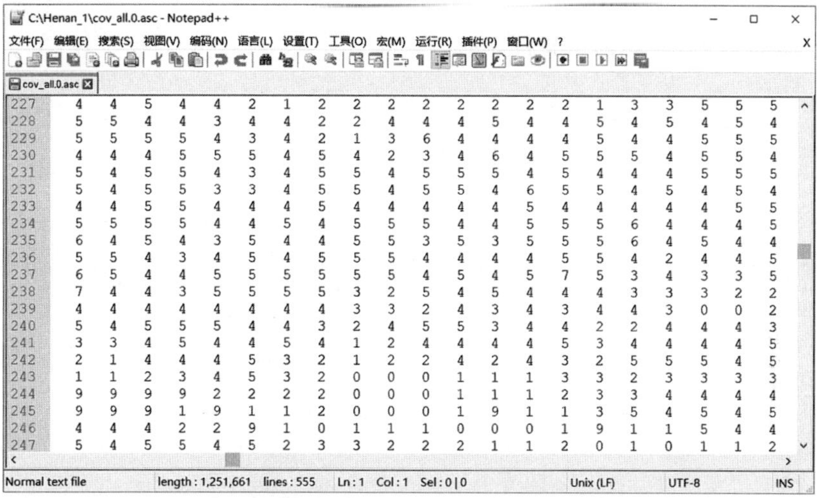

图 5－240 文件“cov_all. 0. asc”

5. 5. 1. 2 限制区域地图

在初始土地利用地图的基础制作限制区域地图。首先，复制文件“cov_all. 0. asc”，并将副本重命名为“region. asc”。然后，将文件中的数值矩阵中所有非背景值（即除“－9999”外的数值）均改为“0”（这意味着研究区内不存在限制区域），如图 5－241 所示。

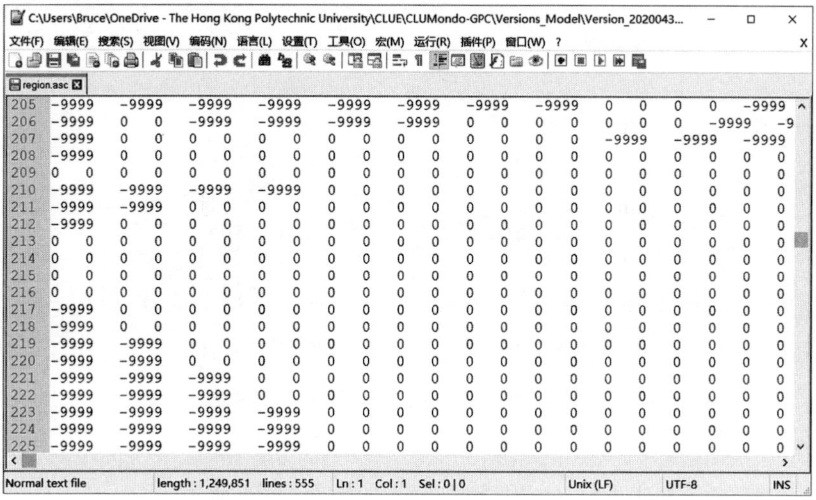

图 5－241 文件“region. asc”

5.5.1.3 驱动因子文件

此前制作的驱动因子文件均为 tif 格式，该格式的文件可由 CLUMondo 直接读取。但是，如果出现错误，我们很难便捷地排错。这里，我们将驱动因子文件从 tif 格式转换为 ASCII 文件（即文本文件）的格式（后缀定义为 asc）。接下来，我们以驱动因子文件“gdp2015ha. tif”为例，显示基于 ArcGIS 软件进行转换的全过程。

打开 ArcGIS，加载驱动因子文件“gdp2015ha. tif”，如图 5 - 242 所示。

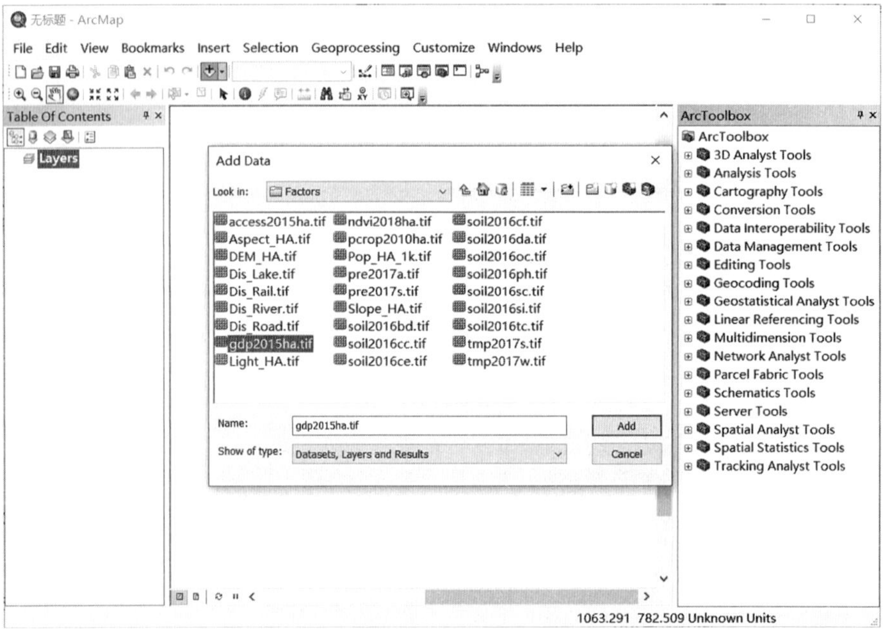

图 5 - 242 加载驱动因子文件“gdp2015ha. tif”

打开工具【ArcToolbox】|【Conversion Tools】|【From Raster】|【Raster to ASCII】。在【Raster to ASCII】窗口中，将驱动因子文件“gdp2015ha. tif”作为输入栅格（Input raster），将输出文件的名称设置为同名的“gdp2015ha. txt”，如图 5 - 243 所示。

生成的文本文件“gdp2015ha. txt”如图 5 - 244 所示。

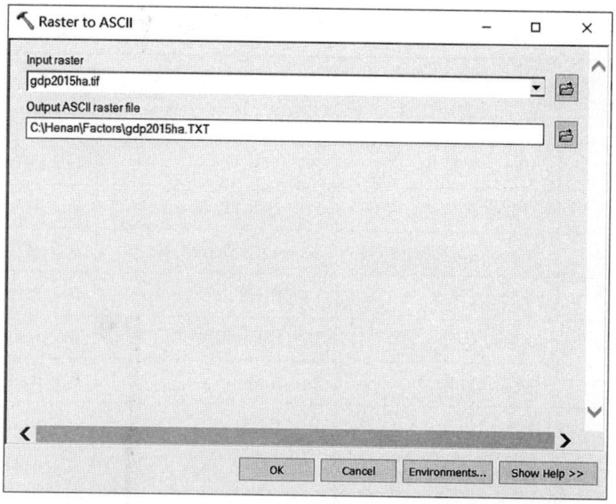

图 5-243　工具【Raster to ASCII】中的参数设置

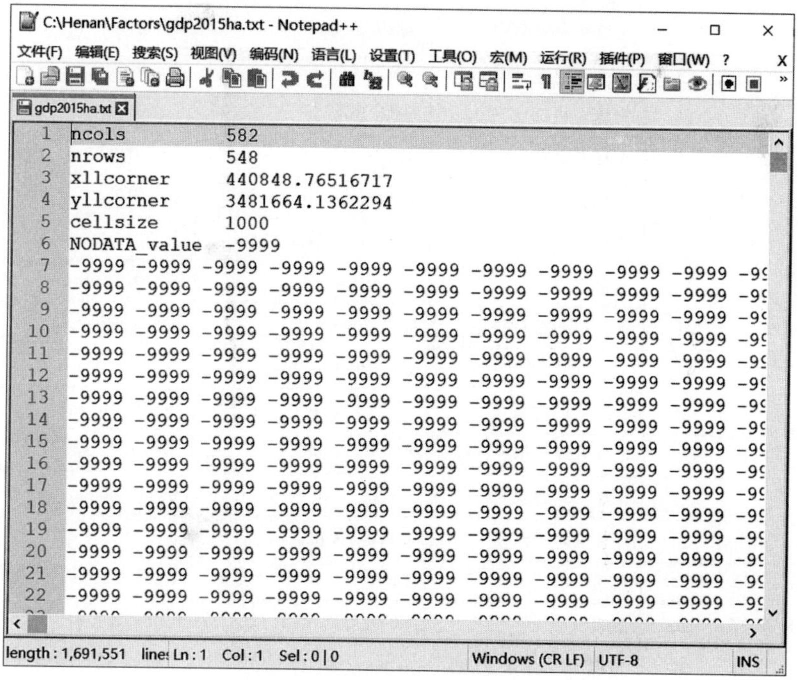

图 5-244　文本文件“gdp2015ha. txt”

将文本文件“gdp2015ha. txt”的后缀手动地更改为“asc”，得到文件“gdp2015ha. asc”。针对表 5-23 中的所有驱动因子重复执行上述操作。

将所有的驱动因子文件转换为“asc”格式，如表 5-40 所示。

表 5－40 驱动因子的文件名

类别	序号	驱动因子名称	文件名（格式 1）	文件名（格式 2）
社会经济	1	GDP 数据	gdp2015ha. tif	gdp2015ha. asc
	2	夜间灯光数据	Light_HA. tif	Light_HA. asc
	3	人口分布	Pop_HA_1k. tif	Pop_HA_1k. asc
可达性	4	城市可达性	access2015ha. tif	access2015ha. asc
	5	河流可达性	Dis_River. tif	Dis_River. asc
	6	湖泊可达性	Dis_Lake. tif	Dis_Lake. asc
	7	铁路可达性	Dis_Rail. tif	Dis_Rail. asc
	8	公路可达性	Dis_Road. tif	Dis_Road. asc
土壤性状	9	土壤容重	soil2016bd. tif	soil2016bd. asc
	10	土壤阳离子交换量	soil2016ce. tif	soil2016ce. asc
	11	土壤粘粒含量	soil2016cc. tif	soil2016cc. asc
	12	土壤粗碎片含量	soil2016cf. tif	soil2016cf. asc
	13	土壤有效含水量	soil2016da. tif	soil2016da. asc
	14	土壤有机碳密度	soil2016oc. tif	soil2016oc. asc
	15	土壤酸碱度	soil2016ph. tif	soil2016ph. asc
	16	土壤含沙量	soil2016sc. tif	soil2016sc. asc
	17	土壤粉粒含量	soil2016si. tif	soil2016si. asc
	18	土壤质地	soil2016tc. tif	soil2016tc. asc
植被	19	NDVI 数据	ndvi2018ha. tif	ndvi2018ha. asc
农业	20	农田生产潜力	pcrop2010ha. tif	pcrop2010ha. asc
气温	21	2 月平均气温	tmp2017w. tif	tmp2017w. asc
	22	8 月平均气温	tmp2017s. tif	tmp2017s. asc
降水	23	5 月平均降水量	pre2017s. tif	pre2017s. asc
	24	9 月平均降水量	pre2017a. tif	pre2017a. asc
地形	25	高程	DEM_HA. tif	DEM_HA. asc
	26	坡度	Slope_HA. tif	Slope_HA. asc
	27	坡向	Aspect_HA. tif	Aspect_HA. asc

5.5.2 新建工程

打开软件 CLUMondo，点击【File】|【New project】，准备新建工程，如

图 5 - 245 所示。

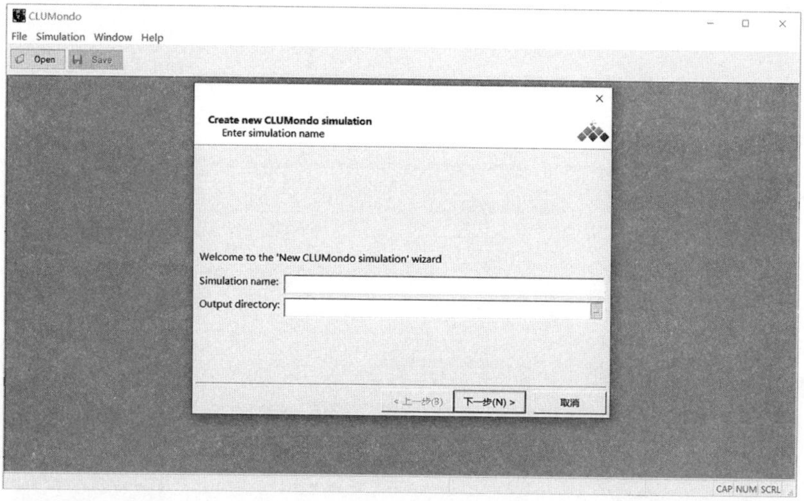

图 5 - 245 打开软件 CLUMondo

输入自定义的模拟代号（simulation name）和输出目录（output directory）。此处的代号为"Henan_1"，输出目录为"C:\Henan_1"，如图 5 - 246 所示。

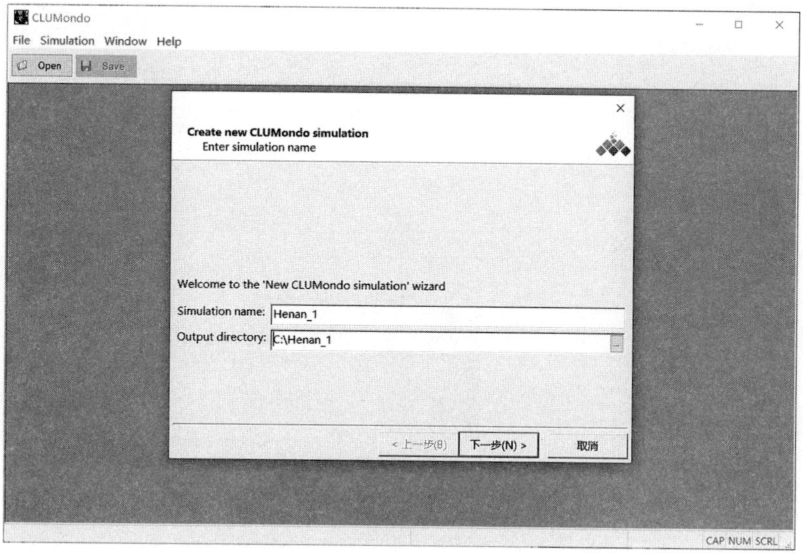

图 5 - 246 设置模拟代号和输出目录

接下来需要输入模拟初始年份的土地利用图（或称为初始土地利用地图，initial land use map）和范围地图（region map），如图 5－247 所示。

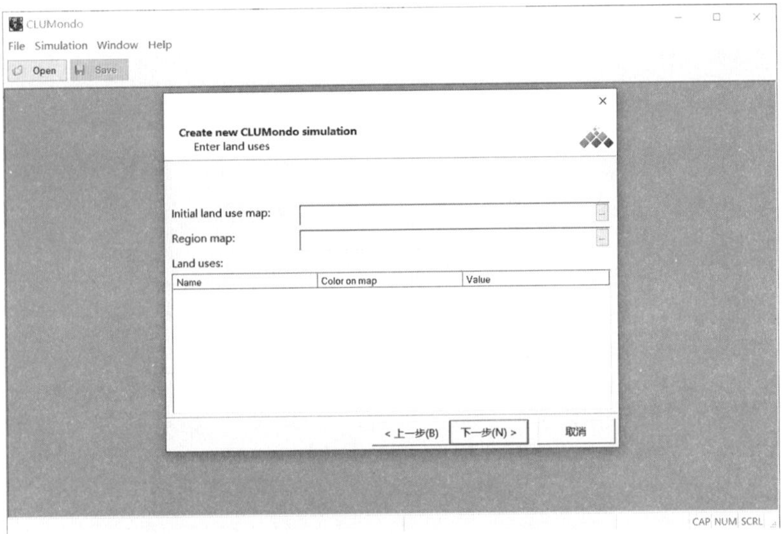

图 5－247　需要输入模拟起始年的土地利用图等

输入初始土地利用图（此处为“cov_all. 0. asc”），如图 5－248 所示。

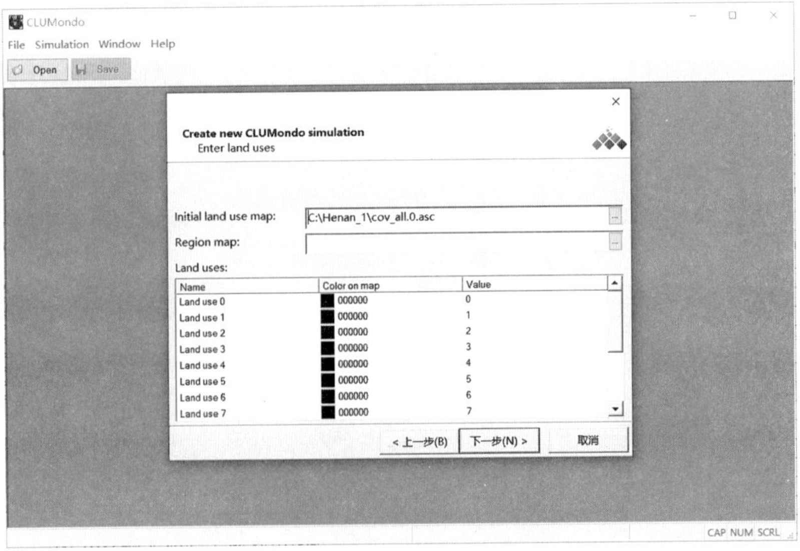

图 5－248　输入初始土地利用图

输入范围地图（此处为 region. asc），如图 5－249 所示。

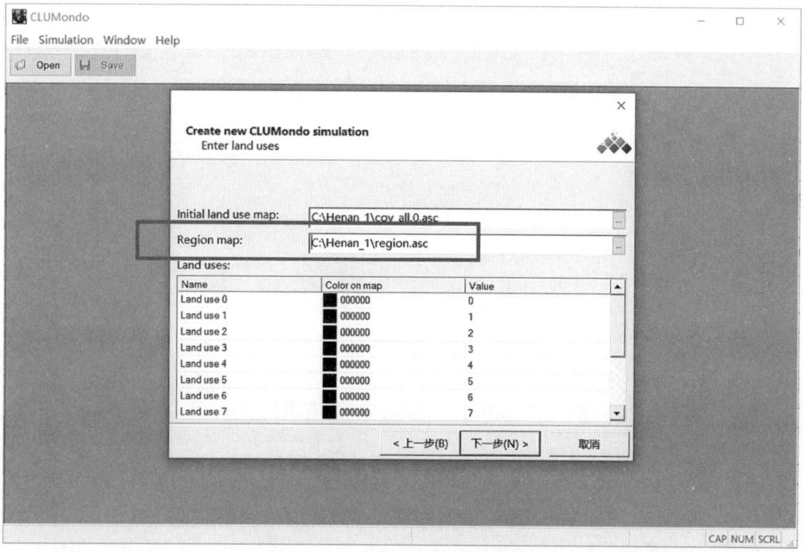

图 5－249　输入范围地图

输入模拟的起始年份，即初始土地利用图的年份，如图 5－250 所示。

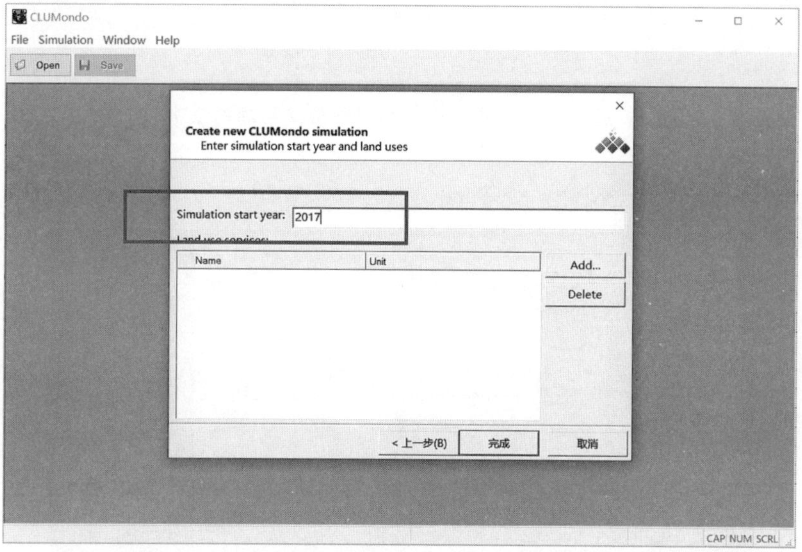

图 5－250　输入模拟的起始年份

点击界面中的【Add】按钮，如图 5－251 所示。

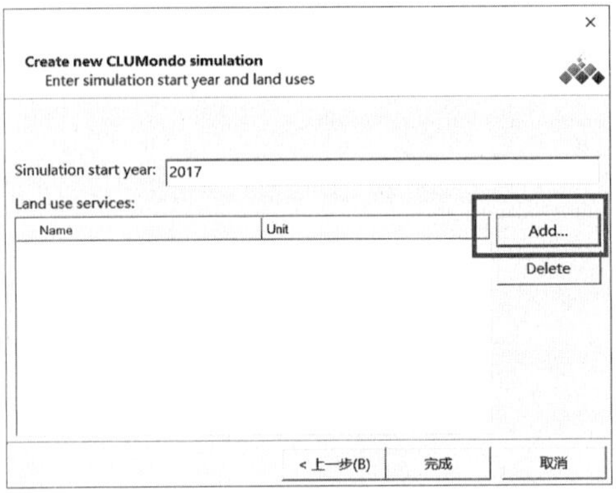

图 5－251　点击界面中的【Add】按钮

添加土地利用服务（Land use service）并明确单位（Unit），如图 5－252 所示。注：土地利用服务必须在创建工程时添加，后续无法追加。此处添加的土地利用服务为人口（Population），单位为人（persons），如图 5－252 所示。添加成功后如图 5－253 所示。

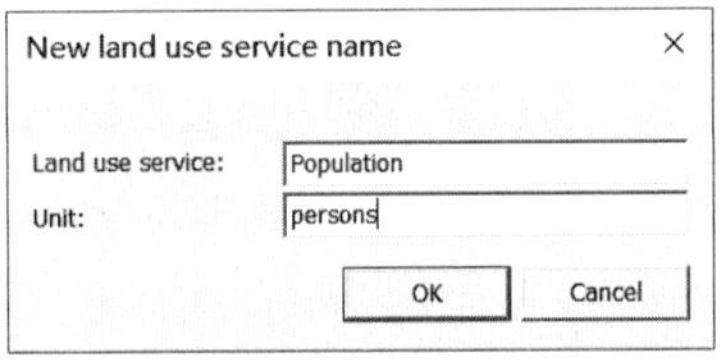

图 5－252　添加土地利用服务并明确单位

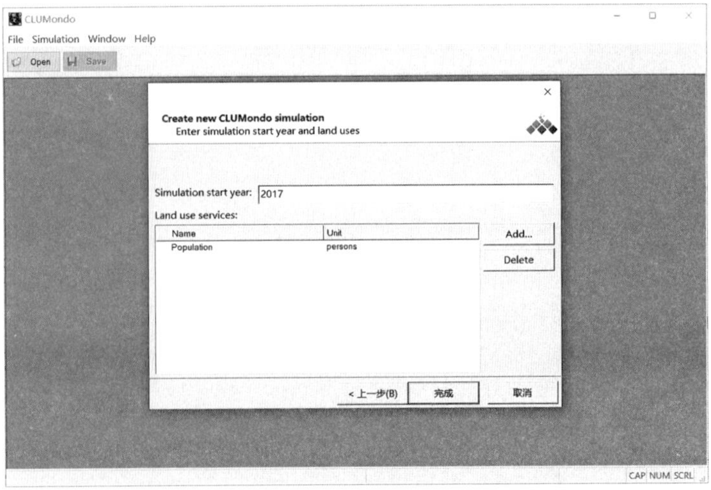

图 5－253　添加土地利用服务后的软件界面

此时点击【完成】。至此，CLUMondo 工程建立完毕，如图 5 - 254 所示。

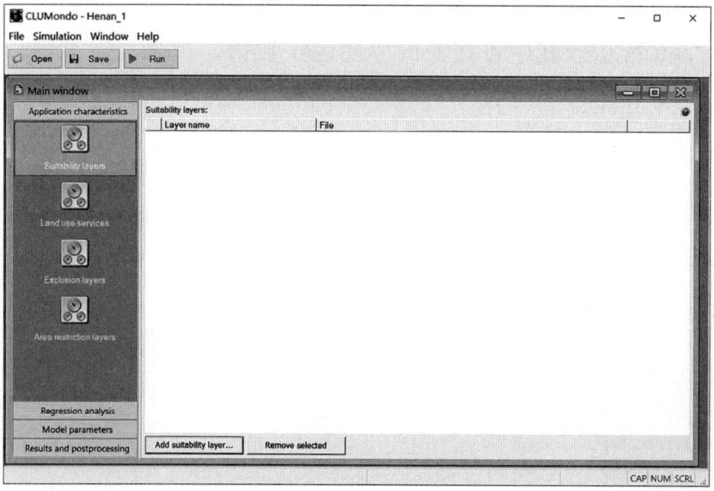

图 5 - 254　新建的 CLUMondo 工程

5.5.3　添加驱动因子

在 CLUMondo 的 "suitability layers" 模块中添加驱动因子。在选中 "suitability layers" 模块的情况下，点击软件界面左下方的 "Add suitability layer"，如图 5 - 255 所示。

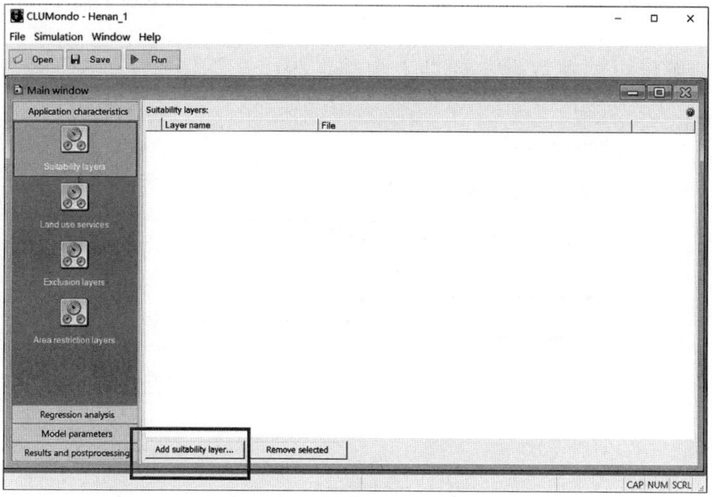

图 5 - 255　点击 "Add suitability layer" 按钮

随后弹出【Import map】窗口，要求用户自定义驱动因子的名称（Name）、指定驱动因子数据文件的位置（Map）、指定图例（Legend），如图 5－256 所示。其中可接受的驱动因子数据文件格式有 5 种：Arc/Info ASCII grid maps（＊.asc）、Arc/Info binary grid maps（＊.adf）、GeoTIFF raster maps（＊.tif）、NetCDF raster maps（＊.nc）、Idrisi raster maps（＊.rst）。

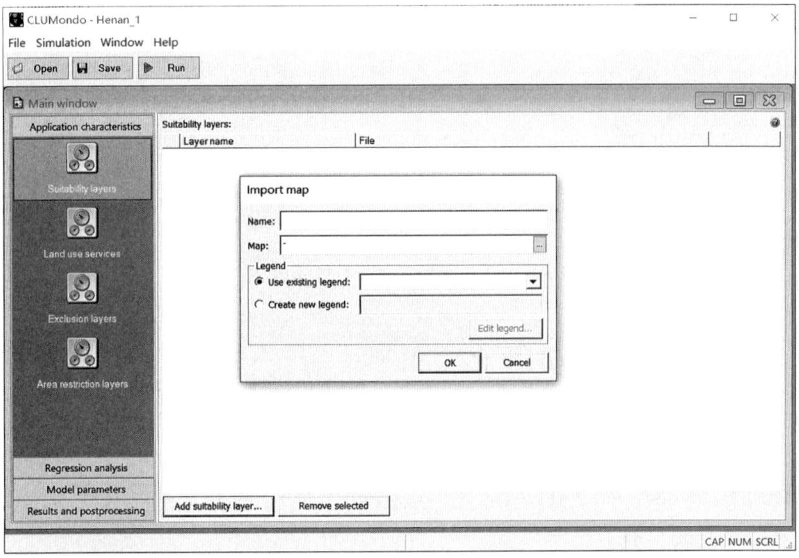

图 5－256 弹出【Import map】窗口要求用户输入驱动因子

添加城市可达性数据作为第 1 个驱动因子，如图 5－257 所示。

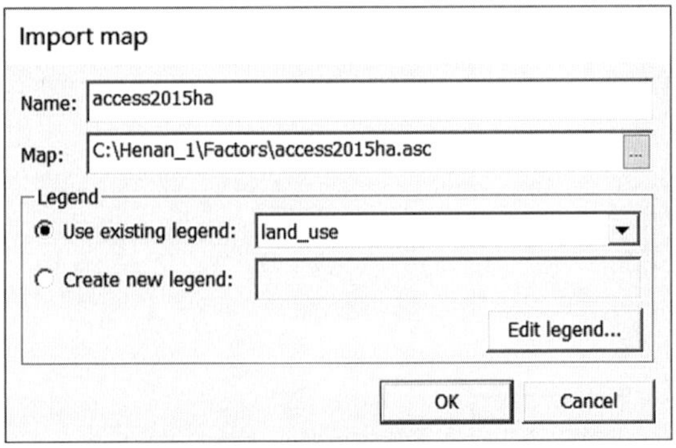

图 5－257 添加驱动因子

添加驱动因子后的软件界面如图 5－258 所示。点击界面中的【Show】按钮，可以获取驱动因子的预览图，如图 5－259 所示。

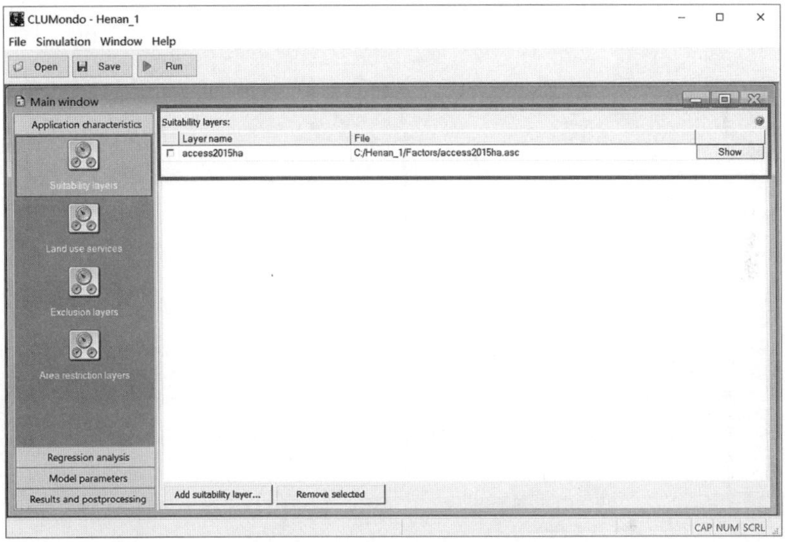

图 5－258 添加驱动因子后的软件界面

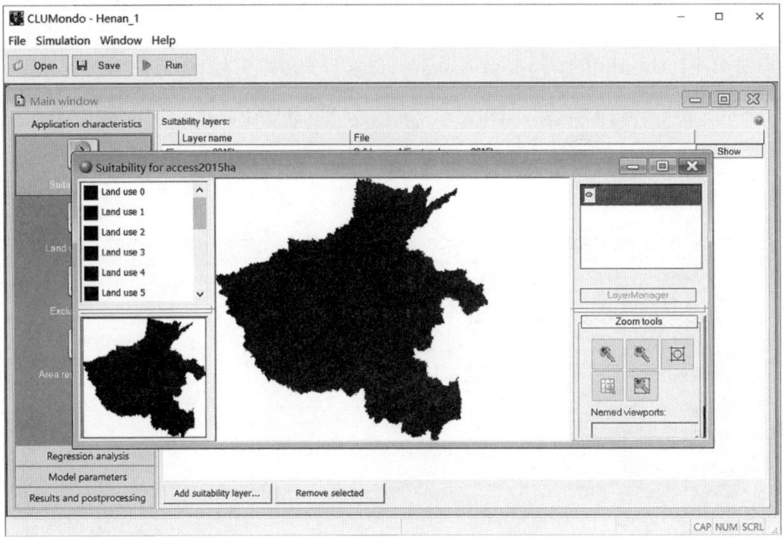

图 5－259 驱动因子的预览图

关闭预览图。执行同样添加操作，将全部的驱动因子都添加其中，如图 5－260 所示。

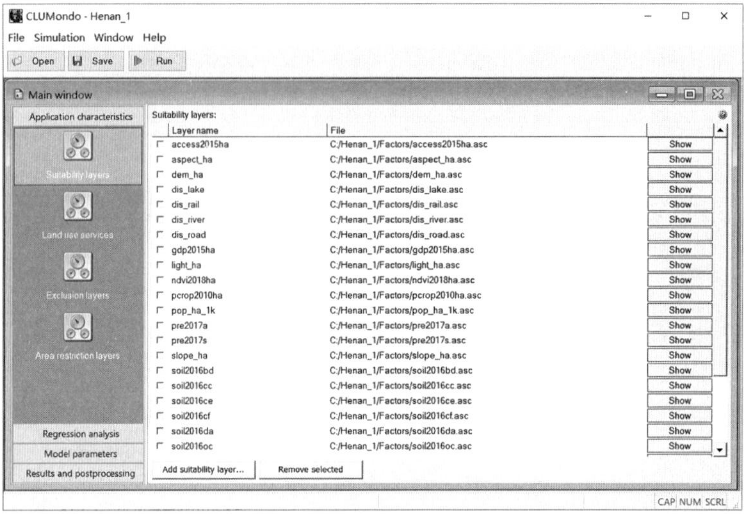

图 5-260　将全部的驱动因子添加于其中

操作完毕后，注意使用软件左上方的【Save】按钮保存工程。

5.5.4　添加土地利用服务

点击 CLUMondo 的【Land use services】模块，如图 5-261 所示。可以看到，该模块中可以有两列内容，标题分别为“Land use”和“Population

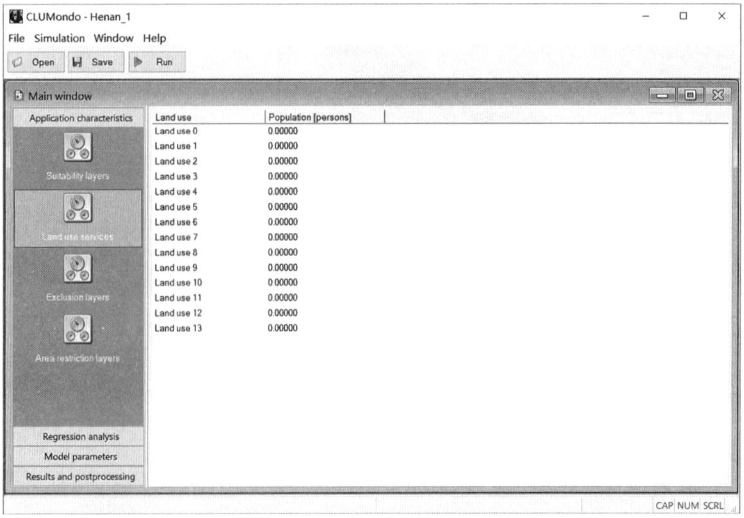

图 5-261　CLUMondo 的“Land use services”模块

[persons]”。这其中，第 1 列是土地利用类型，第 2 列正是我们创建 CLU-Mondo 工程时设置的土地利用服务名称和单位（由于尚未输入数值，因此所有的土地利用服务值显示为零）。

本节的操作，便是将这些零值更改为真实值。将此前的计算结果，复制到“Land use services”模块中（注意确认单位），如图 5 - 262 所示，可以整列复制。

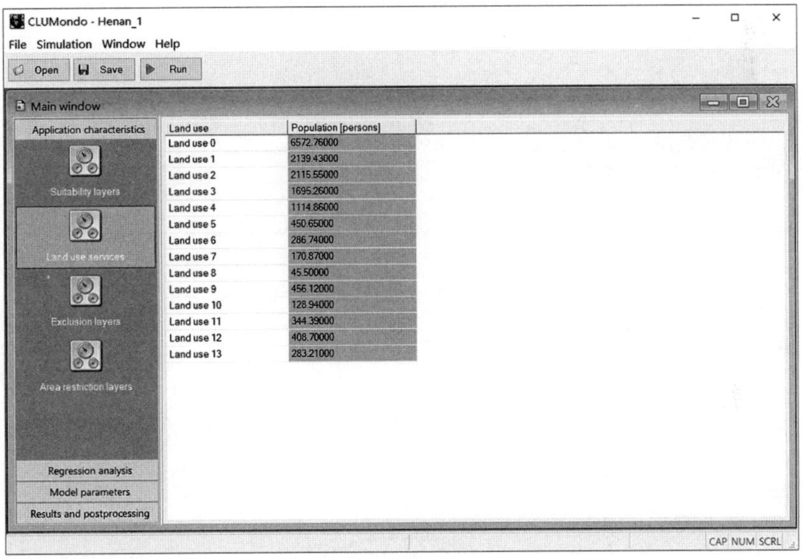

图 5 - 262　更新土地利用服务模块的数值

5.5.5　选择驱动因子

本节中，我们通过相关性分析选择驱动因子。原理：将所有的驱动因子进行两两地组合，然后分析相关性。找到相关性较大的组合，并删除其中的 1 个驱动因子。

点击软件界面的【Regression analysis】（回归分析）模块，如图 5 - 263 所示。

然后，点击此时界面右侧的【Update correlation matrix】按钮，如图 5 - 264 所示。点击后，软件界面中将会弹出窗体提示正在计算相关性矩阵。

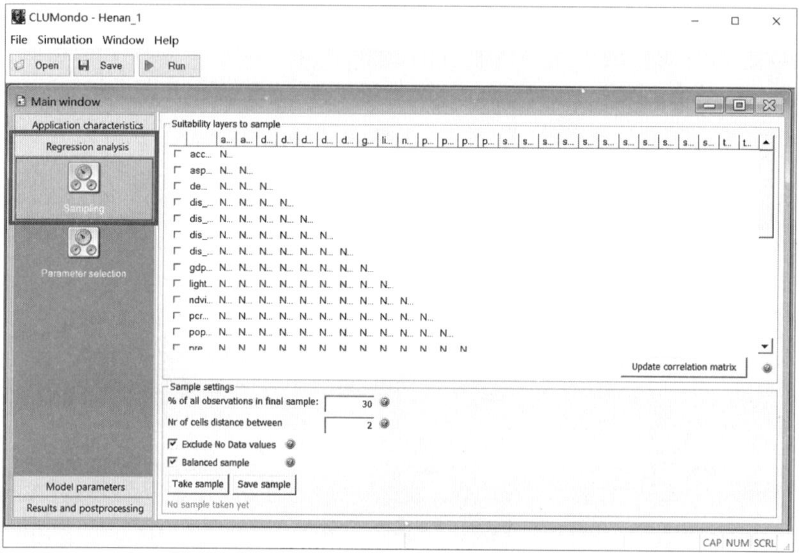

图 5－263　点击回归分析选项卡

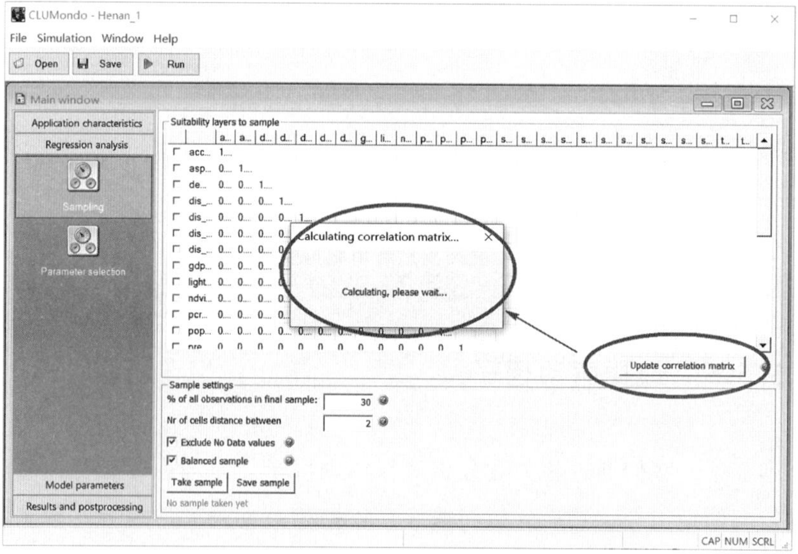

图 5－264　【Update correlation matrix】按钮

计算结果如图 5－265 所示。结果中的每个数值，表示两个驱动因子之间的相关性。

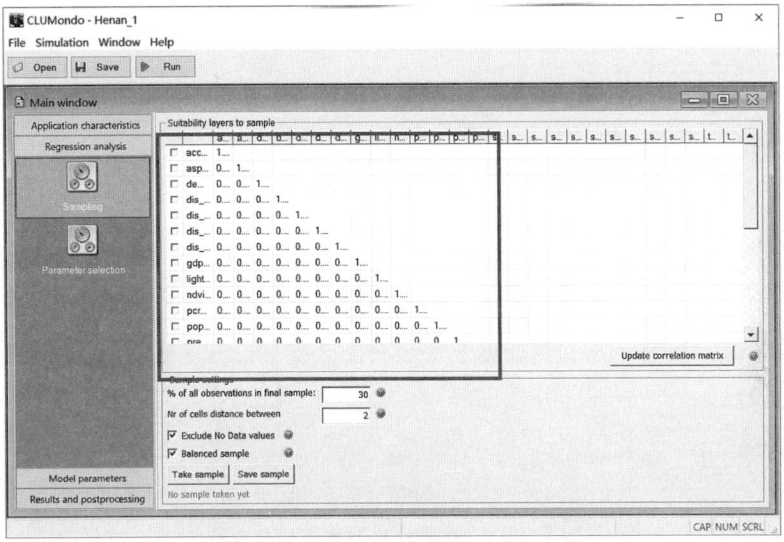

图 5－265　驱动因子相关性的计算结果

如果相关性的计算结果被遮挡，那么可以尝试使用以下方法之一解决：（1）在 CLUMondo 窗口中，可以改表各列的宽度，如图 5－266 所示；（2）全选结果后复制到 Excel 表中查看；（3）将 CLUMondo 的软件窗口最大化，如图 5－267 所示。

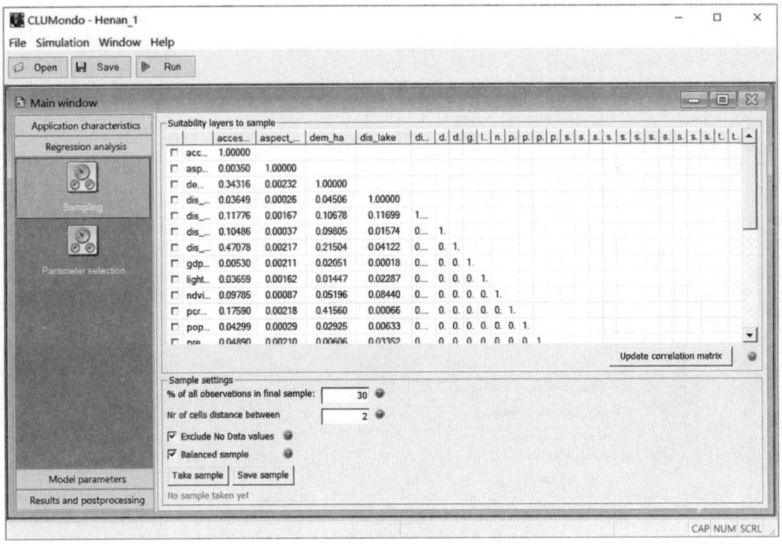

图 5－266　查看结果时改变列宽

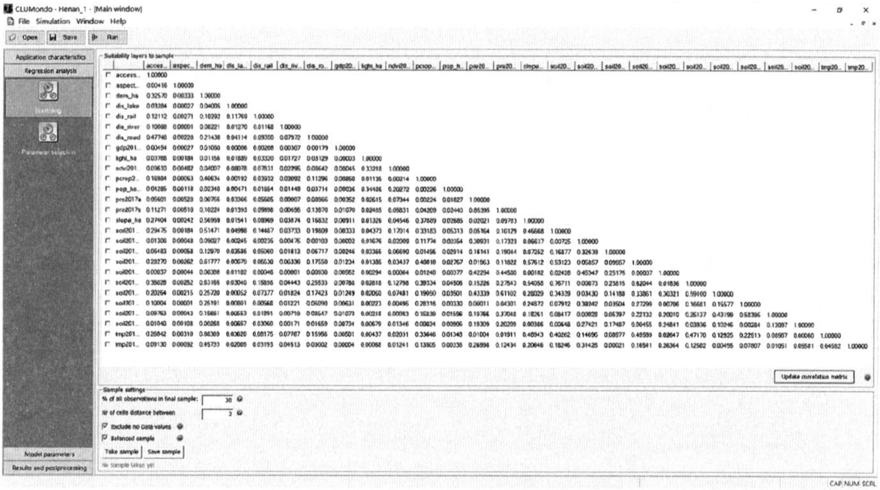

图 5 - 267　查看结果时将窗口最大化

接下来，我们需要通过查看驱动因子之间的相关性，选择出相对独立的驱动因子。选择操作通过软件界面中的勾选框完成，如图 5 - 268 所示。注意，由于当前版本的 CLUMondo 存在漏洞，因此点击图 5 - 268 中的勾选框后可能“毫无反应”。但好消息是，实际上只是无显示，勾选后的驱动

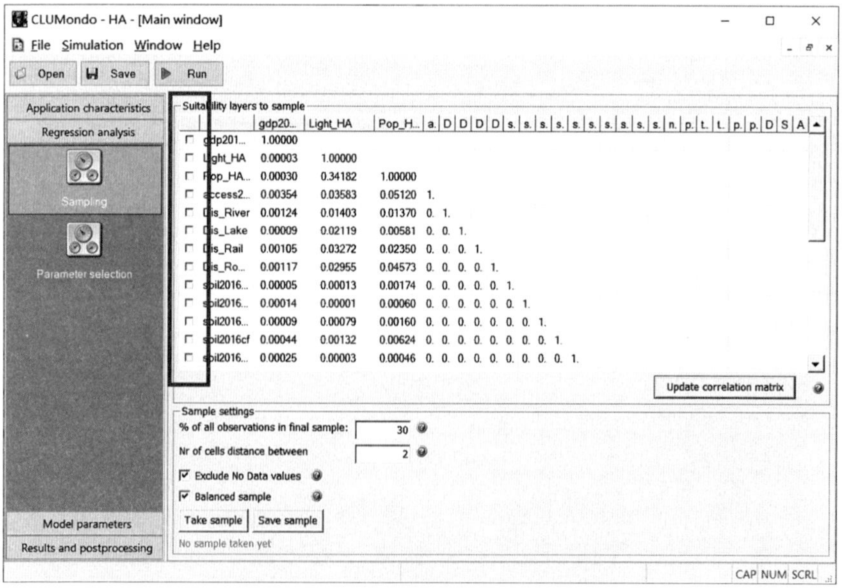

图 5 - 268　勾选驱动因子参与后续模拟

因子会被添加到【Parameter selection】模块中；重复勾选的驱动因子会从【Parameter selection】模块中删除。

勾选驱动因子的一般原则如下：

- 被勾选的驱动因子之间应不存在较强的相关性（相关性数值小于 0.8）；
- 如果两个驱动因子之间存在较强的相关性，那么仅勾选其中 1 个驱动因子（该驱动因子与其他所有驱动因子拥有更小的相关性）。

为了方便快捷地在众多相关性数值中找到较大值，本实践中推荐以下做法。全选所有相关性数值，复制到 Excel 表格中，并添加行标题，如图 5 - 269 所示。

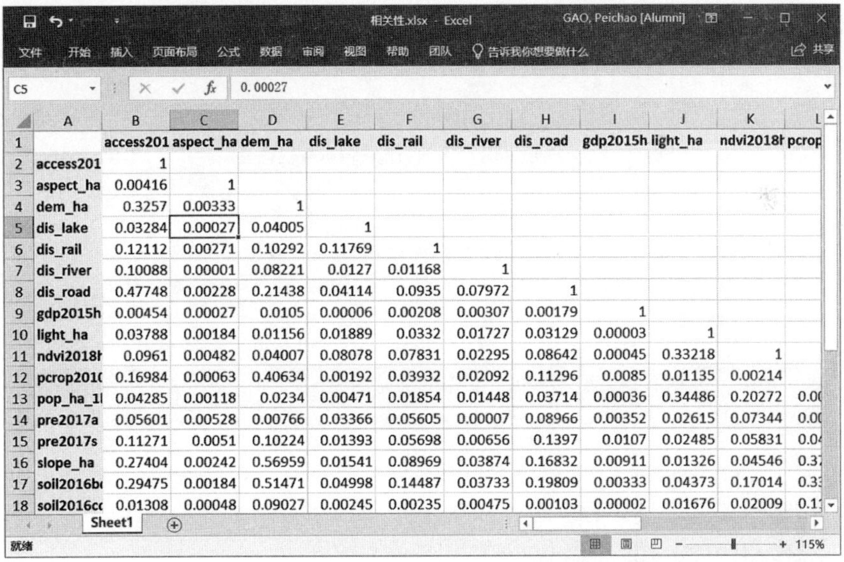

	A	B	C	D	E	F	G	H	I	J	K	L
1		access201	aspect_ha	dem_ha	dis_lake	dis_rail	dis_river	dis_road	gdp2015h	light_ha	ndvi2018h	pcrop
2	access201	1										
3	aspect_ha	0.00416	1									
4	dem_ha	0.3257	0.00333	1								
5	dis_lake	0.03284	0.00027	0.04005	1							
6	dis_rail	0.12112	0.00271	0.10292	0.11769	1						
7	dis_river	0.10088	0.00001	0.08221	0.0127	0.01168	1					
8	dis_road	0.47748	0.00228	0.21438	0.04114	0.0935	0.07972	1				
9	gdp2015h	0.00454	0.00027	0.0105	0.00006	0.00208	0.00307	0.00179	1			
10	light_ha	0.03788	0.00184	0.01156	0.01889	0.0332	0.01727	0.03129	0.00003	1		
11	ndvi2018h	0.0961	0.00482	0.04007	0.08078	0.07831	0.02295	0.08642	0.00045	0.33218	1	
12	pcrop2010	0.16984	0.00063	0.40634	0.00192	0.03932	0.02092	0.11296	0.0085	0.01135	0.00214	
13	pop_ha_1l	0.04285	0.00118	0.0234	0.00471	0.01854	0.01448	0.03714	0.00036	0.34486	0.20272	0.00
14	pre2017a	0.05601	0.00528	0.00766	0.03366	0.05605	0.00007	0.08966	0.00352	0.02615	0.07344	0.00
15	pre2017s	0.11271	0.0051	0.10224	0.01393	0.05698	0.00656	0.1397	0.0107	0.02485	0.05831	0.0
16	slope_ha	0.27404	0.00242	0.56959	0.01541	0.08969	0.03874	0.16832	0.00911	0.01326	0.04546	0.3
17	soil2016b	0.29475	0.00184	0.51471	0.04998	0.14487	0.03733	0.19809	0.00333	0.04373	0.17014	0.3
18	soil2016cc	0.01308	0.00048	0.09027	0.00245	0.00235	0.00475	0.00103	0.00002	0.01676	0.02009	0.1

图 5 - 269　将相关性复制到 Excel 表中并整行列标题

然后全选 Excel 中的所有内容，在 Excel 表格中点击【开始】选项卡中的【条件格式】|【突出显示单元格规则】|【介于】，如图 5 - 270 所示。

在随后弹出的【介于】窗口中，将最小值、最大值分别设置为"0.8"和"0.9999"，如图 5 - 271 所示（注：使用 0.9999 而非 1 是因为欲想排除数值 1）。

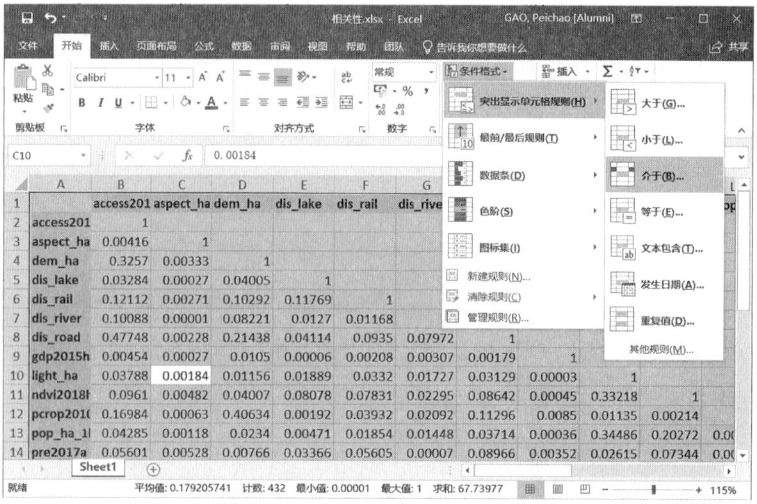

图 5-270　使用 Excel 中的【突出显示单元格规则】功能

图 5-271　在【介于】窗口选择最小值和最大值

点击【确定】之后，执行结果如图 5-272 所示。

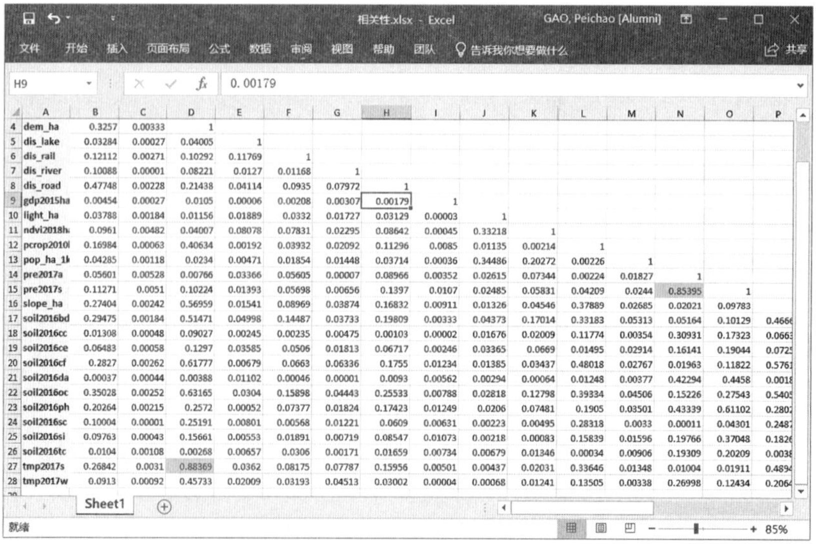

图 5-272　【突出显示单元格规则】的执行结果

然后逐个处理相关性大于0.8的驱动因子组合。此处，我们发现有两个驱动因子组合的相关性大于0.8。分别是组合“dem_ha”和“tmp2017s”（两者的相关性为0.88）、组合“pre2017a”和“pre2017s”（两者的相关性为0.85）。接下来，我们需要决定在每个组合中，应该具体删除哪项驱动因子。

我们首先处理组合“dem_ha”和“tmp2017s”。在Excel中，查询得到“dem_ha”所在的行列数值总和为6.94。具体方法：同时选中其所在的行和列进行查询，如图5-273所示。然后，查询得到“tmp2017s”所在的行列数值总和为6.13。因此，应该删除“dem_ha”。

对于组合“pre2017a”和“pre2017s”，同理，我们查询到“pre2017a”所在的行列数值总和为4.47，而“pre2017s”所在的行列数值总和为5.22。故应删除“pre2017s”。

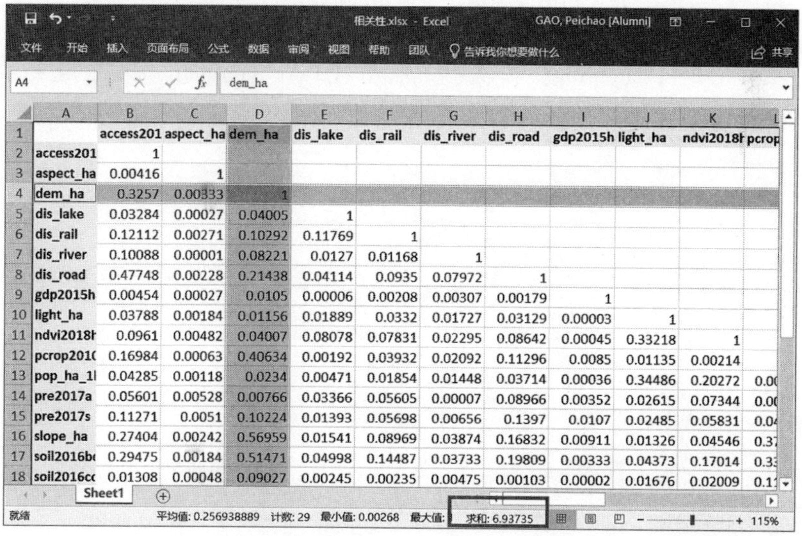

图5-273 同时选中“dem_ha”所在的行和列

在CLUMondo的软件界面中，选中所有被保留的驱动因子（即除“dem_ha”和“pre2017s”以外的25个驱动因子）。成功选中后（注意选中时勾选框可能无法正确显示），这些驱动因子将出现在【Parameter selection】模块中，如图5-274所示。

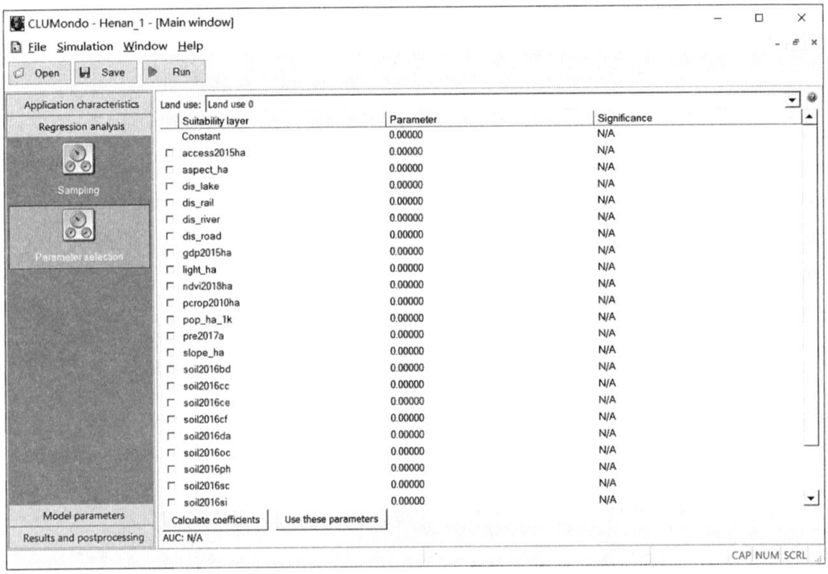

图 5－274 被选中的驱动因子出现在【Parameter selection】模块中

然后，在【Sampling】模块中，点击【Take sample】按钮，进行样本点的采集。采集成功后，会在软件界面中得到“Sample OK”的提示，如图 5－275 所示。

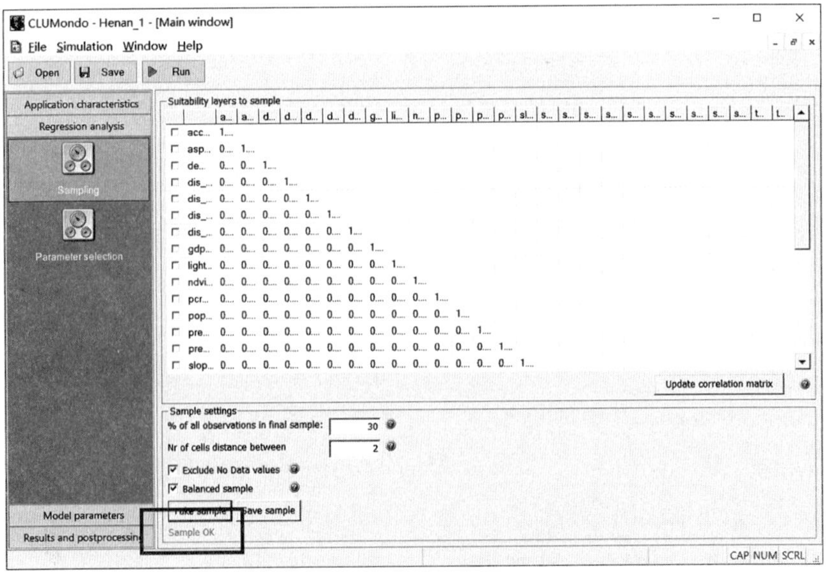

图 5－275 点击【Take sample】按钮后得到“Sample OK”的提示

建议在完成【Take sample】之后，再点击【Save sample】按钮保存样本点。此时，样本会被输出为若干以“map_samples. csv”命名的文件，如图 5 - 276、图 5 - 277 所示。

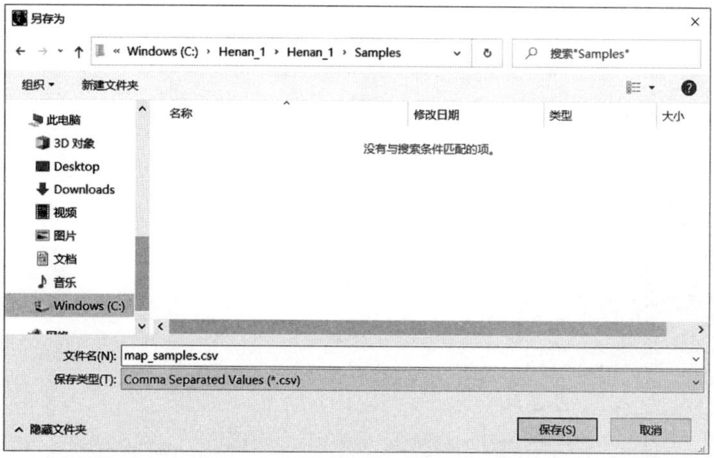

图 5 - 276　默认输出名为“map_samples. csv”

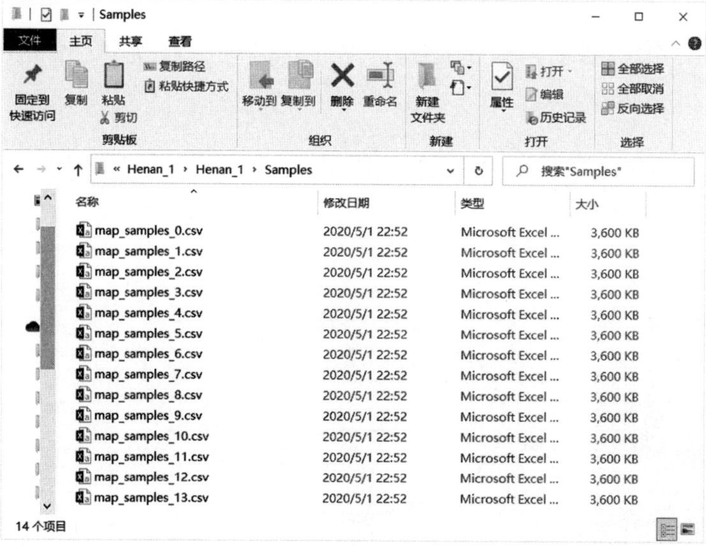

图 5 - 277　【Save sample】按钮的输出结果

5.5.6　进行回归分析

选择 CLUMondo 软件界面中的【Parameter selection】模型，如图 5 - 278

所示。我们需要对每种土地利用类型都进行回归分析，首先是界面中默认的“Land use 0”。

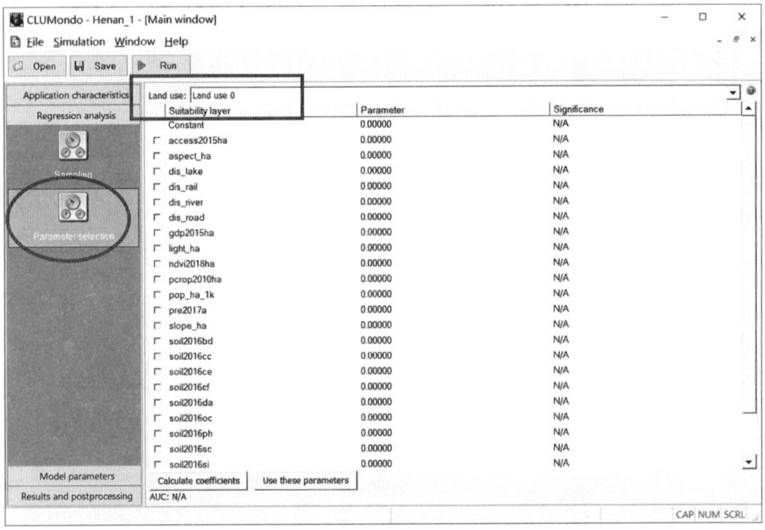

图 5－278　进入【Parameter selection】模型

首先，勾选目前所有的驱动因子，然后点击按钮【Calculate coefficients】（见图 5－279）。

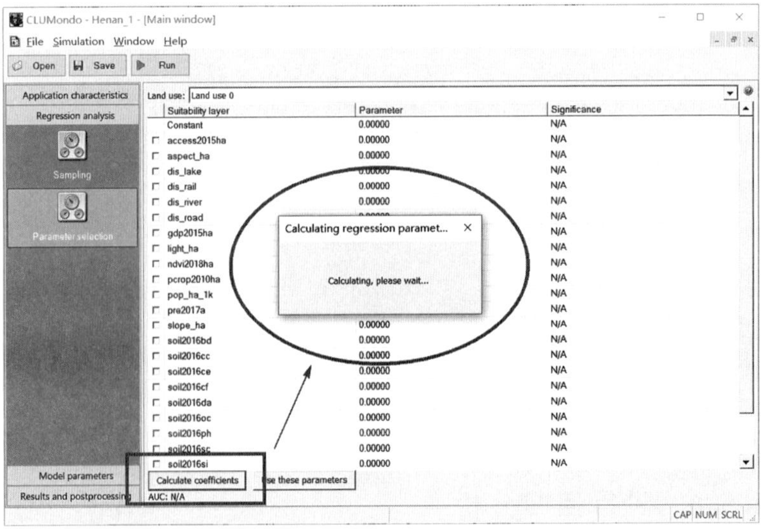

图 5－279　勾选驱动因子之后点击【Calculate coefficients】按钮

注：由于软件问题，在勾选后可能没有显示。

计算结果主要包括以下部分：1 组参数值（parameter）、1 组显著性数值（significance）、1 个 AUC 值，如图 5－280 所示。

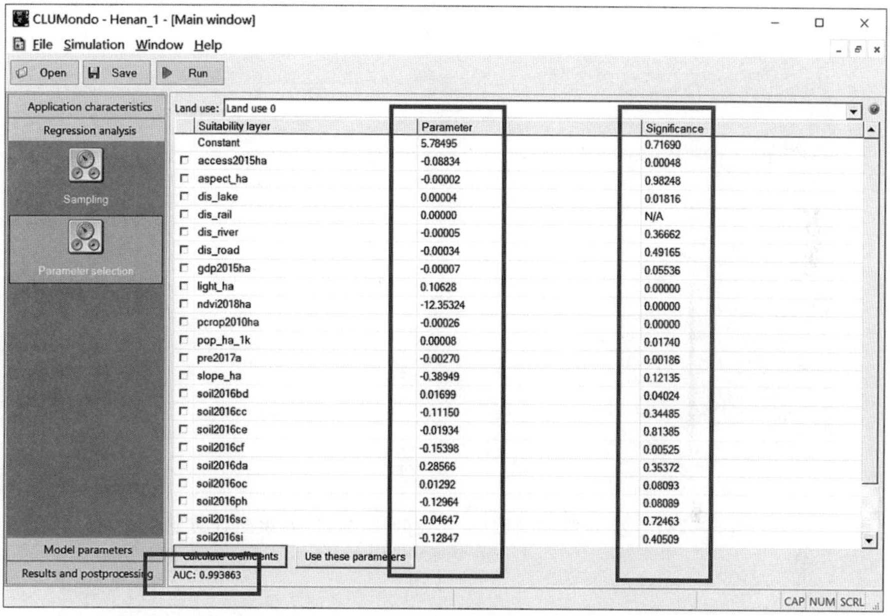

图 5－280　点击【Calculate coefficients】按钮后得到的计算结果

单从图 5－280 中的 AUC 数值（0.993863）来看，回归结果非常好。但在 CLUMondo 中，建立回归模型有以下三条原则供遵循：

- 驱动因子个数小于或等于 7；
- 驱动因子的显著性（significance）小于 0.05（最好小于 0.01）；
- 若不满足上述条件，应迭代地“反勾选（删除）显著性最大的驱动因子，重新【Calculate coefficients】”，直至满足前两条原则为止。

于是，我们首先删除此时显著性数值最高的驱动因子“Aspect_HA”。删除后，点击【Calculate coefficients】重新计算系数和显著性，结果如图 5－281 所示。结果我们发现，显著性数值最高的驱动因子已变更为“soil2016ce”。

接下来，同理，迭代地删除“soil2016ce”等其他“显著性数值最高”的驱动因子，每次删除后均重新计算系数。最终，剩余 7 个驱动因子，如图 5－282 所示。

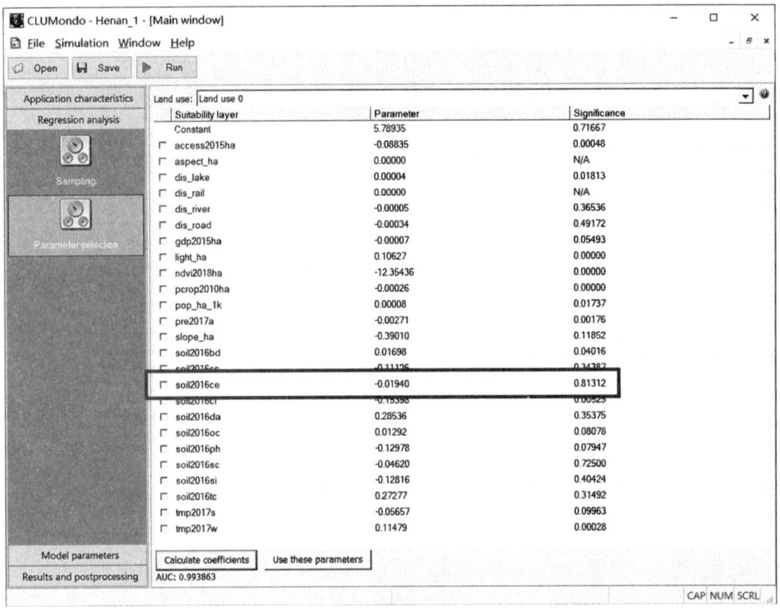

图 5－281 反勾选驱动因子“Aspect_HA”后重新计算数值

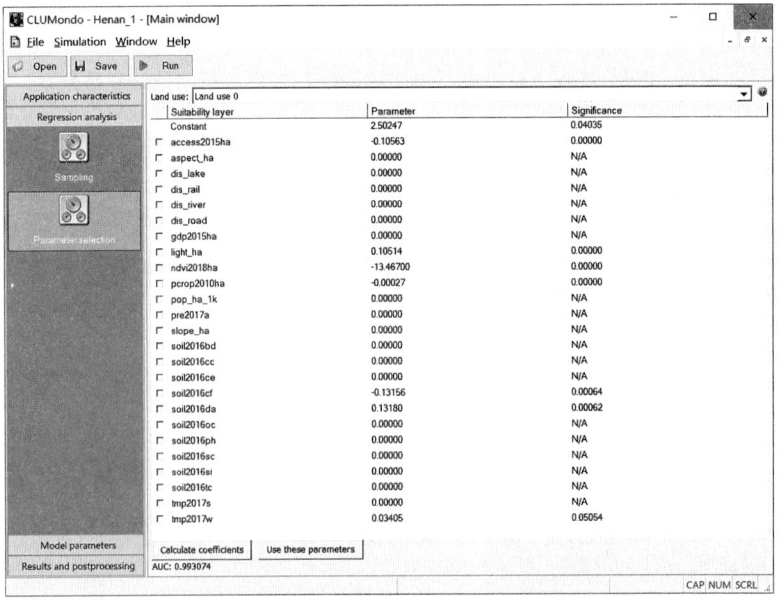

图 5－282 反选至只剩余 7 个驱动因子

此时，发现已同时满足建立回归模型的原则，于是点击按钮【Use these parameters】，如图 5－283 所示。

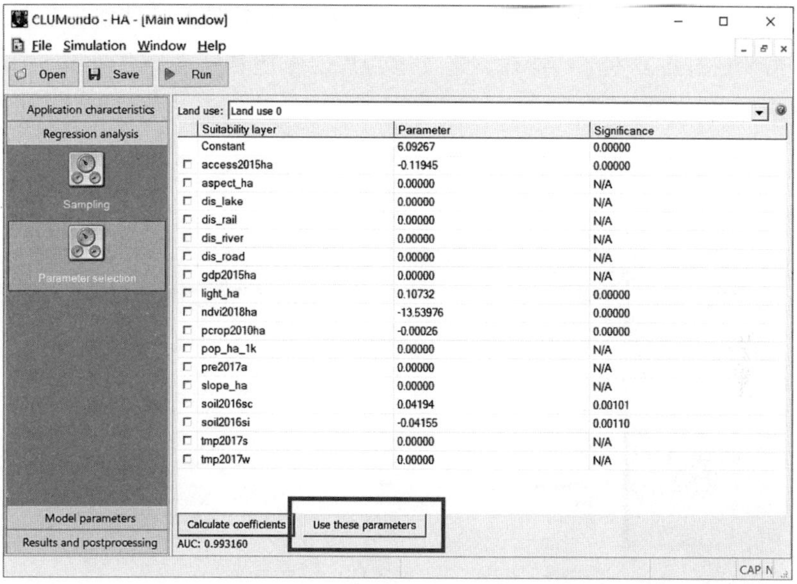

图 5－283 点击按钮【Use these parameters】

这些参数随后出现在【Model parameters】选项卡的【Regression parameters】模块，如图 5－284 所示。

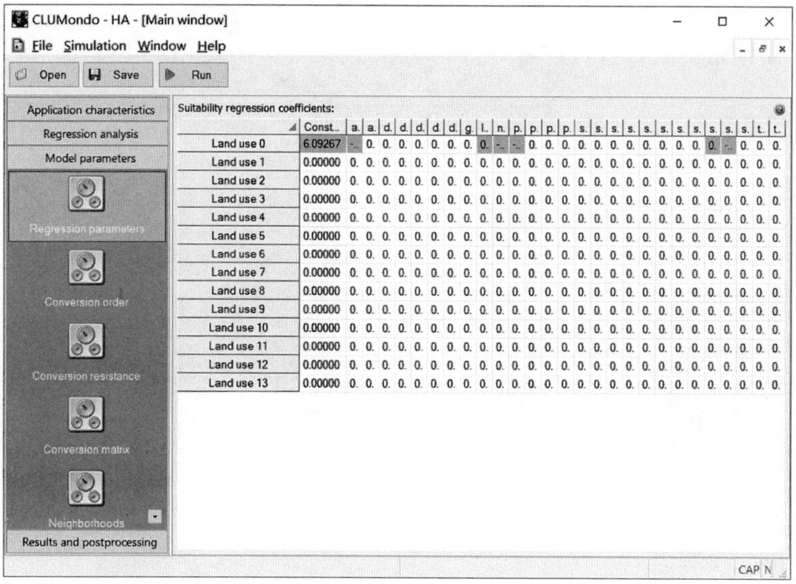

图 5－284 参数被保存在【Regression parameters】模块

至此，针对第 1 种土地利用类型（Land use 0）的回归模型已建立。同理，需要通过重复本节的操作，逐个地为其他土地利用类型（见图 5－285）建立回归模型。

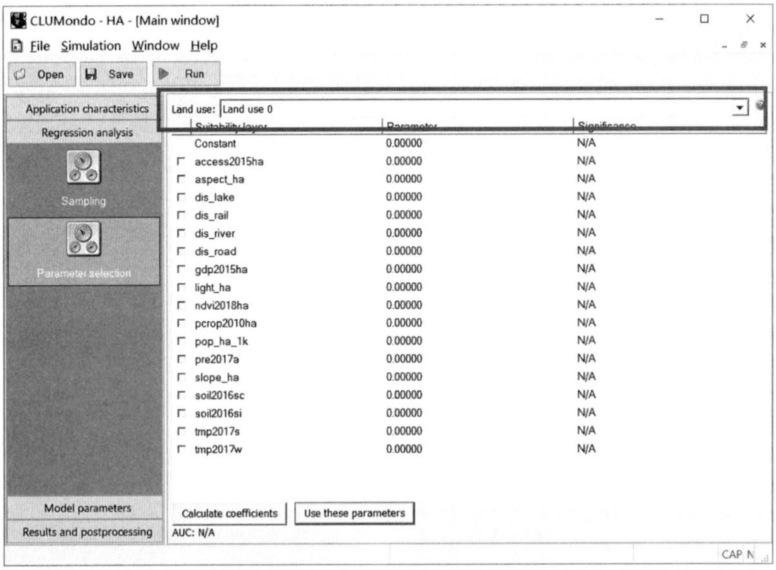

图 5－285　选择其他土地利用类型

操作完毕后，【Regression parameters】模块如图 5－286 所示。

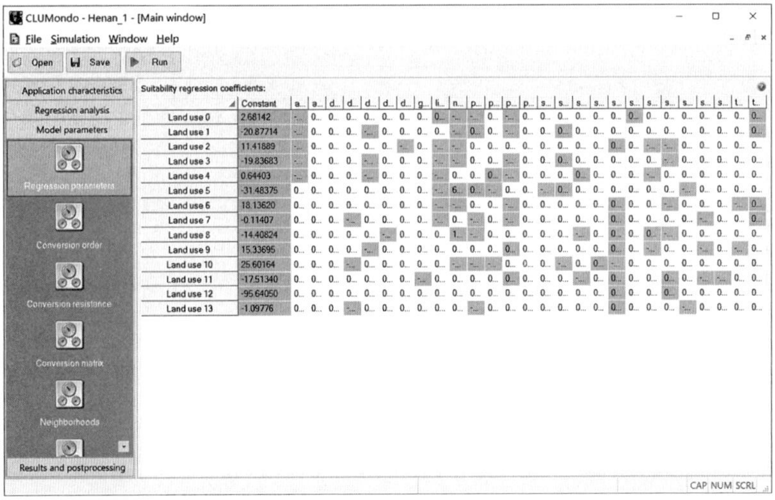

图 5－286　操作完毕后的【Regression parameters】模块

5.5.7 设置转换顺序

点击【Model parameters】选项卡中的【Conversion order】模块，如图 5－287 所示。

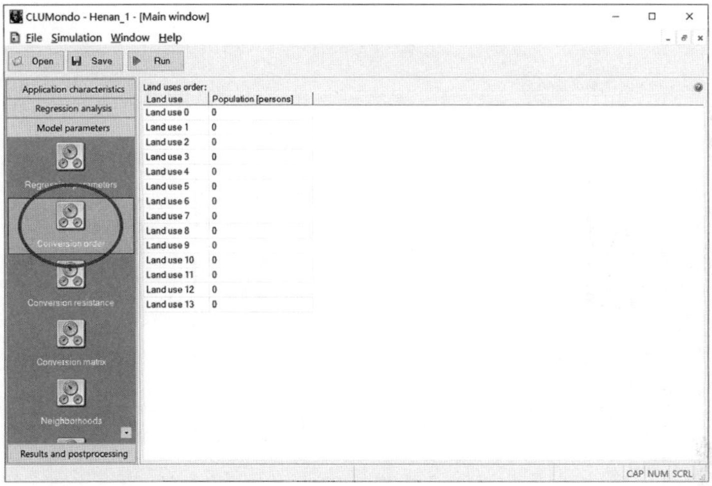

图 5－287 进入【Conversion order】模块

将前文中计算的转换顺序复制到【Conversion order】模块中，如图 5－288 所示。

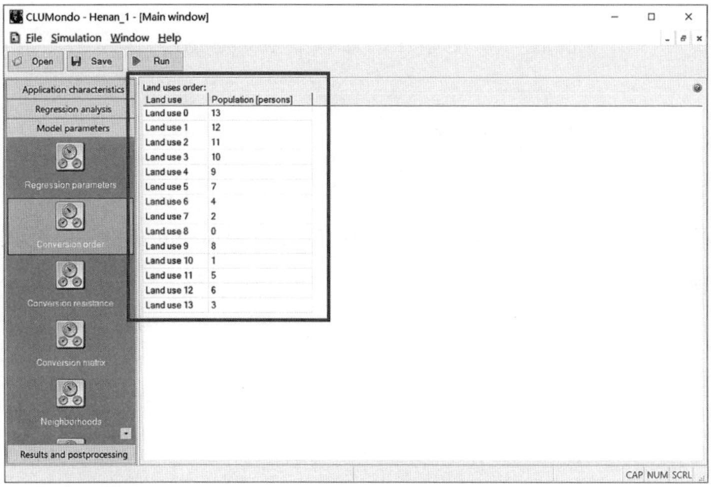

图 5－288 向【Conversion order】模块中添加转换顺序的数值

5.5.8 设置转换阻力

点击【Model parameters】选项卡中的【Conversion resistance】模块，准备设置转换阻力，如图 5－289 所示。转换阻力的默认值均为 0.5，表示转换难度均适中。

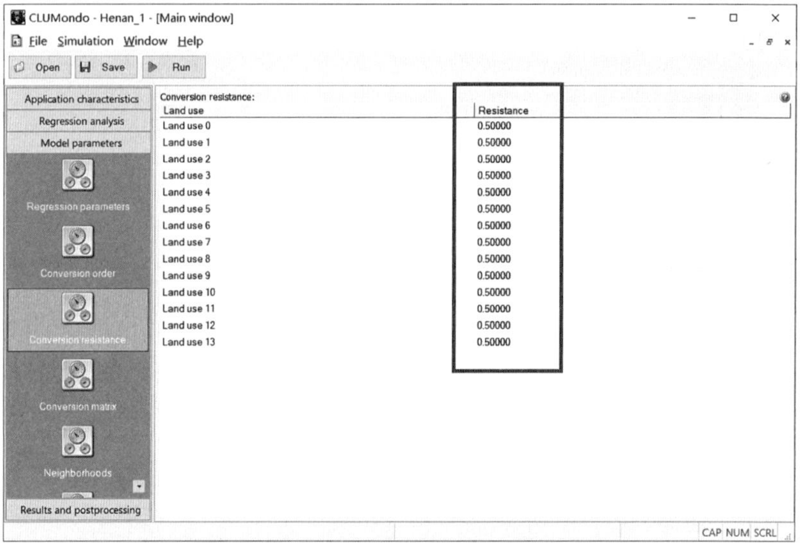

图 5－289 进入【Conversion resistance】模块

此处，为了简便起见，不作任何修改，将转换阻力保留为零。

5.5.9 设置转换矩阵

点击【Model parameters】选项卡中的【Conversion matrix】模块，如图 5－290 所示。

此处，为了简便起见，将所有的数值均修改为 1，表示允许转换，如图 5－291 所示。

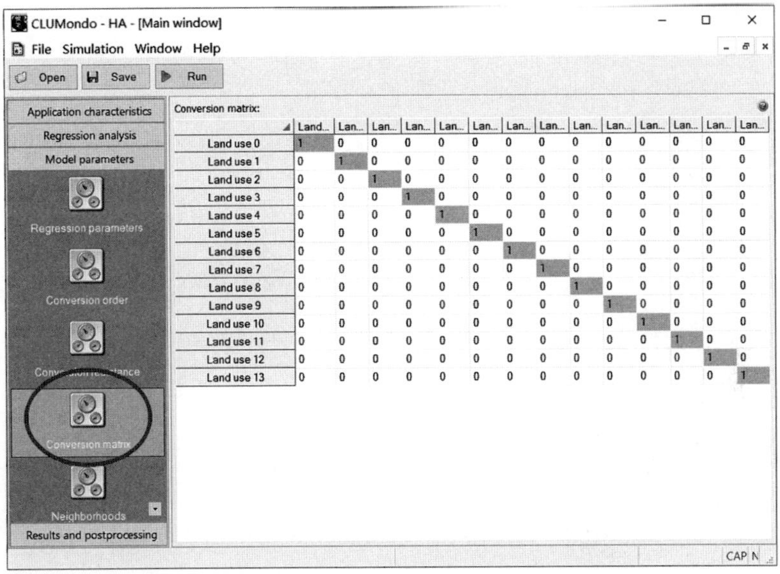

图 5 - 290 进入【Conversion matrix】模块

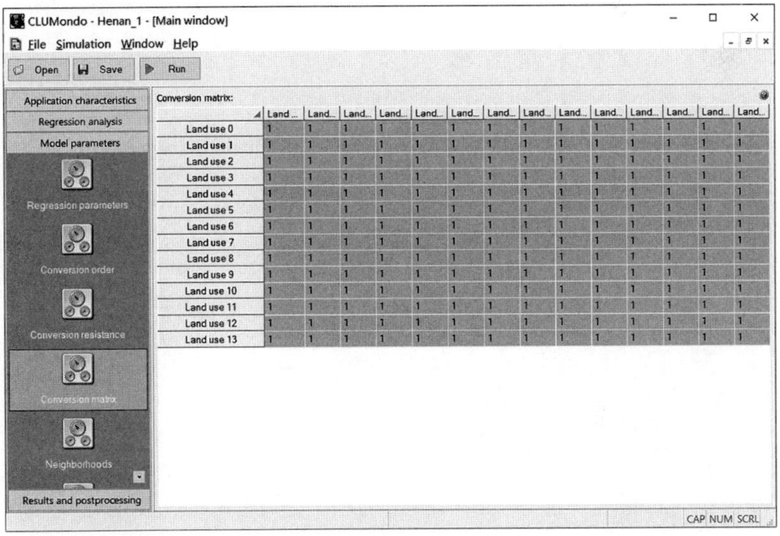

图 5 - 291 修改【Conversion matrix】模块中的具体数值

5.5.10 设置邻域规则

点击【Model parameters】选项卡中的【Neighborhoods】模块，如图 5 - 292 所示。

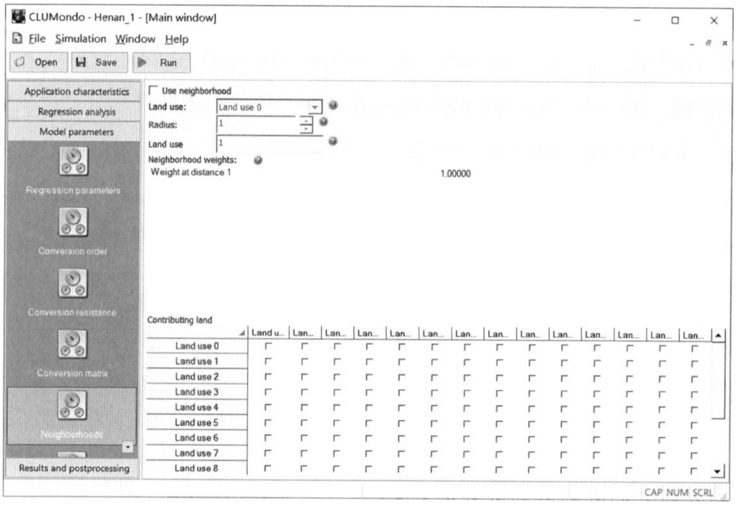

图 5-292　进入【Neighborhoods】模块

此处，为了简便起见，不执行任何操作。

5.5.11　设置未来需求

点击【Model parameters】选项卡中的【Scenario parameters】模块，如图 5-293 所示。

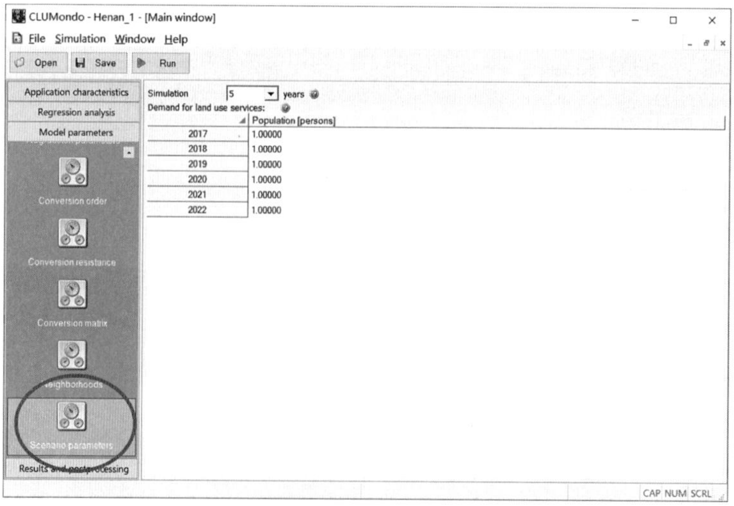

图 5-293　进入【Scenario parameters】模块

将模拟时长设置为 13 年，随后界面中出现 2017—2030 年各个年份，如图 5－294 所示。

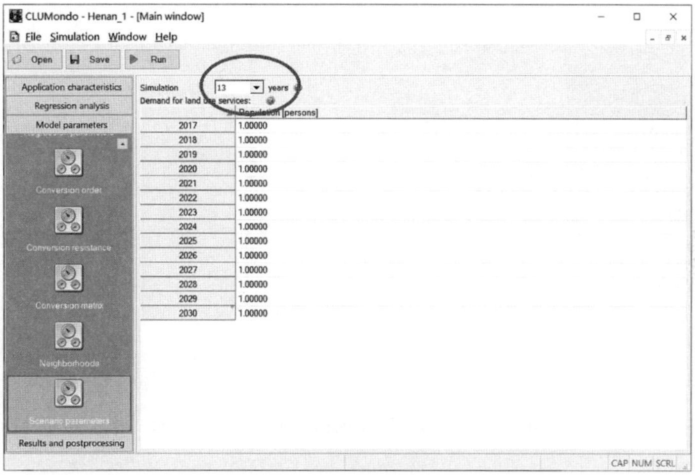

图 5－294 将模拟时长修改为 13 年

将事先计算好的土地利用服务需求量输入其中，如图 5－295 所示。

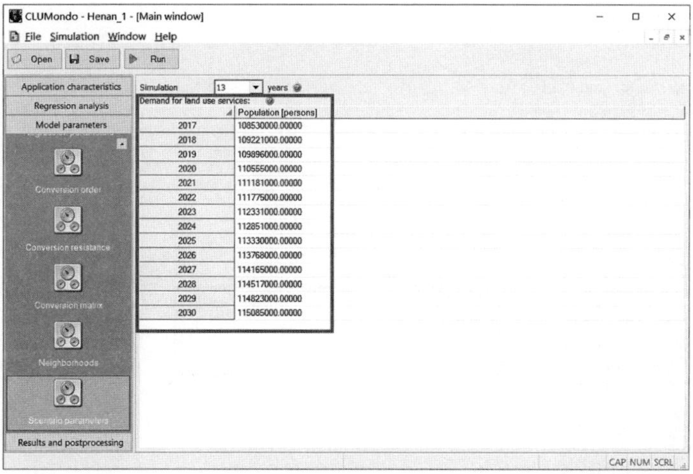

图 5－295 添加未来每年的土地利用服务需求量

5.5.12 运行模型

在一切设置完成后，点击软件界面左上角的【Run】按钮，如图 5－296 所示。

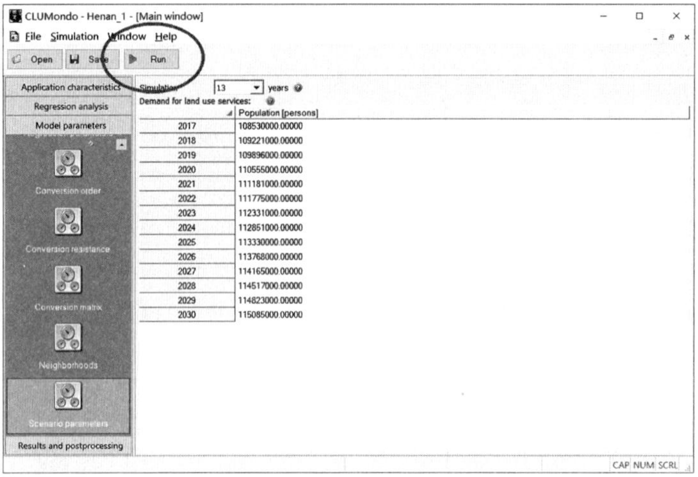

图 5－296　点击【Run】按钮启动模拟

在模拟顺利启动后，软件界面中会弹出内容为“simulation in progress, please wait...”的对话框，如图 5－297 所示。如果此前的参数设置有误，那么软件很快便会报错。如果一切正常，可能需要几十的分钟或者更长的时间来完成模拟（视情况而定）。

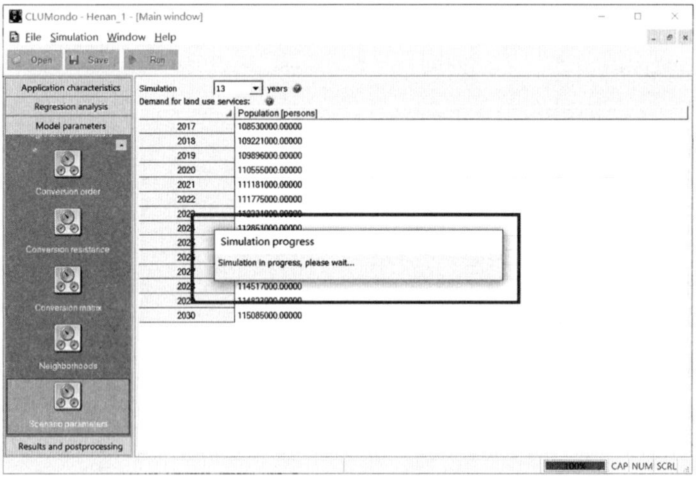

图 5－297　CLUMondo 模型已经启动模拟

模拟成功后，会得到提示“Model run complete; model results are stored in the project's working directory”，如图 5－298 所示。

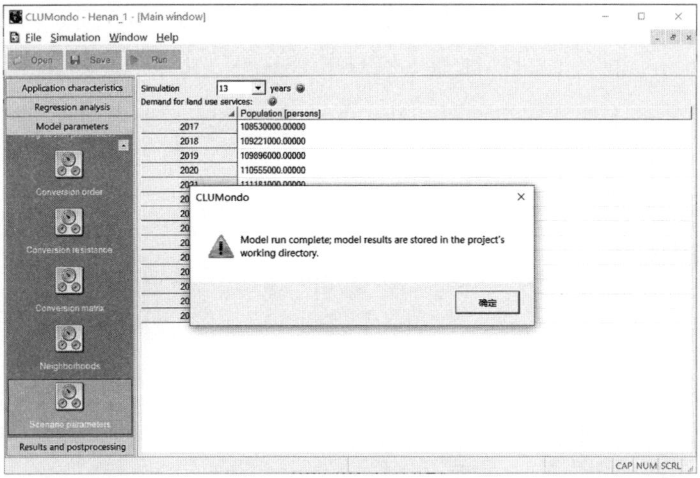

图 5－298 模型运行成功

模型输出结果保存在工作目录下的 ClumondoWorkingDir 文件夹中最新的子文件夹中。此处的全路径为 “C:\Henan_1\Henan_1\ClumondoWorkingDir”，如图 5－299 所示。

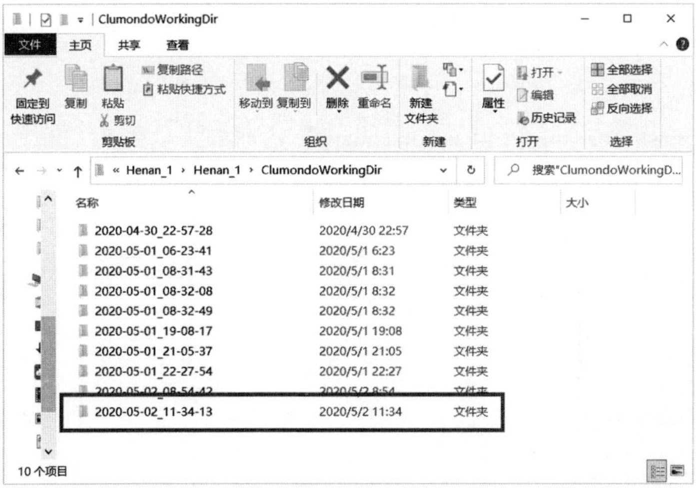

图 5－299 模型输出的结果（文件夹）

5.5.13 结果查看

打开结果文件夹 “C:\Henan_1\Henan_1\ClumondoWorkingDir\2020－

05 - 02_11 - 34 - 13”，看到其中存储的文件，如图 5 - 300 所示。在该文件夹中，“cov_all. * . asc” 即为土地利用类型图，其中 “cov_all. 0. asc” 为模拟起始年的土地利用类型图，其他为未来每年的。此类型的文件可以直接拖动到 ArcGIS 中打开并查看。

图 5 - 300　模型的输出结果（文件夹中的文件）

此外，CLUMondo 模型本身也提供了简单的结果浏览功能。点击【Results and postprocessing】|【Land use maps】选项卡（见图 5 - 301）。

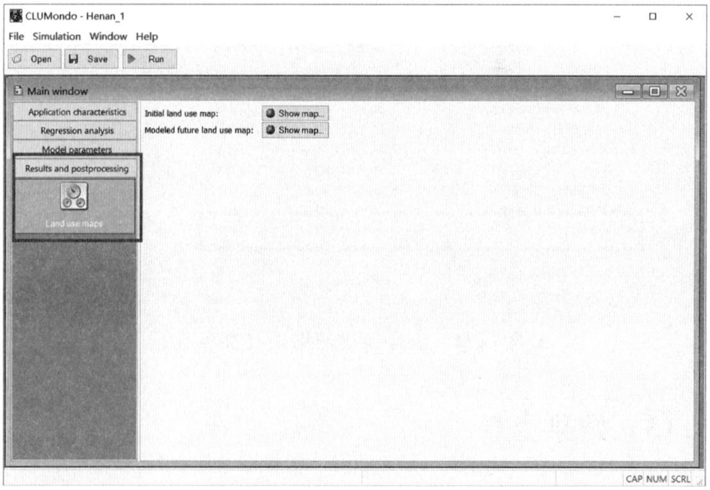

图 5 - 301　点击【Results and postprocessing】|【Land use maps】选项卡

然后点击“Modeled future land use map”右侧的【Shwo map】按钮（图 5 - 302），可以查看模拟结束年的土地利用类型图，如图 5 - 303 所示。

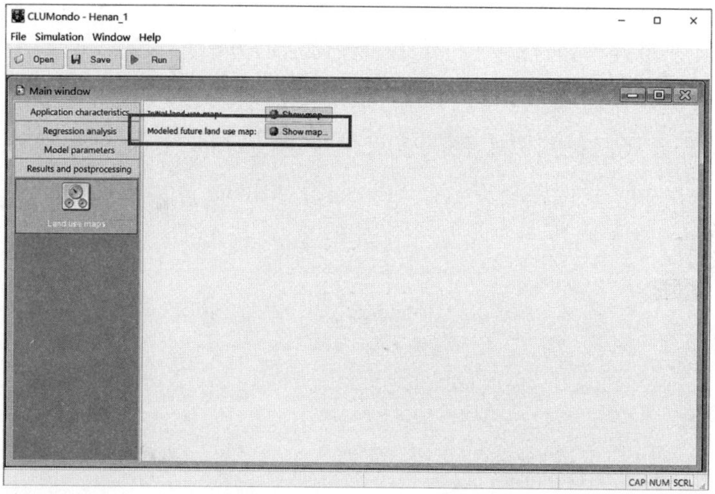

图 5 - 302　点击“Modeled future land use map”右侧的【Shwo map】按钮

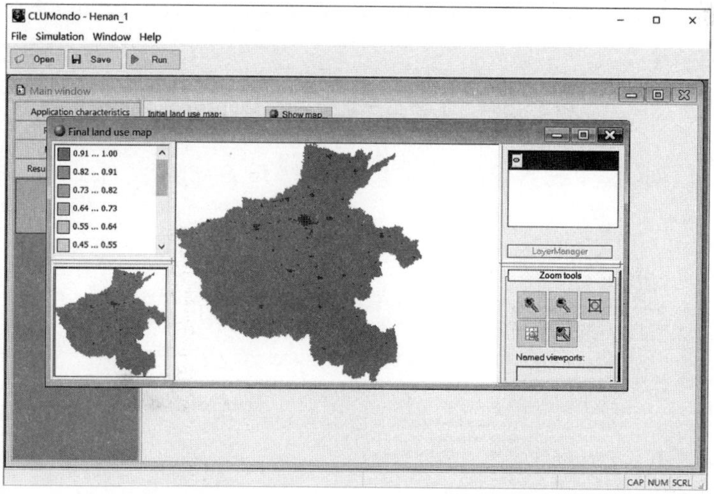

图 5 - 303　模拟结束年的土地利用类型图

5.5.14　修改工程

如果模拟其他情景，则需要修改工程。此时有两种情况：（1）新情景与原情景的土地利用服务相同，但需求量不同；（2）新情景与原情景的土地利用服务不同。如果是第一种情况，那么修改工程非常简单，只需要在 CLUMondo 的【Model parameters】选项卡之【Scenario parameters】模块修改数值即可。如果是第二种情况，往往需要重新建立工作，并重新运行所有步骤。针对这种情况，我们介绍一种简洁的方法。

本例中，我们演示如何向原工程中增加新的土地利用服务“耕地面积”。首先，我们找到原工程工作目录中的 geoproj 文件，如图 5－304 所示。在本例中，文件路径为“C:\Henan_1 \ Henan_1 \ Henan_1. geoproj”。

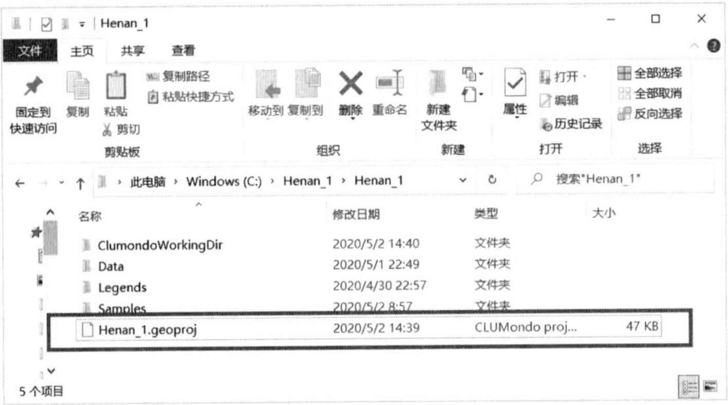

图 5－304　工程工作目录中的 geoproj 文件

使用记事本（或 Notepad＋＋）软件打开 geoproj 文件，如图 5－305 所示。

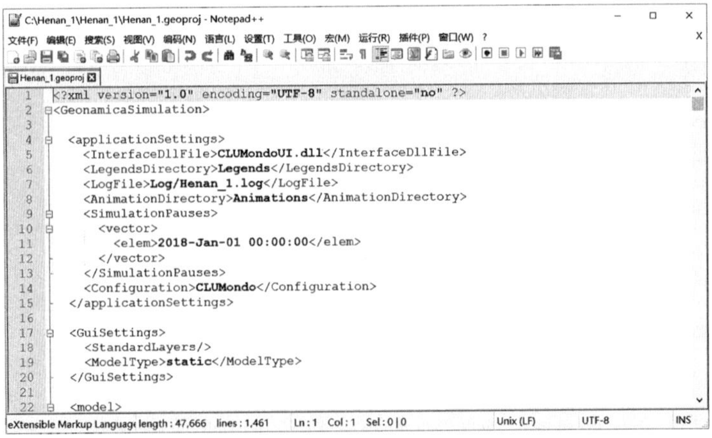

图 5－305　使用记事本软件打开 geoproj 文件

在 geoproj 文件中，找到标识符为“ < LandSystemService > ”的模块，如图 5 - 306 所示。从该模块中可以看到，原工程中仅有 1 项土地利用服务，名称为“Population”，单位是“persons”。接下来，我们可以根据该格式新增土地利用服务。

图 5 - 306　标识符为“ < LandSystemService > ”的模块

在标识符为“ < LandSystemService > ”的模块中新增 < elem > 代码组，并按照已有组的格式，添加名称为“Cropland”，单位为“km^2”的土地利用服务，如图 5 - 307 所示。

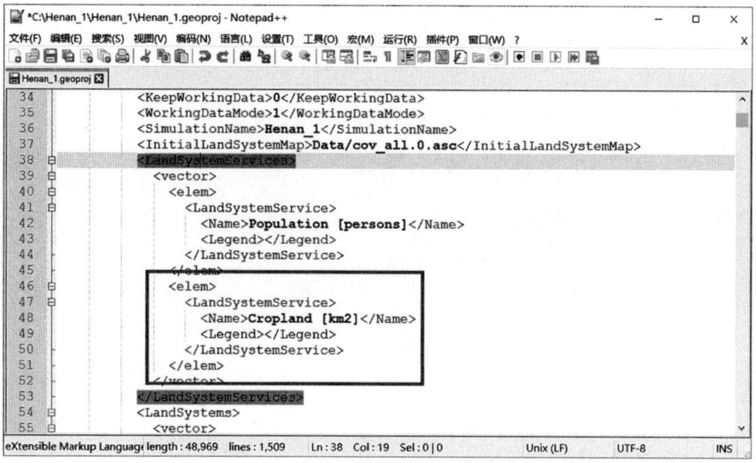

图 5 - 307　在“ < LandSystemService > ”的模块中增加行

然后，找到标识符为“ <LUSOrder> ”的模块，根据比对数据可知，该模块中存储的是原工程中已有土地利用服务的具体数值。其中“6572.76”代表第一种土地利用类型对应的数值、“2139.43”代表第二种土地利用类型对应的数值……如图 5 - 308 所示。

图 5 - 308　标识符为“ <LUSOrder> ”的模块

在标识符为“ <LUSOrder> ”的模块中，根据原有的更是添加若干新行，写入“耕地面积”土地利用服务的具体数值（数值来自表 5 - 33），如图 5 - 309 至图 5 - 312 所示。

图 5 - 309　向标识符为“ <LUSOrder> ”的模块中写入新行（1）

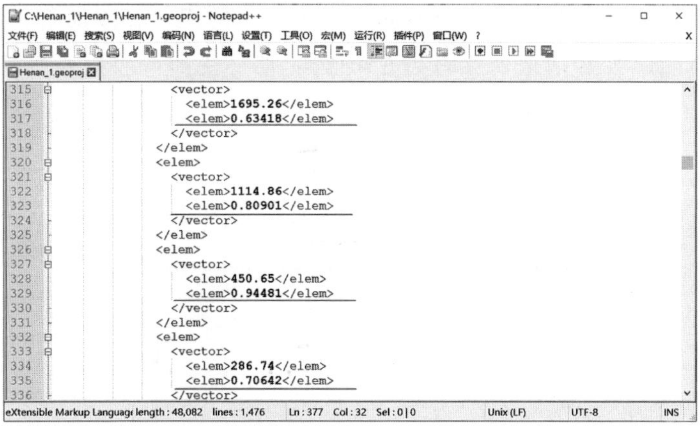

图 5-310　向标识符为“<LUSOrder>”的模块中写入新行（2）

图 5-311　向标识符为“<LUSOrder>”的模块中写入新行（3）

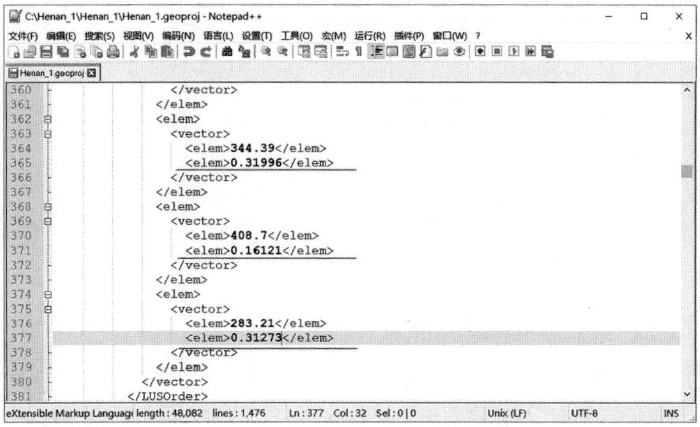

图 5-312　向标识符为“<LUSOrder>”的模块中写入新行（4）

同理，向标识符为“<LUSConversion>”的模块，添加若干新的行，写入转换顺序（数值依然来自表 5-33），部分添加行的截图如图 5-313 所示。

图 5-313　向标识符为“<LUSConversion>”的模块中写入新行

同理，向标识符为“<Demand>”的模块，添加若干新的行，写入每年的需求量（此处的需求量稳定在现状值），部分添加行的截图如图 5-314 所示。

图 5-314　向标识符为“<Demand>”的模块中写入新行

至此，修改完毕。保存此时的 geoproj 文件。在 CLUMondo 中打开 geoproj 文件即可。为了验证刚才的修改是否成功，可以查看 CLUMondo 的【Land use services】模块（图 5－315）、【Land use services】模块（图 5－316）、【Conversion order】模块（图 5－317）。

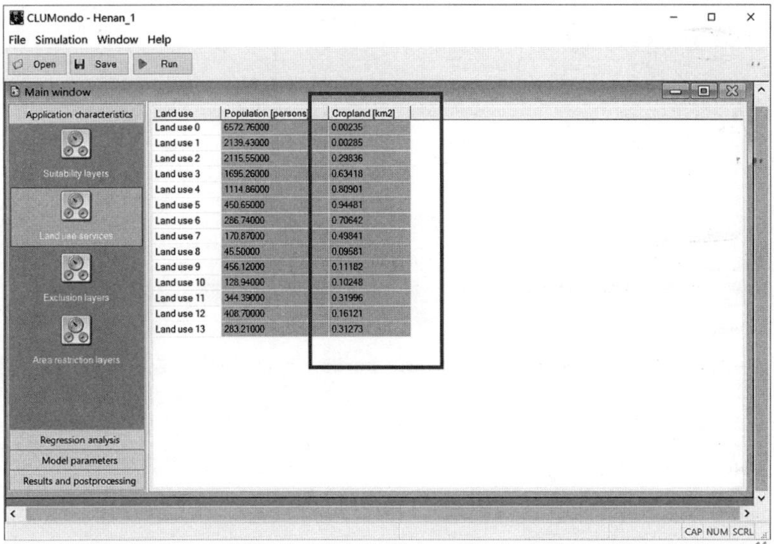

图 5－315　在 CLUMondo 的【Land use services】模块中查看新添加的内容

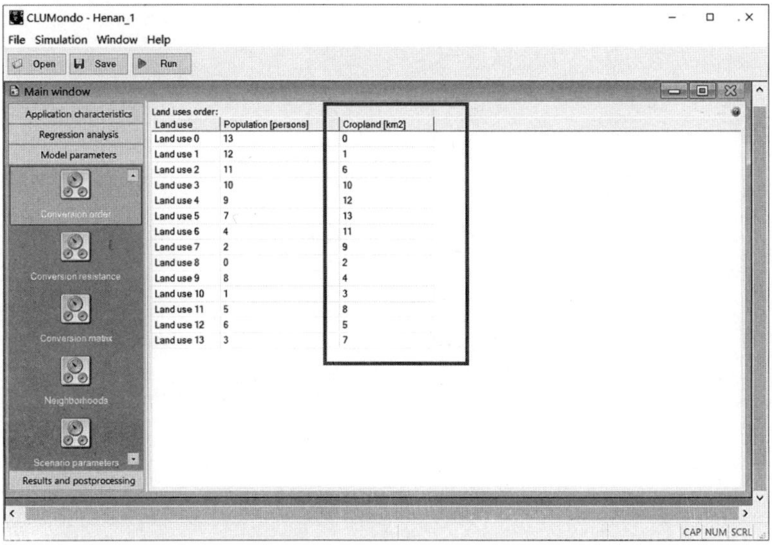

图 5－316　在 CLUMondo 的【Conversion order】模块中查看新添加的内容

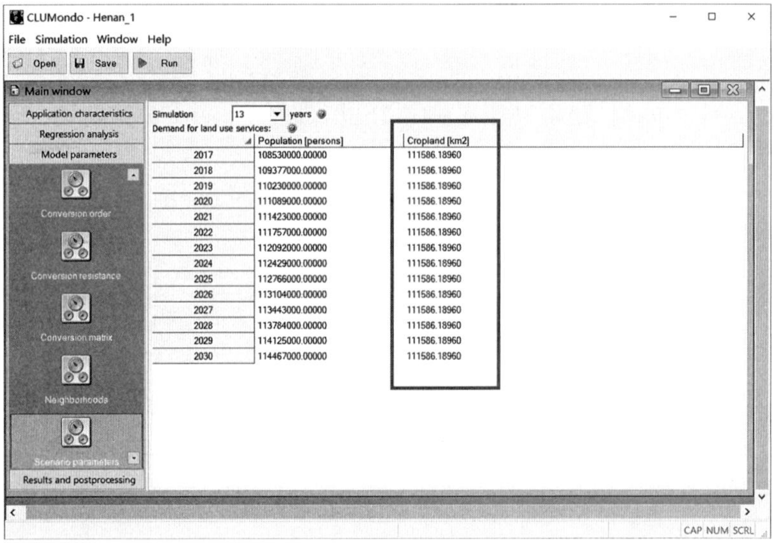

图 5－317　在 CLUMondo 的【Scenario parameters】模块中查看新添加的内容

6 常见问题

6.1 数据制备过程中的问题

6.1.1 FROM - GLC30 数据裁剪时的问题

在使用 FROM - GLC30 数据时，在 ArcGIS 中使用研究区的行政边界对 FROM - GLC30 数据裁剪。这里以河南省的行政边界为例，使用 ArcToolbox 中的“按掩膜提取”工具，具体路径：【Spatial Analyst Tools】|【Extraction】|【Extract by Mask】（见图 6 - 1）。

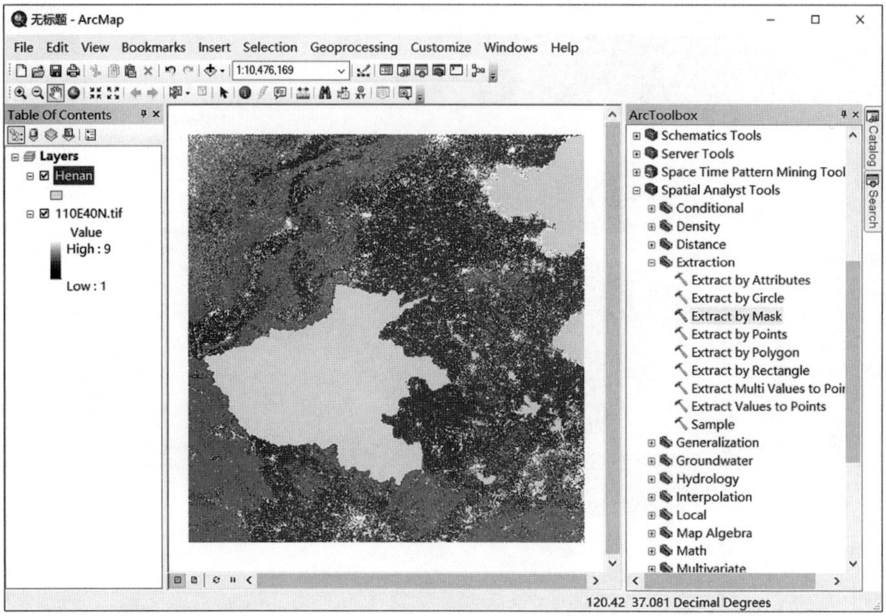

图 6 - 1 使用 ArcGIS 中的“按掩膜提取”工具对 FROM - GLC30 数据进行裁剪

在裁剪时，以 FROM - GLC30 数据（此处为 110E40N. tif）为输入栅格，以河南省的行政边界为掩膜，如图 6 - 2 所示。

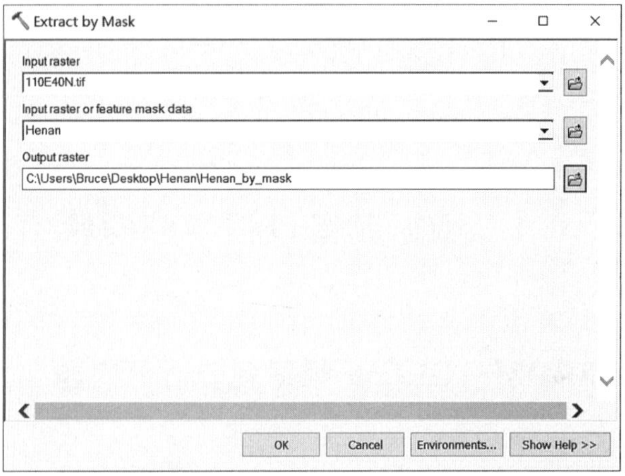

图 6 - 2　裁剪时 ArcGIS 中“按掩膜提取”的具体参数

然而，裁剪的结果却与期望不同，如图 6 - 3 所示，在掩膜之外依然有裁剪结果。

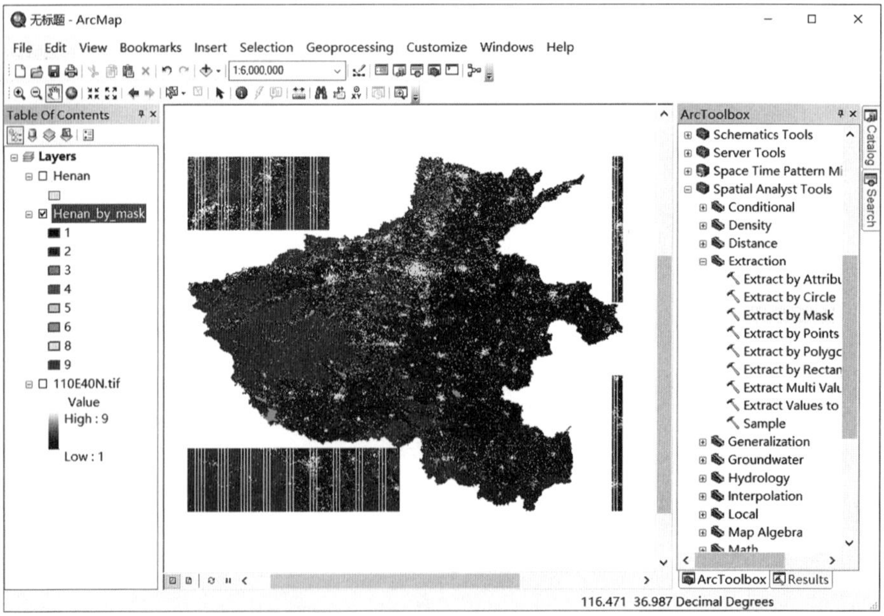

图 6 - 3　出现错误的裁剪结果

解决方法：建议改用【ArcToolbox】|【Data Management Tool】|【Raster】|【Raster Processing】|【Clip】工具进行裁剪。

6.1.2 ArcGIS 镶嵌时出现 NoData 错误

在 ArcGIS 中，使用【镶嵌至新栅格】工具时，可选择设置“镶嵌运算符”属性（见图 6－4）。“镶嵌运算符”作为判断两幅影像重叠部分的属性值，默认的“LAST”表示重叠部分采用最后一幅影像（即上层影像）中的属性值。

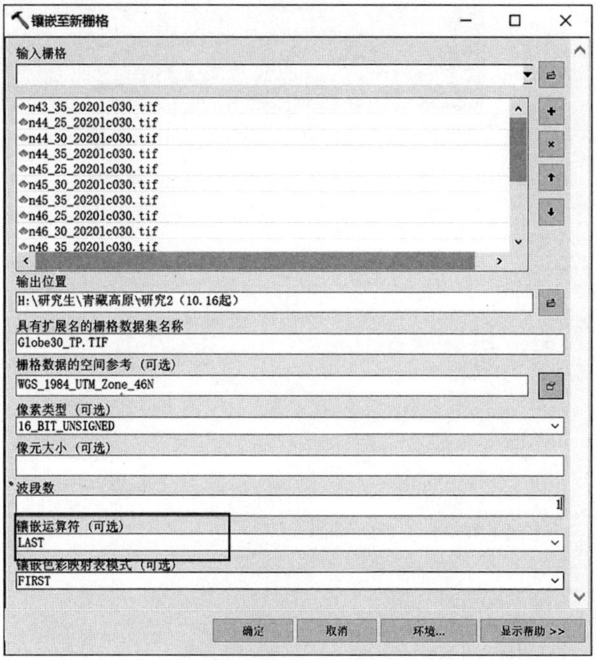

图 6－4 ArcGIS【镶嵌至新栅格】工具中的“镶嵌运算符”属性

该默认设置有可能造成意外结果：当上层影像的边界处存在 NoData 像素时，即便下层影像的相同位置具有数值，也会导致镶嵌结果中也出现 NoData 像素，如图 6－5 所示。注意，CLUMondo 的输入数据中若出现 NoData 像素，很可能会导致模拟失败。

解决方法：将“镶嵌运算符”的属性值设置为“MAXIMUM”（见图 6－6）。

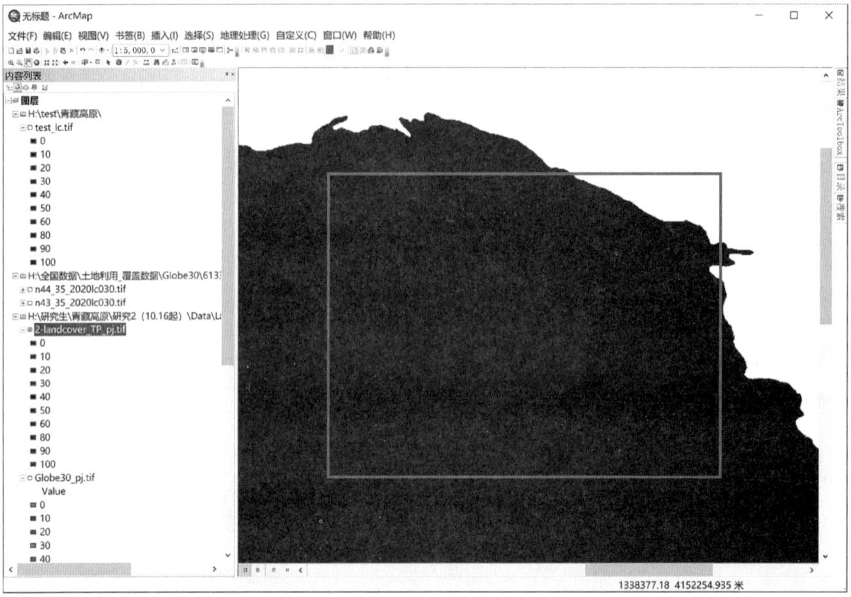

图 6－5　镶嵌结果中出现 NoData 像素

图 6－6　将“镶嵌运算符”设置为“MAXIMUM”

6.1.3 边界出现偏差问题

栅格数据在重采样后可能导致的问题：相同空间分辨率的两个数据之间出现小于细小的位置偏差，偏差大小小于单个像素的大小，如图 6－7 所示。

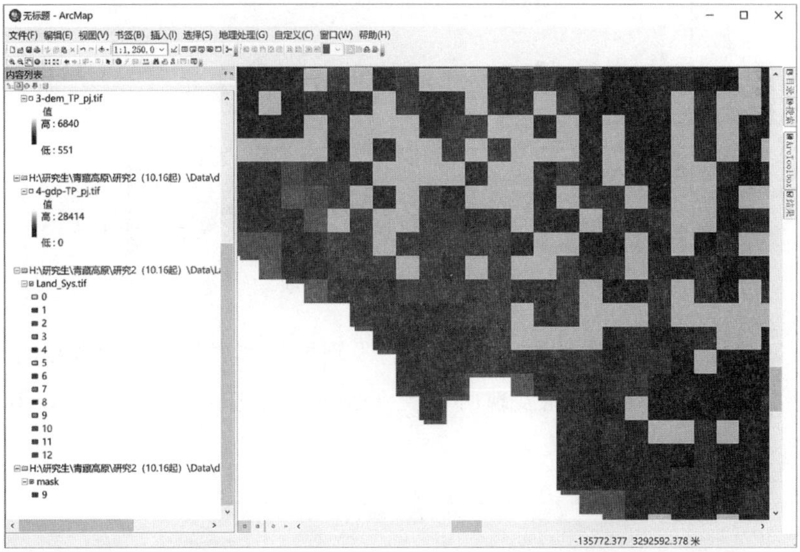

图 6－7　栅格数据在重采样后出现位置偏差

解决方案：在所需工具（如 ArcToolbox 中的【按掩膜提取】工具，图 6－8）的右下角，点击“环境…”，打开【环境设置】中的【处理范

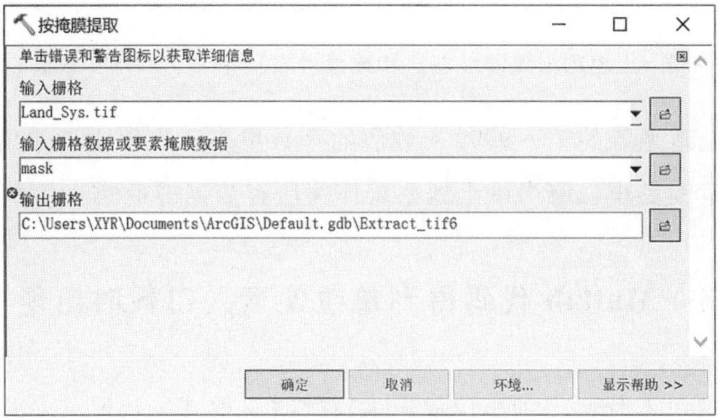

图 6－8　【按掩膜提取】工具

围】|【捕捉栅格】（见图 6－9），并将基准数据（希望与之对齐的数据）作为输入数据，点击“确定”。如此一来，输出结果中的栅格数据的边界将会与基准数据完全对齐。

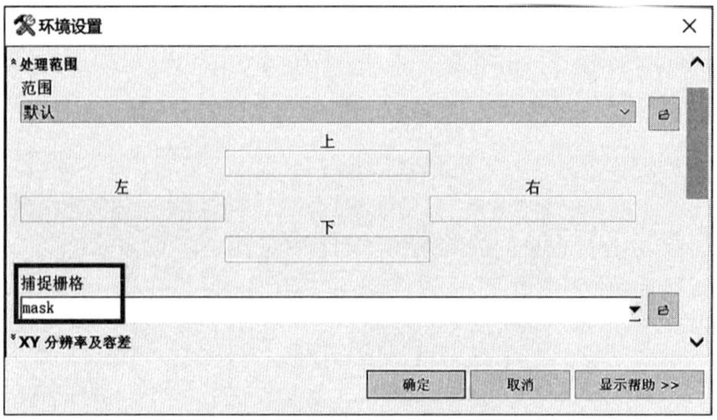

图 6－9　捕捉栅格选项

对比掩膜和重新制作的土地系统，发现两份数据虽然的行数相同、列数相同，但通过查找功能发现两者“－9999”数值的个数不同，如图 6－10 所示。

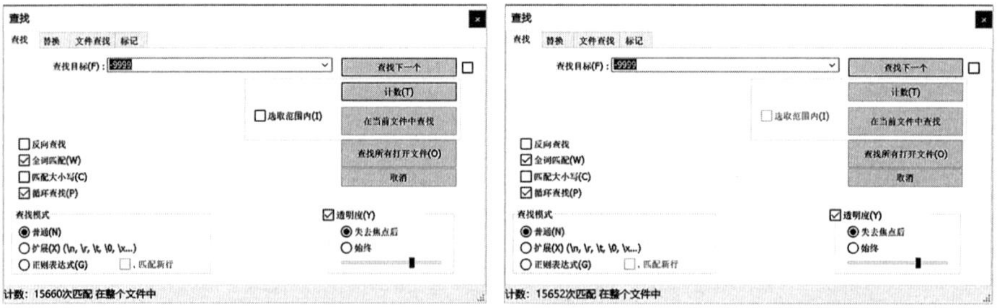

图 6－10　土地系统数据（左）和掩膜（右）中“－9999”数值的个数

由于土地系统的“－9999”数值的个数更多，所以土地系统的非背景值得空间范围更小，应当讲土地系统作为所有数据的掩膜。

6.1.4　Matlab 代码得到单位像素人口数时出现－InF

使用 Matlab 代码得到单位像素人口数时出现“－INF”，如图 6－11 所示。注：“INF”表示数据无穷大，“－INF”表示数据负无穷大。

Column1	Column2	Column3	Column4	Column5	Column6
-9999	15659	45.702	15659	-Inf	-Inf
0	6	0.017512	6	7.2472e+05	1.2079e+05
1	161	0.46989	161	2.5426e+06	15792
2	219	0.63917	219	1.4173e+05	647.18
3	571	1.6665	571	3.0259e+05	529.02
4	7937	23.165	7937	-Inf	-Inf
5	3065	8.9455	3065	1.9568e+06	638.42
6	2171	6.3363	2171	4.4333e+05	204.21
7	10	0.029186	10	352.71	35.271
8	3460	10.098	3460	3.0724e+05	88.798
9	267	0.77927	267	24169	90.521
10	12	0.035023	12	3.3447	0.27873
11	557	1.6257	557	1.0167e+05	182.52
12	168	0.49032	168	24239	144.28

图 6-11 Matlab 计算结果中出现异常值

为了查找原因，在 Matlab 中对代码进行调试。首先使用测试数据运行代码，未出错。然后使用真实数据，使用断点功能找到出错行为第 62 行。再进一步查看第 62 行的输入数据，发现人口数据中的 NoData 值并未设置为 -9999，而是 -3.4028e+38。于是得知原因：多个 -3.4028e+38 的累加（图 6-12），超出了变量的数值范围，因此记为“-INF”。

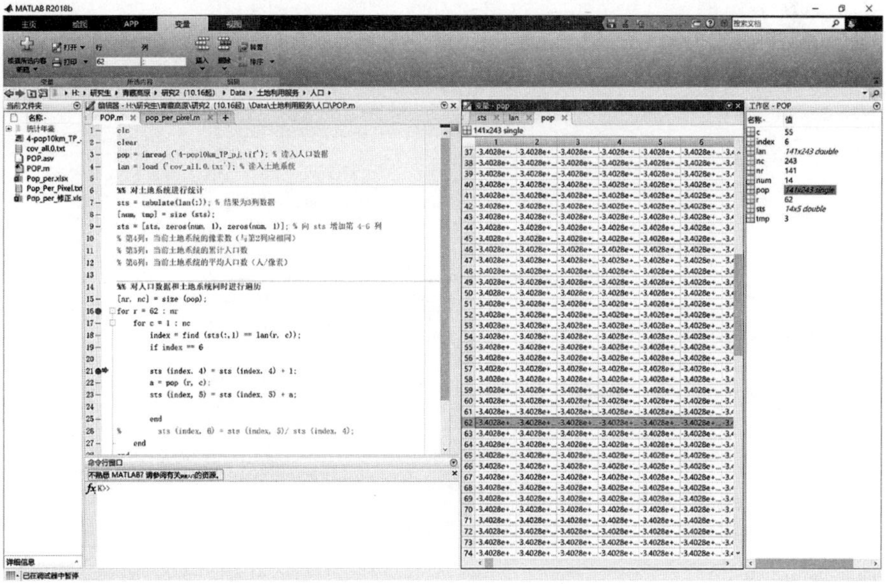

图 6-12 在 Matlab 中对代码进行调试

解决办法：在 ArcGIS 中导出人口数据时，将 NoData 像素的数值设置为 -9999，如图 6-13 所示。

图 6－13　将 NoData 像素的数值设置为－9999

经过上述设置，Matlab 代码得出的人口数计算结果将不再是“－InF”，如图 6－14 所示。

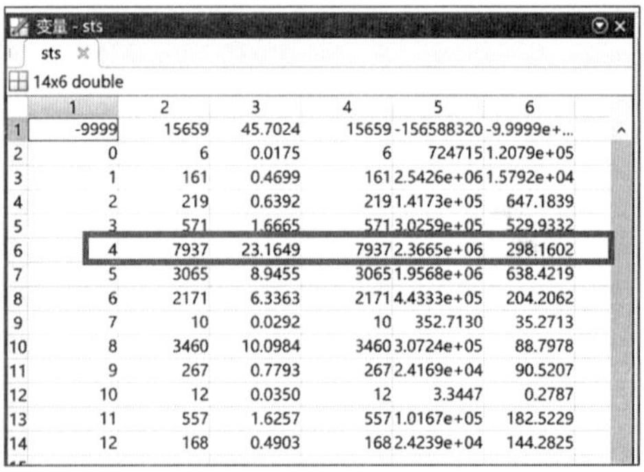

图 6－14　计算结果中将不再有“－InF”

6.1.5　Matlab 制作土地系统时出现数组过大的问题

由于 10m 分辨率的土地覆被数据过大（17.7GB），导致 Matlab 出现图 6－15 的提示。

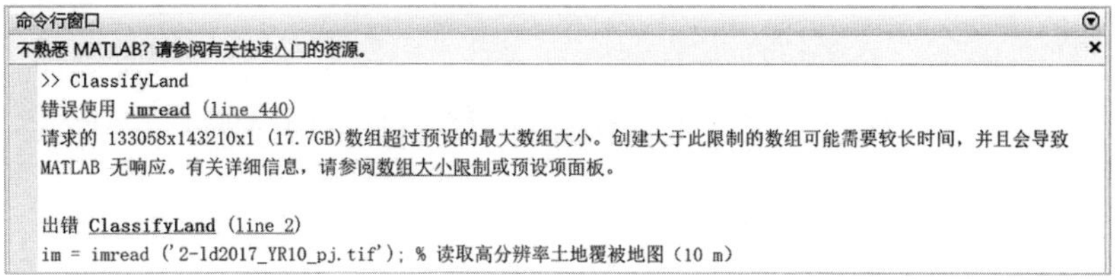

图 6－15　Matlab 错误提示“数组超过预设的最大数组大小”

出现该问题的原因是 Matlab 软件默认地将最大数组大小限制为了特定大小。解决思路为取消该限制，具体解决办法如下：

首先，打开 Matlab 中【主页】|【环境】|【预设】，如图 6－16 所示。

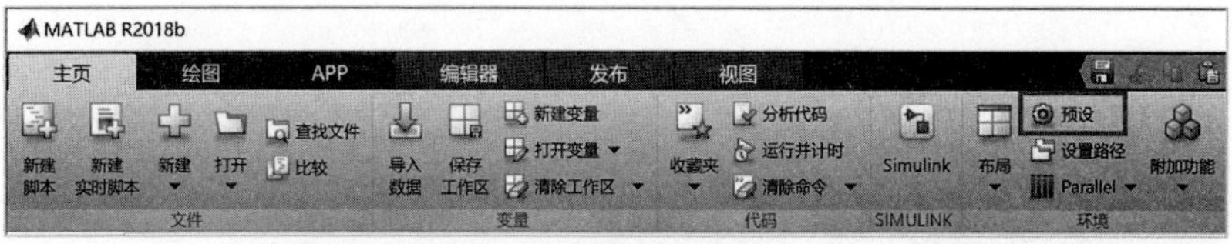

图 6－16　Matlab 界面选项卡中的【预设】

在随后弹出的对话框中，在【Matlab】|【工作区】中，找到【Matlab 数组大小限制】部分，并取消勾选“将最大数组大小限制为 RAM 的一定百分比”，如图 6－17 所示。

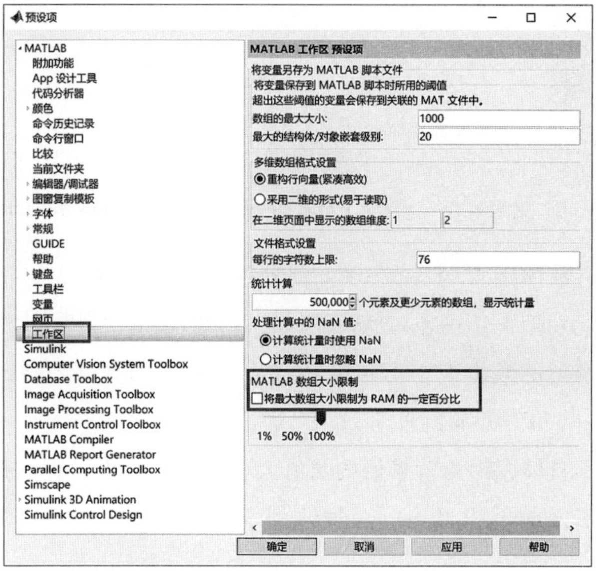

图 6－17　取消 Matlab 软件对数组大小的默认限制

6.2 CLUMondo 使用的问题

6.2.1 CLUMondo 回归分析报错

在使用 CLUMondo 软件时，在【Regression analysis】选项卡的【Parameter selection】模块，在使用了【Calculate coefficients】按钮后，得到错误提示“Error while calculating regression parameters”，如图 6－18 所示。

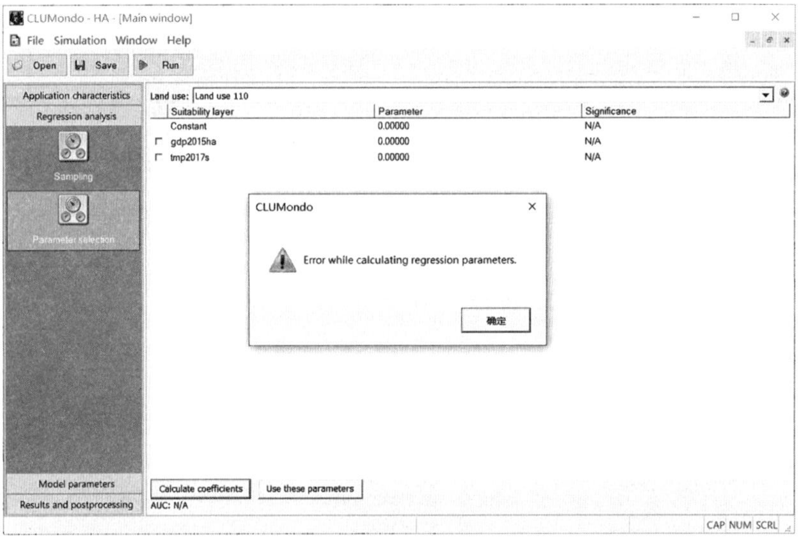

图 6－18 错误提示“error while calculating regression parameters”

该错误可能原因有两类：（1）驱动因子图层（即 suitability layer）中的数据与土地利用类型图不匹配。例如，行数不同、列数不同、背景值个数不同、背景值的数值大小不同等；（2）土地利用类型图中，类型编码没有使用从数值“0”开始的序号。

本例中，具体原因为背景值的数值大小不同。首先，我们打开此处的土地利用类型图（cov_all.0.asc），发现其背景值为“－9999”，如图 6－19 所示。

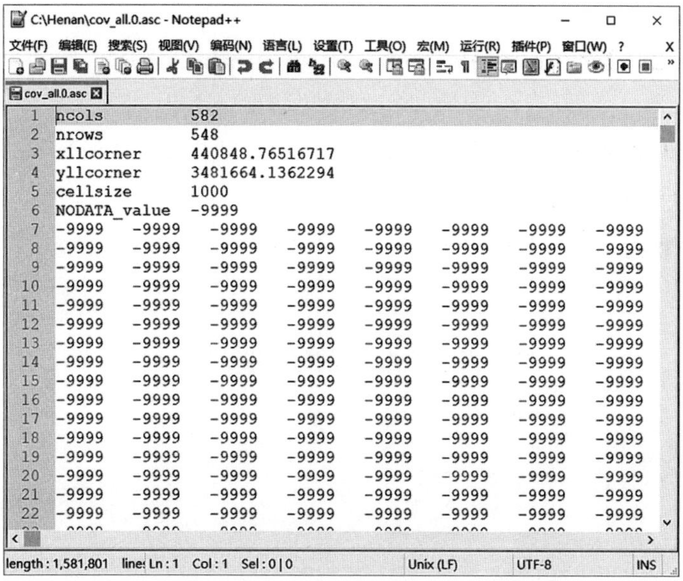

图 6－19　土地利用类型图的背景值为“－9999”

然后，我们使用 Matlab 打开驱动因子文件“gdp2015ha. tif”，可以发现其背景值为“－2147483647”（而非“－9999”），如图 6－20 所示。因此，存在问题。

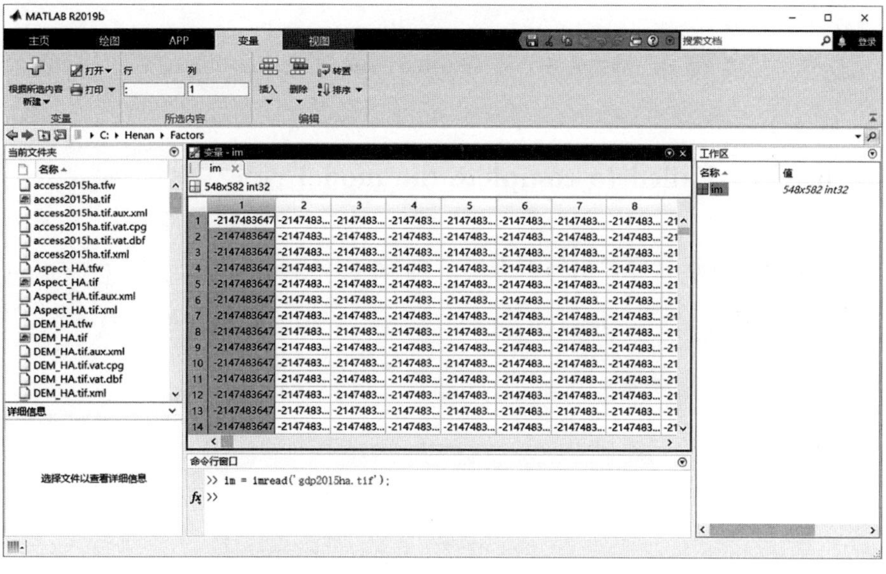

图 6－20　驱动因子文件“gdp2015ha. tif”的背景值并非“－9999”

6.2.2 Error while computing model block

使用 CLUMondo 进行模拟，开始运行后得到提示："error while computing model block"，如图 6-21 所示，其可能的原因是未正确地设置土地利用需求的数值。

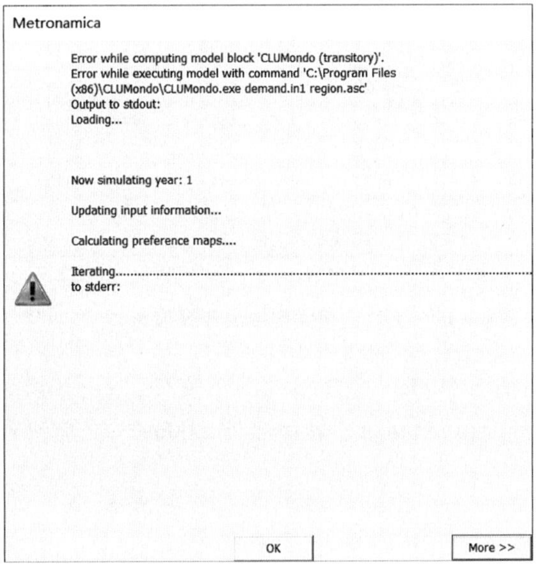

图 6-21 错误提示"error while computing model block"

6.2.3 Failed to complete the model run

CLUMondo 运行后弹出错误提示"failed to complete the model run"，如图 6-22 所示。

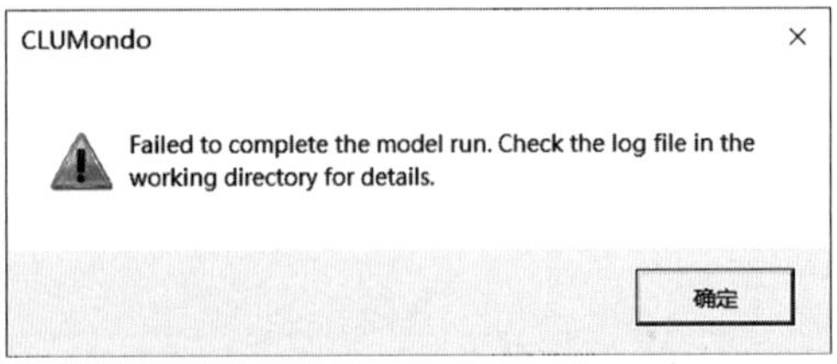

图 6-22 错误提示"failed to complete the model run"

出现该错误的原因，往往是因为在模拟过程中，CLUMondo 模型未能找到可行解。我们打开模型的日志文件“log. fil”（本例中的完成路径为 C:\Henan\HA\ClumondoWorkingDir\2020-03-23_14-58-05\log. fil），如图 6-23 所示。

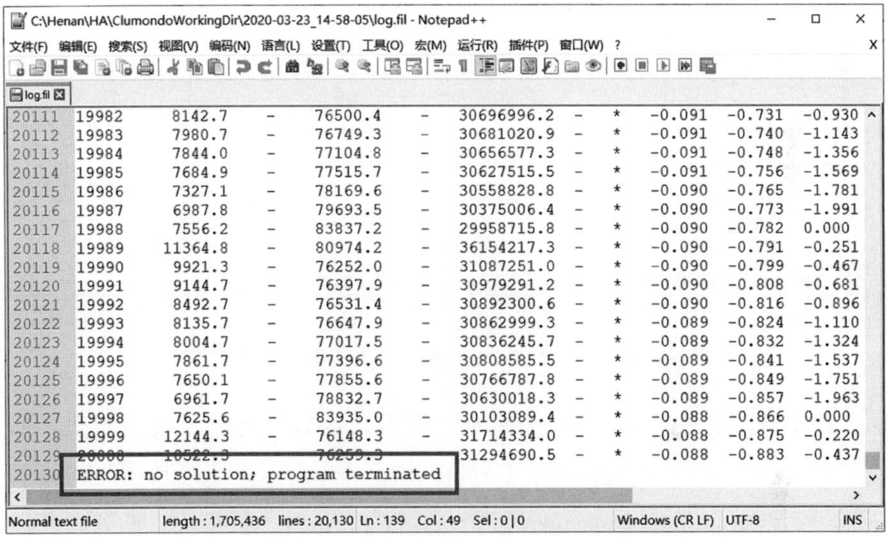

图 6-23 CLUMondo 模型的日志文件“log. fil”

在该日志文件“log. fil”的末行可看到提示：“ERROR: no solution; program terminated”。这说明，模型在迭代了 20000 次之后，依然未能找到可行解，因而停止（以避免死循环）。

接下来，我们以此处的错误为例，介绍排错方法。我们在日志文件“log. fil”找到以“demand type”开头的行，如图 6-24 所示。从图中可以看到，该模拟中共计有三项需求（demand），目标值分别为 10904.5、5821.0、97195.0。然而，从该图中也同时可以看到，在模型进行第 1 次迭代时，给这三项需求分配的供给量分别为 9159.8、117431.6、61921698.5。对比需求值和分配值，发现第三项的数量级差异非常大，因此这项大概率有问题。此外，第二项也有两个数量级的差异，说明此项的数据设置很可能也有问题。

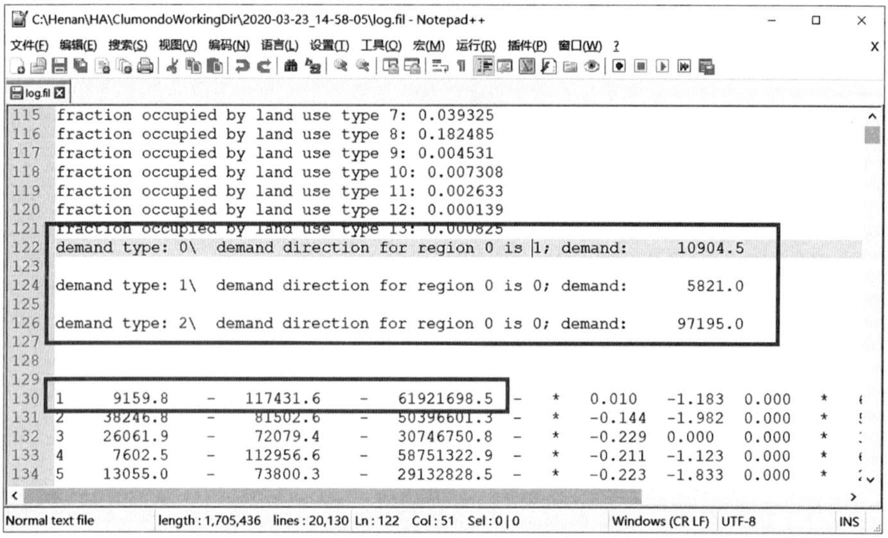

图 6－24　日志文件“log. fil”中对需求设置的记录

如果日志文件“log. fil”中显示 1 项需求的数值有数量级的错误，那么用户应该分别检查软件中的【Application charateristics】|【Land use services】模块和【Model parameters】|【Scenatio parameters】模块。此处，我们两个模块的设置分别如图 6－25、图 6－26 所示。

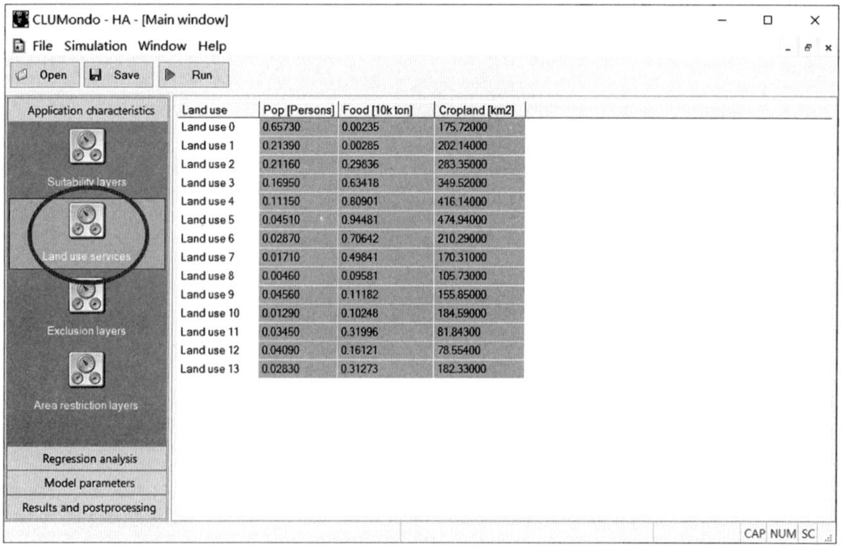

图 6－25　【Application charateristics】|【Land use services】模块

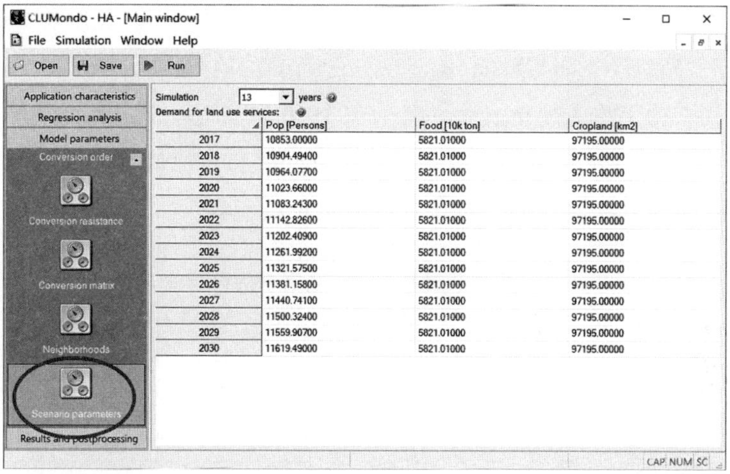

图 6－26 【Model parameters】|【Scenatio parameters】模块

经仔细核对发现，我们在【Land use services】模块中，将第 2 项土地利用服务和第 3 项土地利用服务的数值倒置。例如，图 6－24 显示，每平方千米的 Land use 0 能够提供的耕地面积是 175.72 平方千米，这显然是错误的。至此，找到问题原因。

也有的情况中，需求值和分配值之间不存在数量级的差异，但也确实得到了相同的错误提示。我们打开此时的日志文件“log. fil”进行分析，如图 6－27 所示。

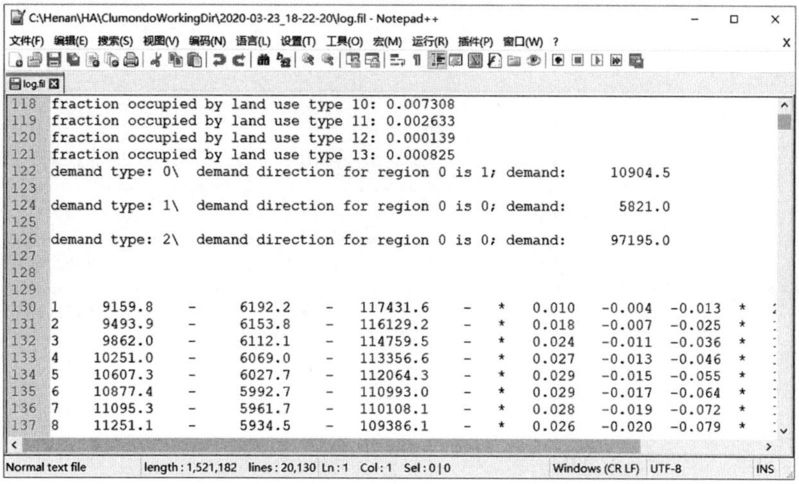

图 6－27 查看日志文件“log. fil”中的内容

从图 6－27 中可以看到，共计有三项需求（demand），目标值分别为 10904.5、5821.0、97195.0，第 1 次迭代时分配的数值为 9159.8、6192.2、117431.6。为了更方便地展示，我们前 10 次分配值、末 10 次分配值汇总展示在表 6－1。可以看到，自始至终，分配值和目标值均在相同或相邻的数量级。这种情况意味着，需求值的设置可能不科学。

表 6－1　　　　模型在迭代过程中给各项需求的分配值

迭代次数	需求 1 分配值	需求 2 分配值	需求 3 分配值
1	9159.8	6192.2	117431.6
2	9493.9	6153.8	116129.2
3	9862	6112.1	114759.5
4	10251	6069	113356.6
5	10607.3	6027.7	112064.3
6	10877.4	5992.7	110993
7	11095.3	5961.7	110108.1
8	11251.1	5934.5	109386.1
9	11368	5908.9	108754.8
10	11441.8	5886.7	108256.7
…	…	…	…
19991	12613.2	4920.1	98447.6
19992	12613.1	4920	98446.7
19993	12613	4919.9	98445.1
19994	12613.2	4919.8	98444.8
19995	12613.9	4919.7	98443.8
19996	12615.1	4919.6	98442.6
19997	12614.9	4919.5	98442.1
19998	12615.5	4919.5	98441.3
19999	12616.1	4919.5	98441.2
20000	12616.1	4919.5	98441.2

6.2.4 Error while calculating regression parameters

在使用 CLUEMondo 模型的【Regression analysis】|【Parameter selection】模型时，收到“Error while calculating regression parameters”的错误提示，如图 6－28 所示。

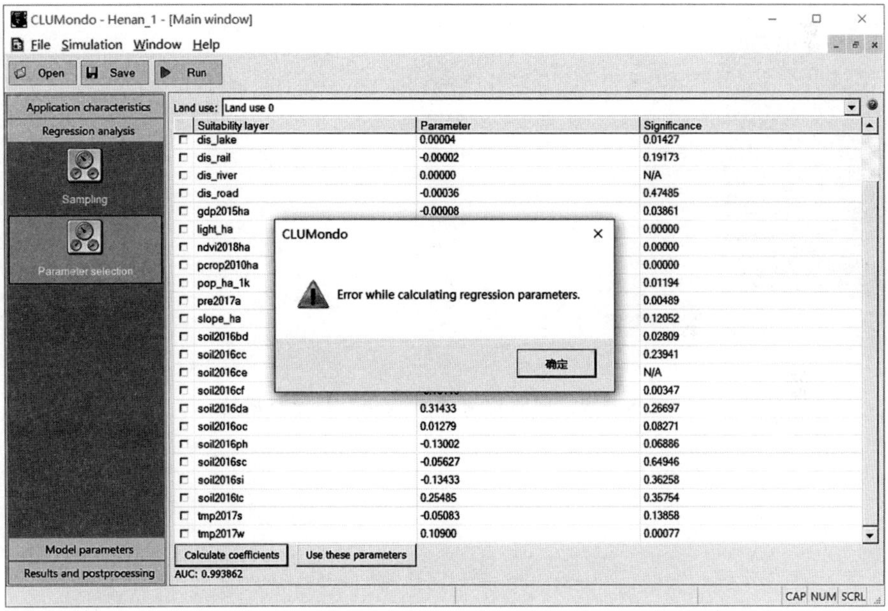

图 6－28 错误提示：“Error while calculating regression parameters”

问题原因：驱动因子个数过多或求解难度过大，导致回归分析无解。本例中，使用的驱动因子个数为 27 个。

解决办法：取消勾选其中的 1 个驱动因子即可（需要尝试应具体取消勾选哪个）。此处，我们依次尝试了取消勾选第 1 个、取消勾选第 2 个……驱动因子，最终尝试出在只取消勾选驱动因子“dis_rail”的情况下模型有解，如图 6－29 所示。

后记：也有经验表明，通过逐渐全选驱动因子的方法可以解决上述问题。具体操作是先选择部分驱动因子，然后点击【Calculate coefficients】；然后再添加 1 个驱动因子，再次点击【Calculate coefficients】。重复前述操作，直至添加全部的驱动因子。

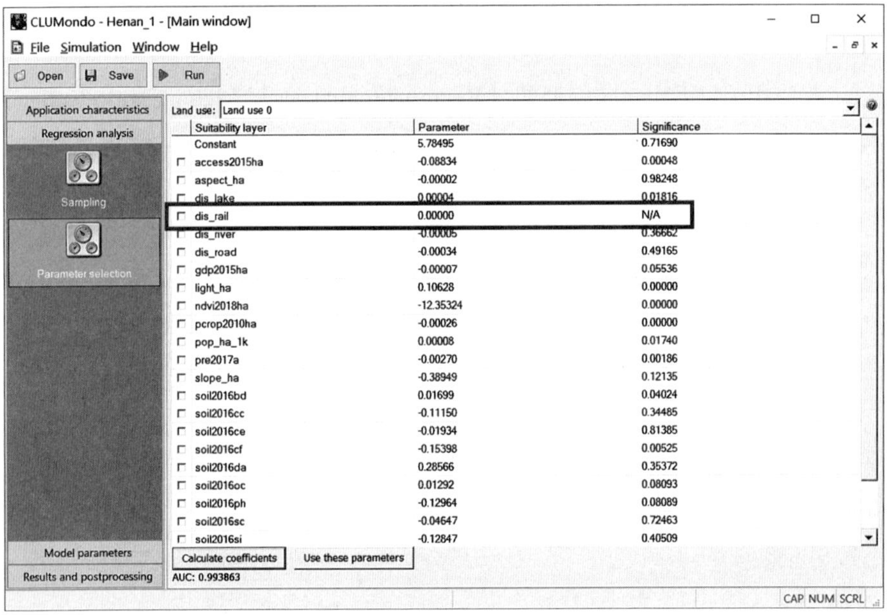

图 6－29　取消勾选“dis_rail”后运行成功

7　青藏高原研究区的数据准备

青藏高原地区是我国科研界近来年的热点。2017 年 8 月 19 日，习近平总书记致中国科学院青藏高原综合科学考察研究队的贺信：“值此第二次青藏高原综合科学考察研究启动之际，我向参加科学考察的全体科研人员、青年学生和保障人员，表示热烈的祝贺和诚挚的问候！青藏高原是世界屋脊、亚洲水塔，是地球第三极，是我国重要的生态安全屏障、战略资源储备基地，是中华民族特色文化的重要保护地。开展这次科学考察研究，揭示青藏高原环境变化机理，优化生态安全屏障体系，对推动青藏高原可持续发展、推进国家生态文明建设、促进全球生态环境保护将产生十分重要的影响。希望你们发扬老一辈科学家艰苦奋斗、团结奋进、勇攀高峰的精神，聚焦水、生态、人类活动，着力解决青藏高原资源环境承载力、灾害风险、绿色发展途径等方面的问题，为守护好世界上最后一方净土、建设美丽的青藏高原做出新贡献，让青藏高原各族群众生活更加幸福安康。”本章介绍为使用 CLUMondo 模型而进行的青藏高原研究区的数据准备工作。

7.1　青藏高原边界数据

青藏高原边界数据，建议张镱锂等（DOI：10. 3974/geodb. 2014. 01. 12. V1）的研究成果，可由全球变化科学研究数据出版系统下载，如图 7 – 1 所示。

图 7-1　青藏高原的边界数据下载

7.2　多尺度土地覆被数据

7.2.1　GlobeLand30 数据的介绍

建立空间分辨率为 10km 的土地系统时，需要使用更高空间分辨率的土地覆被数据。在本研究中，采用自然资源部于 2020 年 9 月向社会发布的 2020 版 30 米全球地表覆盖数据 GlobeLand30 数据集。该数据内容为 2020 年 30 米分辨率全球地表覆盖数据集，使用 WGS-84 坐标系，地图投影采用 UTM，可供免费使用，其下载地址为 http：//www. globallandcover. com/。包括 10 种地表覆盖类型，如图 5-17、表 7-1 所示。

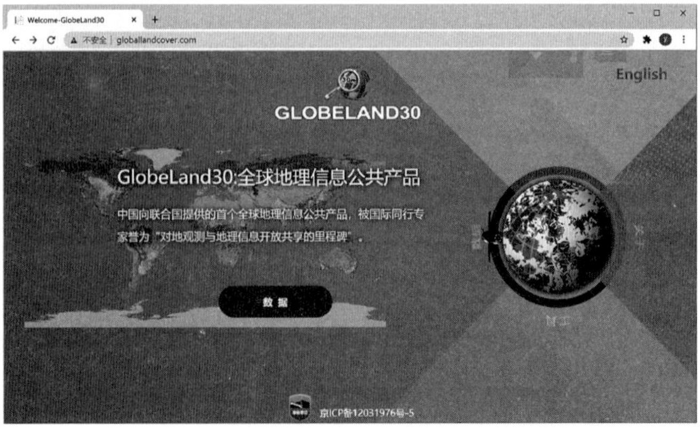

图 7-2　GlobeLand30 数据集官方网站

表 7－1　　GlobeLand30 数据集中的土地覆被类型

编号	土地覆被类型	对应英文名称
10	耕地	Cropland
20	森林	Forest
30	草地	Grass
40	灌木	Shrub
50	湿地	Wetland
60	水体	Water
70	苔原	Tundra
80	人造地表	Artificial
90	裸地	Bareland
100	冰川和永久积雪	Ice

GlobeLand30 数据集以分幅的形式对外公开和下载。用户可根据经纬度找到需要下载的研究区域，如图 7－3 所示。

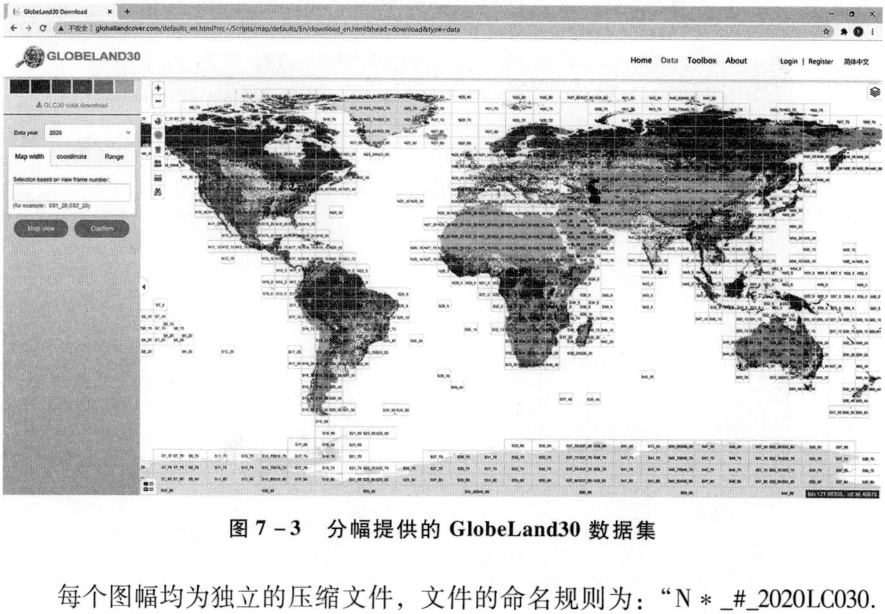

图 7－3　分幅提供的 GlobeLand30 数据集

每个图幅均为独立的压缩文件，文件的命名规则为：“N＊_#_2020LC030.zip”（图 7－4），其中“＊”表示纵向（不是经度），“#”表示纬度。纵向以 1 为间隔增减（南北极圈内以 2 为间隔），纬度以 5°为间隔增减，且不区分正负，N 表示北半球，S 表示南半球。例如，“N44_30_2020LC030.zip”表示北纬 30°第 44 个纵列附近的地区。

图 7－4　下载后的 GlobeLand30 图幅

将压缩文件解压后，主要文件包括 1 幅同名 tif 文件和 1 张 Excel 表格，表格中展示了该图幅的各种详细信息，包括坐标系、经纬度范围、土地覆被类型及赋值、总体精度等，如图 7－5 所示。

图 7－5　GlobeLand30 图幅的详细信息

7.2.2 GlobeLand30 数据的下载

登录 GlobeLand30 数据的官方网站，进入【数据】子页面（http：// www. globallandcover. com/ defaults. html），如图 7 -6 所示。

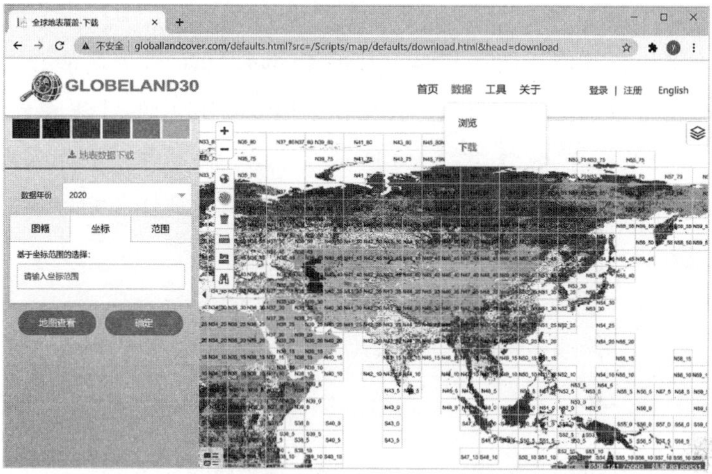

图 7 -6 GlobeLand30 官方网站的【数据】子页面

点击【数据】|【下载】，选择需要的图幅，提交申请后方可下载，如图 7 -7 所示。

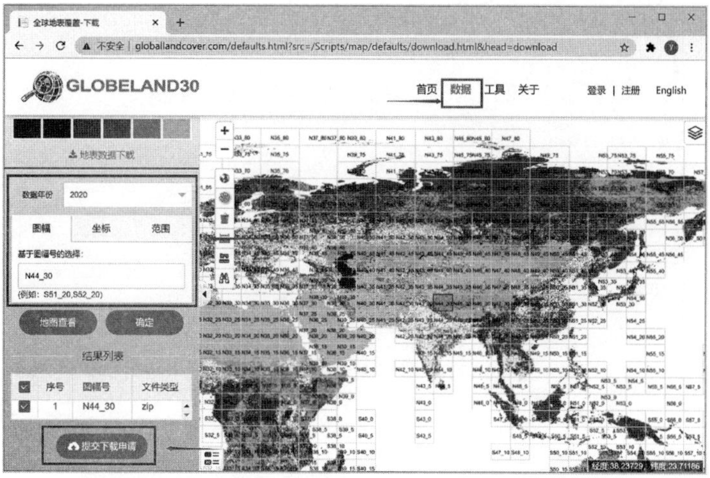

图 7 -7 提交 GlobeLand30 的数据下载申请

对于青藏高原研究区而言，需要下载的 GlobeLand30 影像共有 16 幅，具体的幅号为 N43_35，N44_35，N45_35，…，N48_35；N44_30，N45_30，N46_30，…，N48_38；N44_25，N45_25，N46_25，…，N48_25。

7.2.3 GlobeLand30 数据的处理

在本节中，我们介绍如何将下载的 GlobeLand30 数据镶嵌和重采样至不同的分辨率（1km 和 10km）。首先，采用 ArcGIS 中的【镶嵌至新栅格】工具将 16 个图幅合并，如图 7－8 所示。注意，该操作可能相当耗时，经测试，在 64 位 Windows 10 系统 8G 内存 Intel i7 处理器的配置下，镶嵌操作的处理时间为 53 分钟。

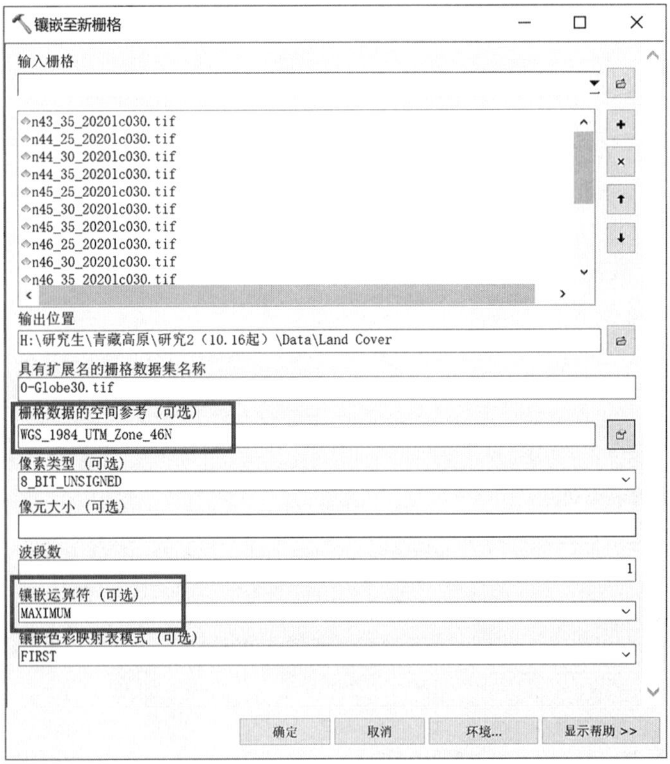

图 7－8 镶嵌 GlobeLand30 数据

镶嵌结果为“0－Globe30. tif”，如图 7－9 所示。

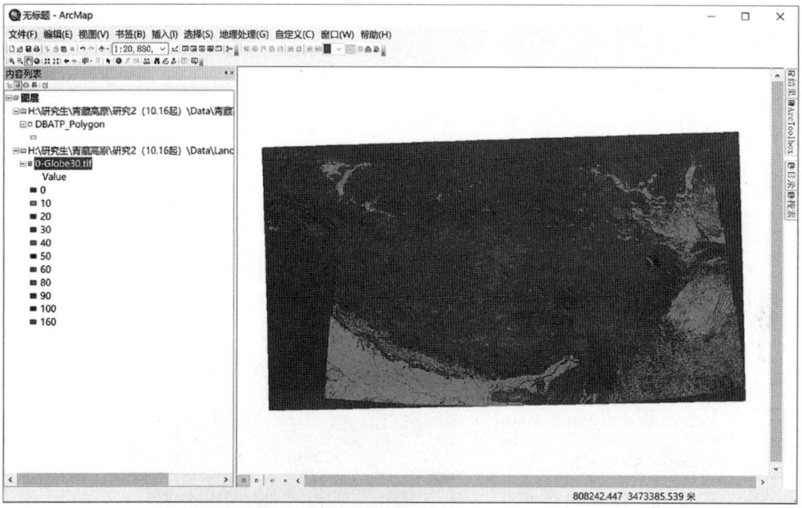

图 7-9 青藏高原研究区 GlobeLand30 数据的镶嵌结果

若需得到适用于 CLUMondo 模型的 1km 分辨的青藏高原区土地数据，可执行以下后续操作：在 ArcGIS 中将"0 - Globe30. tif"导出，在导出面板中，修改空间参考为 New_Beijing_3_Degree_Gauss_Kruger_CM_90E，像元大小为 1km，如图 7-10 所示。

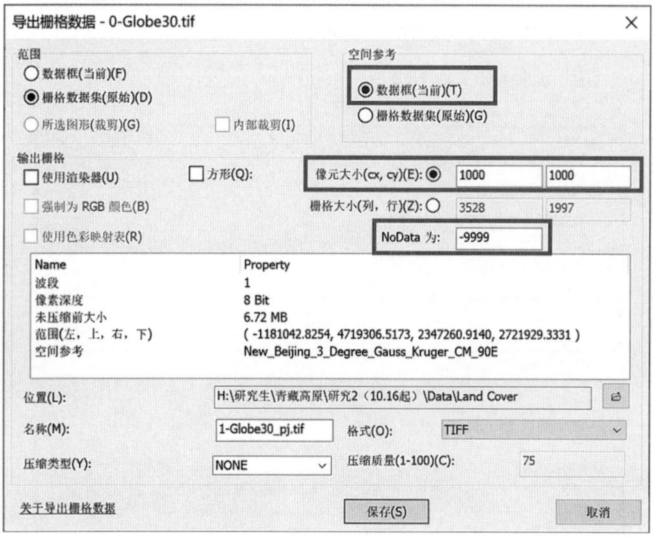

图 7-10 ArcGIS 中将"0 - Globe30. tif"导出

将导出后的数据按照青藏高原边界矢量面要素“DBATP_Polygon. shp”进行【按掩膜提取】，得到青藏高原范围土地覆被数据“2 - landcover_TP_pj. tif”，如图 7 - 11 所示。注意，该操作的目的是使得导出结果完全适用于 CLUMondo。

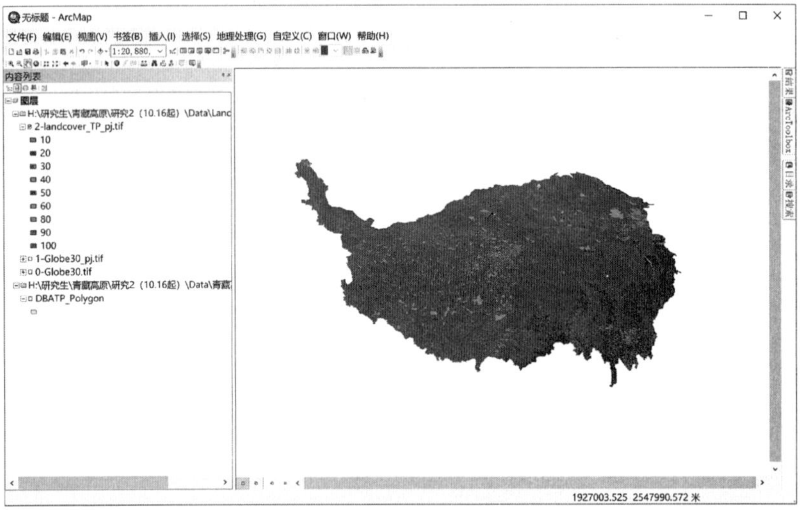

图 7 - 11　按掩膜提取后的导出结果

若需 10km 的土地数据，可通过重采样法获得。打开 ArcGIS 中的【重采样】工具，将像元大小设置为 10000m（图 7 - 12），得到结果“3 - lc10km_TP_pj. tif”（见图 7 - 13）。

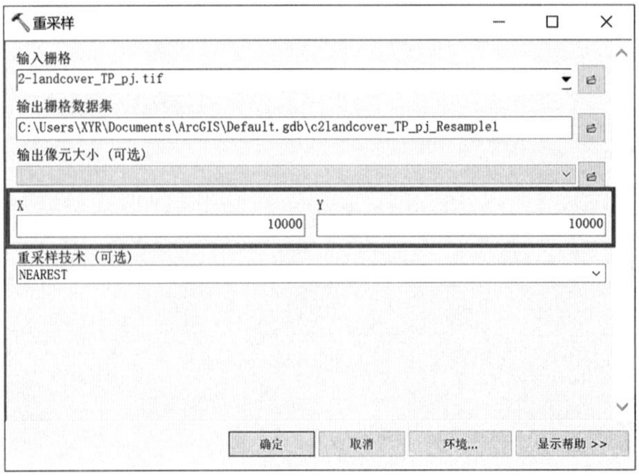

图 7 - 12　重采样时设置目标分辨率

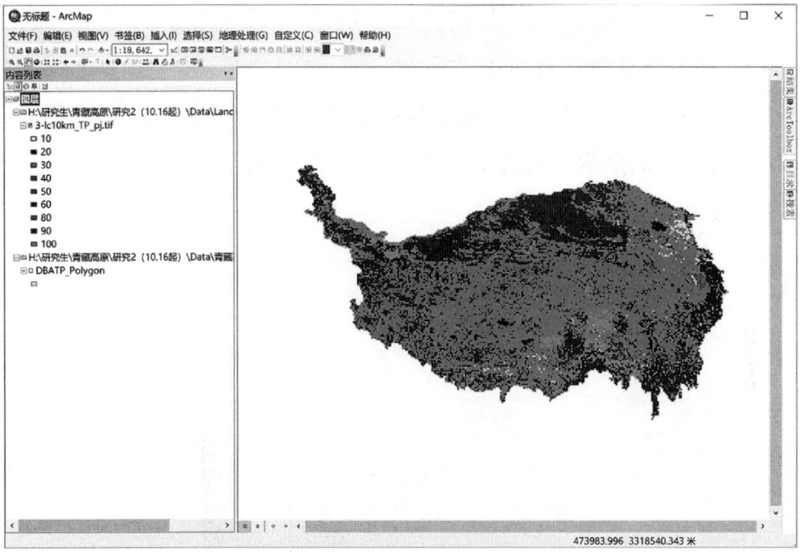

图 7-13 重采样的结果

7.3 生态系统服务价值收集

生态系统服务价值是 CLMondo 模拟中常见的考虑因素。本节介绍使用现在的研究成果，计算生态系统服务价值的方法。我国学者谢高地（Xie et al., 2017）提供了如图 7-14 所示的生态系统服务价值系数表。表中列

Ecosystem classification		Provisioning services			Regulating services						Habitat Services	Cultural & amenity services
Primary	Secondary	Food	Materials	Water	Air quality regulation	Climate regulation	Waste treatment	Regulation of water flows	Erosion prevention	Maintenance of soil fertility	Habitat Services	Cultural & amenity services
Farmland	Dry land	0.85	0.40	0.02	0.67	0.36	0.10	0.27	1.03	0.12	0.13	0.06
	Paddy field	1.36	0.09	−2.63	1.11	0.57	0.17	2.72	0.01	0.19	0.21	0.09
Forest	Coniferous	0.22	0.52	0.27	1.70	5.07	1.49	3.34	2.06	0.16	1.88	0.82
	Mixed	0.31	0.71	0.37	2.35	7.03	1.99	3.51	2.86	0.22	2.60	1.14
	Broad-leaved	0.29	0.66	0.34	2.17	6.50	1.93	4.74	2.65	0.20	2.41	1.06
	Bush	0.19	0.43	0.22	1.41	4.23	1.28	3.35	1.72	0.13	1.57	0.69
Grassland	Prairie	0.10	0.14	0.08	0.51	1.34	0.44	0.98	0.62	0.05	0.56	0.25
	Shrub grass	0.38	0.56	0.31	1.97	5.21	1.72	3.82	2.40	0.18	2.18	0.96
	Meadow	0.22	0.33	0.18	1.14	3.02	1.00	2.21	1.39	0.11	1.27	0.56
Wetland*	Wetland	0.51	0.50	2.59	1.90	3.60	3.60	24.23	2.31	0.18	7.87	4.73
Barren land	Desert	0.01	0.03	0.02	0.11	0.10	0.31	0.21	0.13	0.01	0.12	0.05
	Barren	0.00	0.00	0.00	0.02	0.00	0.10	0.03	0.02	0.00	0.02	0.01
Water area**	Water	0.80	0.23	8.29	0.77	2.29	5.55	102.24	0.93	0.07	2.55	1.89
	Glacier and snow	0.00	0.00	2.16	0.18	0.54	0.16	7.13	0.00	0.00	0.01	0.09

* Wetland refers to marshland, swampland and beach.

** Water area refers to terrestrial aquatic ecosystems including natural river, lake, ditch and canal, etc.

图 7-14 生态系统服务价值系数表（Xie et al. 2017）

举了六大类生态系统（土地利用类型）、14 种二级生态系统（土地利用类型）的 11 种生态系统服务价值的系数。

将图 7-14 中单个生态系统的不同服务价值系数相加，可得到该生态系统对应的总价值系数。注意，在必要的情况下需要根据研究区的数据对结果进行修正。

主要参考文献

1. Bolochio B E, Lescano J N, Cordier J M, et al. A functional perspective for global amphibian conservation [J]. Biological Conservation, 2020, 245: 108572.

2. Chen B, Xu B, Zhu Z, et al. Stable classification with limited sample: Transferring a 30 – m resolution sample set collected in 2015 to mapping 10 – m resolution global land cover in 2017 [J]. Sci. Bulletin, 2019, 64 (6): 370 – 373.

3. Eitelberg D A, van Vliet J, Doelman J C, et al. Demand for biodiversity protection and carbon storage as drivers of global land change scenarios [J]. Global Environmental Change, 2016, 40: 101 – 111.

4. Eitelberg D A, Van Vliet J, Verburg P H. Accounting for monogastric livestock as a driver in global land use and cover change assessments [J]. Journal of Land Use Science, 2017, 12 (1): 1 – 16.

5. Goncalves – Souza D, Verburg P H, Dobrovolski R. Habitat loss, extinction predictability and conservation efforts in the terrestrial ecoregions [J]. Biological Conservation, 2020, 246: 108579.

6. Gong P, Wang J, Yu L, et al. Finer resolution observation and monitoring of global land cover: First mapping results with Landsat TM and ETM + data [J]. International Journal of Remote Sensing, 2013, 34 (7): 2607 – 2654.

7. Hagen A. Multi – method assessment of map similarity [C] //Proceedings of the 5th AGILE Conference on Geographic Information Science. Palma, Spain: Universitat de les Illes Balears, 2002: 171 – 182.

8. Hengl T, Mendes de Jesus J, Heuvelink G B M, et al. SoilGrids250m:

Global gridded soil information based on machine learning [J]. PLoS one, 2017, 12 (2): e0169748.

9. Huang J, Liu Y, Zhang X, et al. A scenario - based simulation of land system changes on dietary changes: A case study in China [J]. Sustainability, 2019, 11 (19): 5196.

10. Jiang W, Chen Z, Lei X, et al. Simulating urban land use change by incorporating an autologistic regression model into a CLUE - S model [J]. Journal of Geographical Sciences, 2015, 25 (7): 836 - 850.

11. Jin X, Jiang P, Ma D, et al. Land system evolution of Qinghai - Tibetan Plateau under various development strategies [J]. Applied Geography, 2019, 104: 1 - 9.

12. La Sorte F A, Fink D, Blancher P J, et al. Global change and the distributional dynamics of migratory bird populations wintering in Central America [J]. Global Change Biology, 2017, 23 (12): 5284 - 5296.

13. Lambin E F, Rounsevell M D A, Geist H J. Are agricultural land - use models able to predict changes in land - use intensity? [J]. Agriculture, Ecosystems & Environment, 2000, 82 (1 - 3): 321 - 331.

14. Liu Z, Verburg P H, Wu J, et al. Understanding land system change through scenario - based simulations: a case study from the drylands in northern China [J]. Environmental management, 2017, 59 (3): 440 - 454.

15. Malek Ž, Verburg P H, Geijzendorffer I R, et al. Global change effects on land management in the Mediterranean region [J]. Global Environmental Change, 2018, 50: 238 - 254.

16. Mei Z, Wu H, Li S. Simulating land - use changes by incorporating spatial autocorrelation and self - organization in CLUE - S modeling: a case study in Zengcheng District, Guangzhou, China [J]. Frontiers of Earth Science, 2018, 12 (2): 299 - 310.

17. Müller D, Sun Z, Vongvisouk T, et al. Regime shifts limit the predictability of land - system change [J]. Global Environmental Change, 2014, 28: 75 - 83.

18. Nie X, Lu B, Chen Z, et al. Increase or decrease? Integrating the CLUMondo and InVEST models to assess the impact of the implementation of the Major Function Oriented Zone planning on carbon storage [J]. Ecological Indicators, 2020, 118: 106708.

19. Ornetsmüller C, Heinimann A, Verburg P H. Operationalizing a land systems classification for Laos [J]. Landscape and urban planning, 2018, 169: 229 - 240.

20. Ornetsmüller C, Verburg P H, Heinimann A. Scenarios of land system change in the Lao PDR: transitions in response to alternative demands on goods and services provided by the land [J]. Applied geography, 2016, 75: 1 - 11.

21. Peng S, Ding Y, Liu W, et al. 1 km monthly temperature and precipitation dataset for China from 1901 to 2017 [J]. Earth System Science Data, 2019, 11 (4): 1931 - 1946.

22. Prioritize diversity or declining species? Trade - offs and synergies in spatial planning for the conservation of migratory birds i

23. Turner B L, Lambin E F, Reenberg A. The emergence of land change science for global environmental change and sustainability [J]. Proceedings of the National Academy of Sciences, 2007, 104 (52): 20666 - 20671.

24. van Asselen S, Verburg P H. A Land system representation for global assessments and land - use modeling [J]. Global Change Biology, 2012, 18 (10): 3125 - 3148.

25. van Asselen S, Verburg P H. Land cover change or land - use intensification: simulating land system change with a global - scale land change model [J]. Global change biology, 2013, 19 (12): 3648 - 3667.

26. van Vliet J, Eitelberg D A, Verburg P H. A global analysis of land take in cropland areas and production displacement from urbanization [J]. Global environmental change, 2017, 43: 107 - 115.

27. Veldkamp A, Fresco L O. CLUE: a conceptual model to study the conversion of land use and its effects [J]. Ecological modelling, 1996, 85 (2 -

3)：253 -270.

28. Verburg P H, De Koning G H J, Kok K, et al. A spatial explicit allocation procedure for modelling the pattern of land use change based upon actual land use [J]. Ecological modelling, 1999, 116 (1): 45 -61.

29. Verburg P H, de Nijs T C M, van Eck J R, et al. A method to analyse neighbourhood characteristics of land use patterns [J]. Computers, Environment and Urban Systems, 2004, 28 (6): 667 -690.

30. Verburg P H, Soepboer W, Veldkamp A, et al. Modeling the spatial dynamics of regional land use: the CLUE -S model [J]. Environmental management, 2002, 30 (3): 391 -405.

31. Wang Y, van Vliet J, Pu L, et al. Modeling different urban change trajectories and their trade -offs with food production in Jiangsu Province, China [J]. Computers, Environment and Urban Systems, 2019, 77: 101355.

32. Wang Y, van Vliet J, Pu L, et al. Modeling different urban change trajectories and their trade -offs with food production in Jiangsu Province, China [J]. Computers, Environment and Urban Systems, 2019, 77: 101355.

33. Weiss D J, Nelson A, Gibson H S, et al. A global map of travel time to cities to assess inequalities in accessibility in 2015 [J]. Nature, 2018, 553 (7688): 333 -336.

34. Wolff S, Schrammeijer E A, Schulp C J E, et al. Meeting global land restoration and protection targets: What would the world look like in 2050? [J]. Global Environmental Change, 2018, 52: 259 -272.

35. Xie G, Zhang C, Zhen L, et al. Dynamic changes in the value of China's ecosystem services [J]. Ecosystem services, 2017, 26: 146 -154.

36. 蔡玉梅，刘彦随，宇振荣，Peter H. Verburg. 土地利用变化空间模拟的进展——CLUE -S 模型及其应用 [J]. 地理科学进展，2004 (04)：63 -71 +115.

37. 邓华，邵景安，王金亮，高明，魏朝富．多因素耦合下三峡库区土地利用未来情景模拟 [J]. 地理学报，2016, 71 (11)：1979 -1997.

38. 段增强，P. H. Verburg，张凤荣，宇振荣．土地利用动态模拟模型的构建及其应用——以北京市海淀区为例［J］. 地理学报，2004（06）：1037－1047.

39. 梁友嘉，徐中民，钟方雷. 基于SD和CLUE－S模型的张掖市甘州区土地利用情景分析［J］. 地理研究，2011，30（03）：564－576.

40. 谢一茹，高培超，王翔宇，宋长青，程昌秀，叶思菁，沈石. 经济发展预期下的粮食产量与生态效益权衡——黑龙江省土地利用优化配置［J］. 北京师范大学学报（自然科学版），2020，56（06）：873－881.